La maldición de Tutankamón

Joyce Tyldesley

La maldición de Tutankamón

La historia de un rey egipcio

Traducción de Ana Herrera Ferrer

Ariel

Obra editada en colaboración con Editorial Planeta - España

Título original: *Tutankhamen's curse*

Publicado originalmente por Prole Books Ltd.

Bajo el sello editorial ARIEL M.R.
Avenida Presidente Masarik núm. 111,
Piso 2, Polanco V Sección, Miguel Hidalgo
C.P. 11560, Ciudad de México
www.planetadelibros.com.mx
www.paidos.com.mx

Primera edición impresa en España: noviembre de 2012
Primera edición impresa en España en esta presentación: septiembre de 2022
ISBN: 978-84-344-3568-1

Primera edición impresa en México: abril de 2023
ISBN: 978-607-569-434-4

Impreso en los talleres de Impregráfica Digital, S.A. de C.V.
Av. Coyoacán 100-D, Valle Norte, Benito Juárez
Ciudad De Mexico, C.P. 03103
Impreso y hecho en México–*Printed and made in Mexico*

En memoria de Robert «Bob» Partridge (1951-2011)

Que tu espíritu viva, que puedas gastar millones
de años, tú que amas Tebas, sentado de cara
al viento del norte, con los ojos llenos de felicidad

Índice

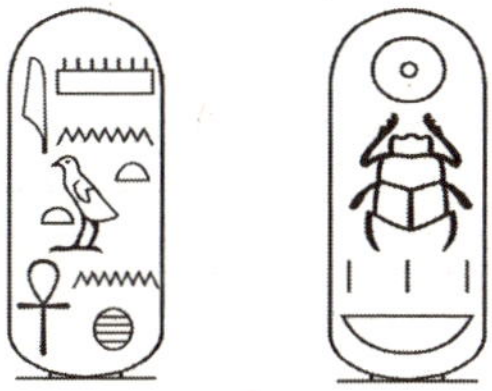

PARTE II

TUTANKAMÓN: VIDA DESPUÉS DE LA MUERTE

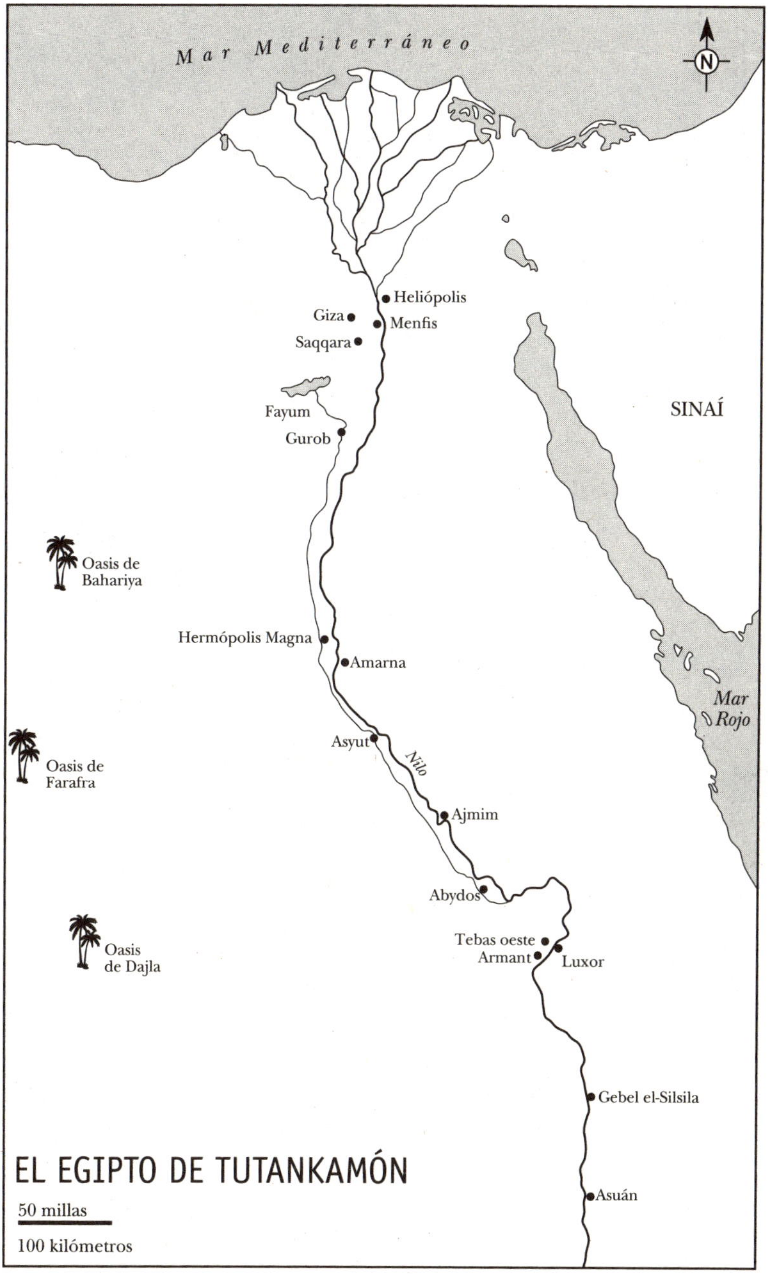
Mar Mediterráneo
N
Heliópolis
Giza
Menfis
Saqqara
Fayum
Gurob
SINAÍ
Oasis de
Bahariya
Hermópolis Magna
Amarna
Mar
Rojo
Asyut
Nilo
Oasis de
Farafra
Ajmim
Abydos
Tebas oeste
Armant
Luxor
Oasis
de Dajla
Gebel el-Silsila
EL EGIPTO DE TUTANKAMÓN
Asuán
50 millas
100 kilómetros

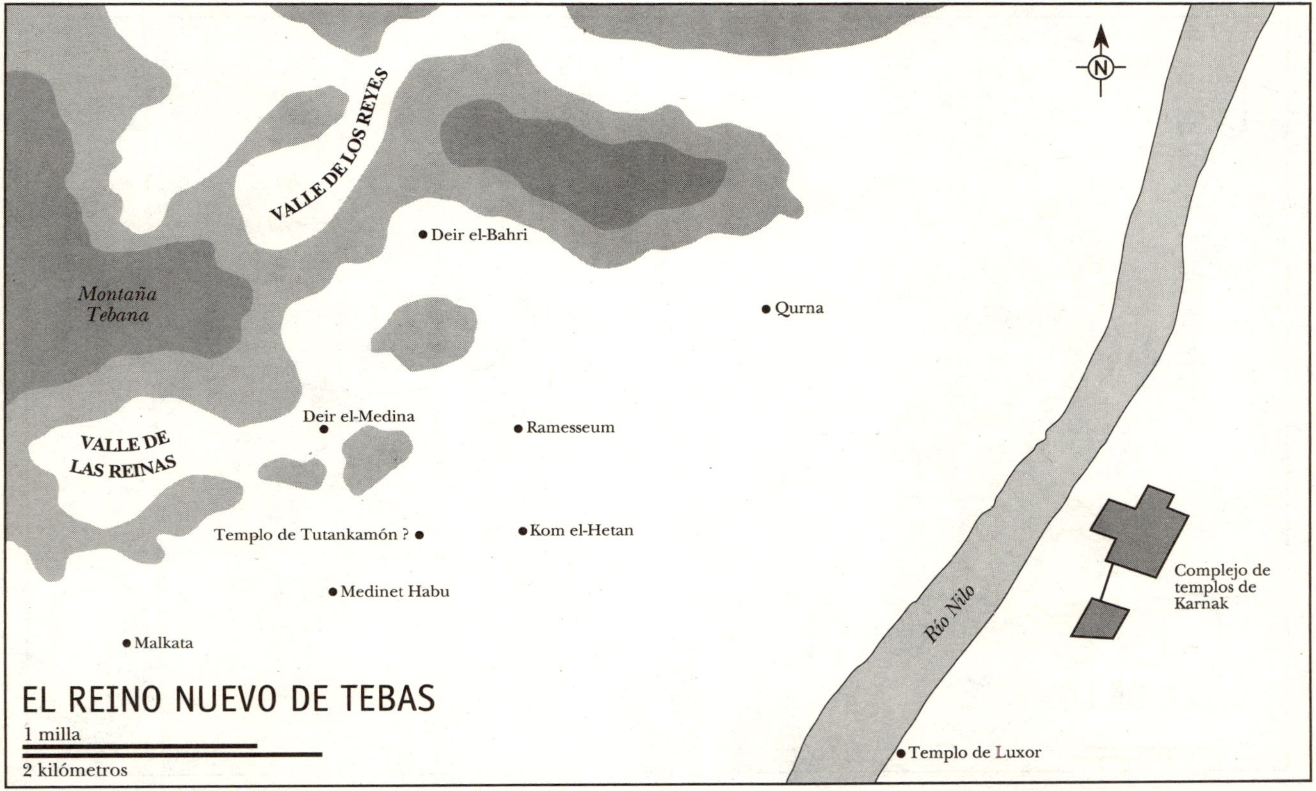
VALLE DE LOS REYES
Deir el-Bahri
Montaña Tebana
Qurna
Deir el-Medina
Ramesseum
VALLE DE LAS REINAS
Templo de Tutankamón ?
Kom el-Hetan
Medinet Habu
Malkata
Complejo de templos de Karnak
Río Nilo
Templo de Luxor
EL REINO NUEVO DE TEBAS
1 milla
2 kilómetros

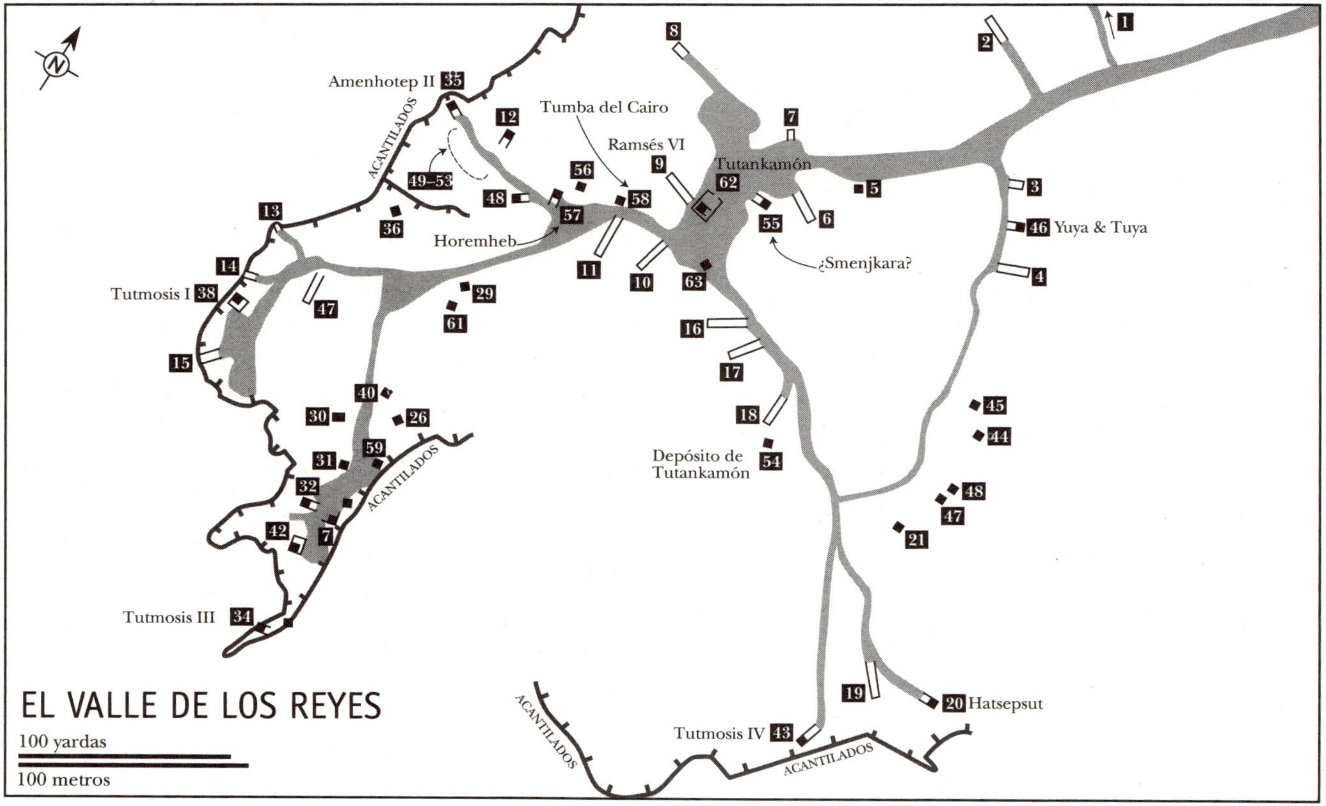
EL VALLE DE LOS REYES
100 yardas
100 metros
Amenhotep II
Tumba del Cairo
Ramsés VI
Tutankamón
Yuya & Tuya
¿Smenjkara?
Horemheb
Tutmosis I
Depósito de Tutankamón
Tutmosis III
Tutmosis IV
Hatsepsut
ACANTILADOS
ACANTILADOS
ACANTILADOS
ACANTILADOS

Nota sobre los nombres

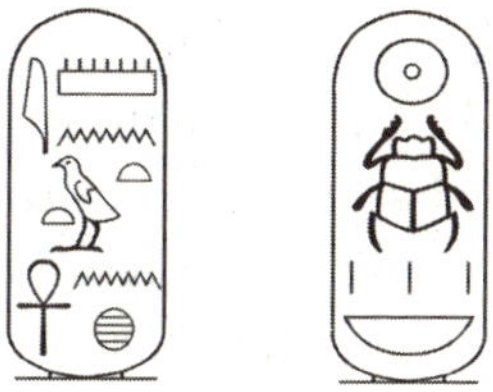

Los egipcios omitían las vocales en sus textos jeroglíficos. Como los que mandan mensajes y textos electrónicos en la época moderna, no veían necesidad alguna de perder tiempo, energía y espacio escribiendo sonidos (e incluso a veces palabras) que eran obvias para todo el mundo. (¡Ja!)

Desgraciadamente, el egipcio antiguo es un idioma muerto hace muchísimo tiempo, y los sonidos que faltan no resultan obvios, ni mucho menos, para los lectores modernos. Por tanto, los egiptólogos han tenido que imaginar cuáles eran las vocales que iban en cada sitio. Por lo general se suele introducir la «e» como vocal preferente, pero quizá no fuese ésa la vocal que usaron los egipcios, y quizá no la introduzcamos en el lugar correcto. Como resultado, hasta las palabras egipcias más breves tienen varias pronunciaciones posibles en los idiomas modernos, y todas son igualmente aceptables. A lo largo de este libro se usa la transcripción «Tutankamón», y el dios de Tutankamón como «Amón». Otros prefieren transcribir «Tutankhamen» y Amen o «Tutankhamun» y Amun. En la literatura antigua se encuentran también variantes más exóticas como Touatânkhamanou, Tut.ankh.Amen, Tutenchamun, etc. Todos se refieren a la misma persona.

El rey al que conocemos como Tutankamón (imagen viviente del [dios] Amón) nació como Tutankatón (imagen viviente del [dios] Atón), pero se cambió el nombre durante los primeros años de su reinado. Su consorte, Anjesenpatón, se convirtió en Anjesenamón al mismo tiempo. Otros ya se habían cambiado el nombre antes. El rey al que hoy en día conocemos como Ajenatón originalmente era Amenhotep IV; la consorte de Ajenatón, Nefertiti en el momento de su matrimonio, amplió su nombre al principio del reinado de su marido para convertirse en Neferneferuatón Nefertiti. Para evitar complicaciones innecesarias nos hemos referido siempre a estos individuos como Tutankamón, Ajenatón, Nefertiti y Anjesenamón en todo el texto, a menos que fuera inadecuado hacerlo.

A su coronación, Tutankamón asumió una serie de cinco nombres que servían como declaración de intenciones formal o propaganda para su reino. Sus dos últimos nombres, conocidos hoy en día como prenomen y nomen, son los nombres que se indican en los cartuchos (unos óvalos característicos) de sus monumentos e inscripciones. Su prenomen (Nebjeperura) es el nombre por el cual le conocía su pueblo:

Nombre de Horus: Imagen de aves

Nombre de las Dos Damas: Bello por las leyes que someten a las Dos Tierras / aquel que contenta a todos los dioses

Nombre del Horus Dorado: Elevado de apariencia para el dios / su padre Ra

Prenomen: Nebjeperura: Señor de las manifestaciones del [dios] Ra

Nomen: Tutankamón: Imagen viviente del [dios] Amón

Nota sobre las fechas

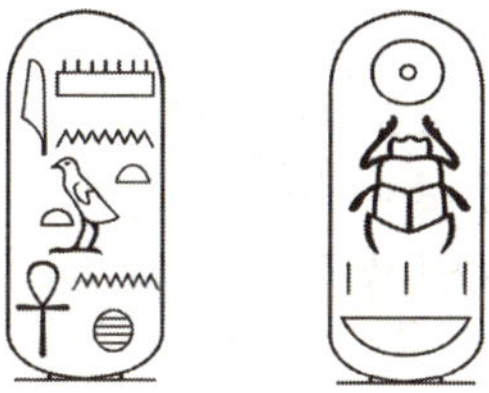

La época dinástica egipcia empezó con la unificación del país por parte del guerrero sureño Narmer aproximadamente hacia el 3100 a. C., y acabó unos 3.000 años después con el suicidio de Cleopatra VII en el año 30 a. C. Siguiendo el esquema ideado por el historiador ptolemaico Manetón, los egiptólogos dividen esa era dinástica en «dinastías», o linajes de reyes que de alguna manera están ligados entre sí. Podían tener relaciones consanguíneas entre ellos, pero no siempre. Resulta importante recordar que esas dinastías son divisiones modernas y artificiales; los antiguos no dividían su historia de esa manera.

Las dinastías están agrupadas en épocas de gobierno fuerte y centralizado (Reinos Antiguo, Medio y Nuevo y la Época Tardía) separados por períodos de control descentralizado o extranjero (los períodos Primero, Segundo y Tercero Intermedio). Tutankamón reinó a finales de la 18.ª dinastía, la primera dinastía del Reino Nuevo (dinastías 18 a 20, c. 1550-1069 a. C.).

Los egipcios fechaban los acontecimientos con referencia al reinado del rey que estaba entonces en el poder: año 1, año 2, año 3, etc. Cuando moría el viejo rey y uno nuevo ocupaba su lugar, el sistema de fechado volvía a empezar con un nuevo año 1. Aunque no se trata de un sistema perfecto, en absoluto, es el medio más seguro que tenemos de fechar el pasado de Egipto, y será el sistema que emplearemos a lo largo de todo este libro.

Resulta notablemente difícil ligar las fechas de reinado egipcias con nuestro calendario moderno. Como no hay una cronología aceptada universalmente, usaremos la siguiente, basada en los datos sugeridos por Ian Shaw en su *Oxford History of Ancient Egypt* [*Historia del Antiguo Egipto*], 2000, p. 481:

Reyes de la dinastía 18 (c. 1550-1295 a. C.):

Ahmosis c. 1550-1525 a. C.
Amenhotep I c. 1525-1504 a. C.
Tutmosis I c. 1504-1492 a. C.
Tutmosis II c. 1492-1479 a. C.
Tutmosis III c. 1479-1425 a. C.
Hatsepsut c. 1473-1458 a. C.
Amenhotep II c. 1427-1400 a. C.
Tutmosis IV c. 1400-1390 a. C.
Amenhotep III c. 1390-1352 a. C.
Amenhotep IV/Ajenatón c. 1352-1336 a. C.
Semenejkara c. 1338-1336 a. C.
Tutankamón c. 1336-1327 a. C.
Ay c. 1327-1323 a. C.
Horemheb c. 1323-1295 a. C.

Nota sobre las tumbas y los números de tumba

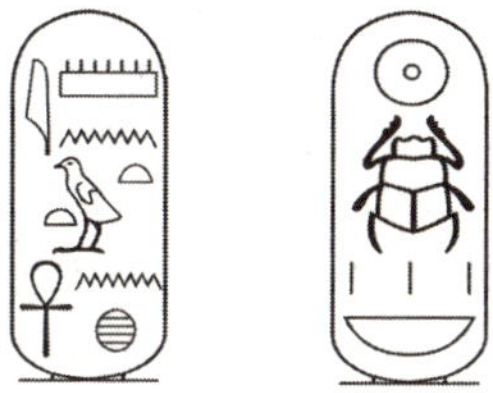

La orilla oeste de Tebas es un laberinto de tumbas de todas las épocas, algunas reales y otras privadas. Empezando en la dinastía 18, los faraones del Reino Nuevo prefirieron ser enterrados junto con algunos de sus cortesanos más importantes en tumbas excavadas en la roca, en el remoto Valle de los Reyes. Durante la dinastía 19 se empezó a usar también el cercano Valle de las Reinas como cementerio para las esposas reales más importantes y sus hijos.

En 1827, John Gardner Wilkinson inspeccionó las veintiuna tumbas conocidas en el Valle de los Reyes. Cada tumba recibió un número, según él accedía a ellas. Hoy en día, siguiendo su secuencia numérica, se puede ver que accedió por la entrada sur del Valle, y luego se volvió hacia el este. Su sistema se ha respetado en tiempos modernos, y las tumbas se han ido numerando en el orden cronológico de su descubrimiento, de modo que en 1922, la tumba de Tutankamón fue designada como KV (King's Valley, Valle de los Reyes en inglés) 62. Cuando en 2005-2006 un equipo dirigido por el doctor Otto Schaden descubrió la siguiente «tumba», ésta se convirtió en la KV 63. La KV 64 es posiblemente una tumba, descubierta por radar, mientras que la KV 65 es en teoría la entrada de una tumba. La siguiente tumba que se descubra será la KV 66, y así sucesivamente. Sólo veinticinco de las tumbas KV son tumbas reales. Las demás se construyeron para una élite egipcia no real. La KV 64, por ejemplo, es la tumba de Yuya y Tuya, padres de la formidable reina Tiya y quizá bisabuelos de Tutankamón. Algunas ni siquiera son tumbas, como la KV 54, que es un simple pozo forrado de piedra, mientras que la KV 63 parece ser una cámara de almacenamiento.

Las tumbas del Valle Occidental, una rama del principal o Valle Oriental, reciben números con WV o KV, indistintamente (por sus iniciales en inglés), de modo que la tumba de Amenhotep III puede ser o bien KV 22 o bien WV 22, y la tumba de Ay puede ser KV 23 o bien WV 23. Las tumbas del Valle de las Reinas reciben números con QV, las tumbas de Deir el-Bahri reciben números DB, y las otras tumbas tebanas, números TT.

Nota sobre la numeración de los objetos encontrados en la tumba de Tutankamón

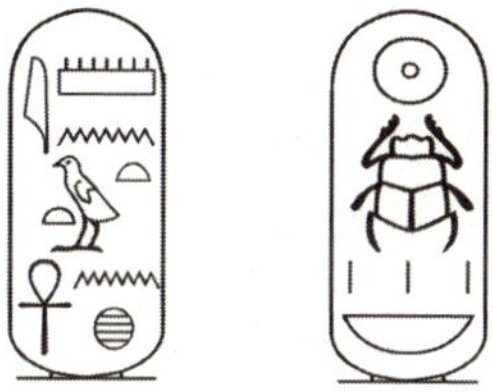

La tumba de Tutankamón produjo 5.398 hallazgos distintos. Howard Carter asignó a cada objeto, o grupo de objetos, un número desde el 1 al 620, con letras usadas para las subdivisiones (de forma atípica, el hallazgo 620 recibió subdivisiones numeradas). Los objetos encontrados fueron numerados tal y como se indica:

Hallazgos 1-3: Fuera de la tumba y en la escalera
Hallazgo 4: Primera puerta
Hallazgos 5-12: Pasadizo
Hallazgo 13: Segunda puerta
Hallazgos 14-170: Antecámara (el 28 es la entrada bloqueada a la Cámara de Enterramiento)
Hallazgo 171: Bloqueando el Anexo
Hallazgos 172-260: Cámara de Enterramiento (el 256 es la momia de Tutankamón)
Hallazgos 261-336: Tesoro
Hallazgos 337-620: Anexo

Después, a medida que llegaban al Museo de El Cairo, cada objeto recibía un número de museo en el *journal d'entrée.* Por ejemplo, el primer objeto que se sacó oficialmente de la tumba, un baúl bellamente pintado lleno de ropa de niño, fue el número 21 de Carter, y se convirtió en JE61467.

La inmensa mayoría de los objetos de la tumba de Tutankamón se exhiben actualmente en el Museo de El Cairo. Existe una exposición subsidiaria en el Museo de Luxor, y el material botánico está en el Museo de la Agricultura de El Cairo. Algunos de los sarcófagos de mayor tamaño están almacenados en Luxor. El propio Tutankamón descansa todavía en su tumba del Valle de los Reyes.

Incluso hoy en día, la tumba y su contenido siguen en general sin publicar, aunque algunos expertos han escrito ocasionalmente algún volumen dedicado a componentes individuales y diversos objetos de la tumba, como por ejemplo el calzado, los carros y las cajas de juegos. El Instituto Griffith de la Universidad de Oxford, depositario de los documentos de Carter, ha hecho un gran trabajo para remediar esta deficiencia haciendo públicos online los diarios de Carter y sus meticulosos registros y dibujos, además de los diarios de Arthur Mace, las notas tomadas por Alfred Lucas y las numerosas fotos tomadas también por Harry Burton, en *Tutankhamun: Anatomy of an Excavation,* www.griffith.ox.ac.uk/gri/4tut.html. Mientras, el exhaustivo *Complete Tutankhamen* de Nicholas Reeves (1990) proporciona una introducción erudita —pero al mismo tiempo accesible— a la tumba y un detallado análisis de sus contenidos para lectores no especializados. Existen muchas otras obras con el tema de Tutankamón dirigidas a distintos públicos, algunas buenas, otras menos, otras decididamente malas. Lo difícil, para el no experto, es separar el trigo de la paja. Como norma general, es mejor evitar cualquier libro que se refiera al rey como «Tut» y a su esposa como «Anjy» o «Patty» y cualquier libro que incluya la palabra «verdad» en la cubierta.

Introducción

Las numerosas maldiciones de Tutankamón

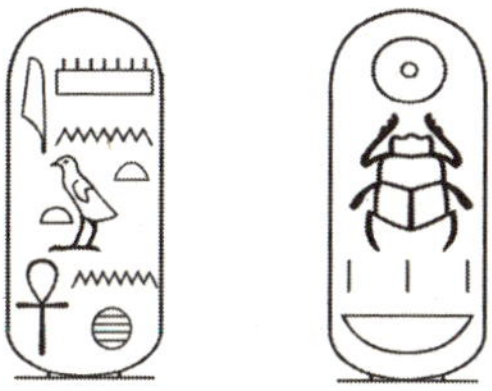

Fue un momento muy emocionante para cualquier excavador. Acompañado sólo por mis trabajadores nativos, me encontré, después de años de una labor comparativamente improductiva, en el umbral de lo que resultaría ser un descubrimiento magnífico. Cualquier cosa, literalmente cualquier cosa, podía haber al final de aquel pasadizo, y necesité todo mi autocontrol para no romper la puerta e investigarlo en aquel preciso momento.

HOWARD CARTER[1]

El 4 de noviembre de 1922, los trabajadores empleados por lord Carnarvon y su arqueólogo asociado Howard Carter descubrieron un tramo de escaleras que llevaba hacia la tumba perdida del rey Tutankamón, de la 18.ª dinastía egipcia. La tumba estaba prácticamente intacta, y el cuerpo momificado de Tutankamón yacía todavía dentro, protegido por un juego de ataúdes dorados y rodeado por un amplio despliegue de objetos algo polvorientos, pero todavía brillantes. Este descubrimiento, la primera tumba real egipcia casi completa, provocó un interés sin precedentes por parte de los medios de comunicación. Los reporteros acudieron en masa a Egipto y se asomaron al muro de piedra que rodeaba la tumba, irritando a Carter, ya de por sí taciturno, casi hasta hacerle estallar. Empujados por sus editores para que escribieran sobre el descubrimiento más emocionante que se había hecho jamás, pero sin tener acceso a la tumba ni a sus contenidos, los periodistas publicaron una mezcla muy entretenida de hechos y ficciones salpicada con vitriolo dirigido a los arqueólogos.

La de Tutankamón no era, ni mucho menos, la primera momia que se descubría, ni era la más importante. Sin embargo, se convirtió enseguida en una celebridad, y como todos los famosos, apareció sin descanso en periódicos y revistas. A medida que la «tutmanía» invadía Occidente, la egiptología, que ya no era el aburrido refugio de serios eruditos y académicos enclaustrados en una biblioteca, adquirió un atractivo popular que se reflejó en la moda, la arquitectura y la ficción. Mientras, en Egipto, un país cada vez más independiente que luchaba por entrar en el mundo moderno, el descubrimiento suscitaba preguntas incómodas sobre el colonialismo, la propiedad del pasado de Egipto y el derecho de los arqueólogos a minar un país extranjero en busca de conocimientos, provecho o gloria personal. Las cosas ya no volverían a ser lo mismo.

Para mí, como para muchas personas de mi generación, Tutankamón fue la introducción al sugestivo y sofisticado mundo de los faraones. Yo nací y crecí en Bolton, Lancashire, a 4.000 kilómetros de distancia del Valle de los Reyes, y muy, muy lejos en términos de calor y de sofisticación. Sin embargo, el húmedo y prosaico Bolton, una antigua ciudad fabril, es un buen sitio para vivir, para una futura aspirante a egiptóloga. Los emprendedores del siglo XIX que hicieron sus fortunas con el comercio del algodón demostraron un enorme interés por el Antiguo Egipto y sus posibles vínculos con la Biblia. Impulsados por la necesidad de recoger no sólo conocimientos, sino también objetos reales, navegaron por el Nilo coleccionando recuerdos que iban desde cuentas diminutas a momias con su ataúd y todo de tamaño natural. De vuelta a casa, aumentaron sus colecciones comprando objetos a algunos anticuarios, y financiaron excavaciones arqueológicas que les dieron derecho a una parte de los hallazgos encontrados. Sus adquisiciones privadas acabaron llegando a los museos locales, de modo que Bolton, Burnley, Blackburn, Liverpool, Macclesfield y Manchester (para nombrar sólo unos pocos lugares) tienen la suerte de contar hoy en día con unas colecciones egiptológicas extraordinarias. Y luego, de niña, todo esto me llegó a mí. Me parecía perfectamente natural que los museos de Lancashire estuviesen repletos de exóticos tesoros egipcios. Yo suponía que todos los museos estaban igualmente bien dotados.

En 1972 llegó al British Museum la exposición «Tesoros de Tutankamón», trayendo una serie de artefactos que incluían la icónica máscara funeraria del rey. Casi de la noche a la mañana barrió toda Gran Bretaña una nueva oleada de tutmanía. La televisión en color, que todavía era una novedad, exhibió los tesoros de la tumba con toda su belleza dorada y, mientras Tutankamón invadía todos los salones de la nación, se dio a conocer a los espectadores un pasado muy diferente de la historia clásica que se aprende en el colegio. Mucho más de un millón de visitantes se animaron a acudir al British Museum para verlo por sí mismos. Tan contagiosa era la atmósfera que en mi colegio tomaron la decisión valiente (y algunos dirían que insensata) de llevarnos a todas a Londres. Se alquiló un tren, y para cuando descubrimos que no podíamos asistir el día que las escuelas tenían acceso prioritario al museo, ya pareció que no importaba. Y allá fuimos, cientos de chicas con bolsas para el almuerzo e impermeables. La expedición no se pudo considerar un éxito: visitamos primero el Museo de Ciencias y luego la Torre de Londres, se nos hizo tarde, y después de hacer cola durante más de una hora en el exterior del British Museum, nos fuimos, tras comprar carteles y postales, pero sin haber visto realmente al propio rey. Pasaron diez años hasta que pude ver el rostro dorado de Tutankamón en un Museo de El Cairo casi vacío. Sin embargo, mi latente interés por la egiptología cobró nueva vida, y ya no hubo vuelta atrás. Aquella fijación con el Antiguo Egipto inspirada por Tutankamón podría ser mi propia y personal visión de la maldición de Tutankamón.

Tengo que añadir que la maldición de Tutankamón me ha afectado de una manera muy suave, porque no creo que las maldiciones antiguas (reales o imaginarias) sean capaces de tener efecto alguno en el mundo moderno a menos que nosotros lo permitamos. De hecho, debo admitir simple y llanamente que no creo en las maldiciones, en absoluto. Sin embargo, hay muchos que sí creen y que se toman la maldición de Tutankamón como algo muy serio, como una protección mortal derivada de un conocimiento arcaico y esotérico, usada por los sacerdotes de la necrópolis para salvaguardar al rey muerto y su tumba. Esa protección puede adoptar diversas formas que oscilan entre lo mágico e inverificable (hechizos mortales y espíritus elementales) y lo más científico y físico (medidas de «bioseguridad» ocultas, patógenos y venenos). Los creyentes (y un rápido rastreo en internet confirma que hay muchos, cada uno de ellos armado con una versión ligeramente distinta de «la verdad») aceptan que esa maldición mató no se sabe bien cómo a lord Carnarvon al cabo de cinco meses de abrir la tumba, simplemente porque financió la misión arqueológica que profanó el enterramiento. La maldición luego siguió matando a otros relacionados directa o indirectamente con Tutankamón, usando una gran variedad de medios ingeniosos y, para los escépticos, innecesariamente perversos.

La súbita muerte de Carnarvon arrojó a su arqueólogo asociado al primer plano de la atención pública, algo que él no deseaba, de modo que hoy en día recordamos a Carter como la fuerza motriz tras la misión de Tutankamón, mientras que a Carnarvon se lo relega al papel de patrocinador jovial y generoso con un pasajero enamoramiento por el Antiguo Egipto.[2] Sus contemporáneos, sin embargo, comprendieron que la tumba pertenecía en toda justicia y plenamente a Carnarvon. El informe inicial del descubrimiento, publicado en *The Times* del 30 de noviembre de 1922, lo deja bien claro. Bajo el titular: «Gran hallazgo en Tebas. La larga búsqueda de lord Carnarvon», cuenta que «durante dieciséis años, lord Carnarvon, con la asistencia del señor Howard Carter, ha estado llevando a cabo excavaciones en la orilla occidental del Nilo, en Luxor». Al día siguiente, el *Times* contenía un «tributo a lord Carnarvon», escrito por sir E. A. Wallis Budge, conservador de Antigüedades Egipcias del British Museum, que empezaba así: «La noticia del importante descubrimiento egipcio que han hecho lord Carnarvon y su fiel ayudante, el señor Howard Carter, es tal que provocará un estremecimiento de placer en todo el mundo arqueológico en su conjunto». Ésta es la historia de Tutankamón, y no la de Carter. Sin embargo, la personalidad y la conducta de Carter influyen tanto en nuestra comprensión del descubrimiento y el vaciado de la tumba que resulta imposible pensar en uno sin el otro. Cualquiera que esté interesado en leer algo más sobre la vida de Carter debería empezar por la biografía de James, que da mucho que pensar: *Howard Carter: The Path to Tutankhamen* (1992). Desgraciadamente, no existe biografía equivalente de lord Carnarvon, y como gran parte del archivo familiar quedó destruido durante la Segunda Guerra Mundial, quizá no la haya nunca.

Para Carter, el descubrimiento de un conjunto de cámaras semejante a un almacén atestado de frágiles artefactos resultó una bendición y una maldición a la vez, ya que le obligó a asumir un papel diplomático para el cual estaba muy mal dotado. Tutankamón proporcionó a Carter muchísima fama y alguna fortuna, pero muy poco reconocimiento académico, algo que razonablemente podía haber esperado. De hecho, su gran hallazgo llevó a su fin su carrera como excavador. Se dedicó todo el resto de su vida a los objetos encontrados en la tumba de Tutankamón, y murió antes de que la publicación académica de su obra estuviese cerca siquiera de completarse. Eso significa que gran parte de nuestra información sobre la excavación de la tumba procede de fuentes muy conocidas: escritos privados, los propios libros de Carter y periódicos contemporáneos, sobre todo *The Times*, que publicó informes regulares de los acontecimientos del Valle. Yo he usado esos escritos para transmitir el espíritu de maravilla y emoción con el cual los excavadores, y el público en general, dieron la bienvenida a Tutankamón al mundo moderno.

Muchos egiptólogos podrían aducir que la verdadera maldición de Tutankamón es la fijación que ha desarrollado el público en general con ese rey, azuzado por los medios de comunicación, a expensas del resto de la larga historia de Egipto. Nuestro abrumador interés por Tutankamón, efectivamente, ha distorsionado la percepción del pasado, de modo que casi un siglo después de su redescubrimiento y más de 3.000 años después de su muerte, «Tut» (estamos tan familiarizados con él que incluso le hemos puesto un mote amistoso) sigue siendo el más famoso del mundo antiguo. Sólo Nefertiti y Cleopatra VII pueden acercarse a su estatus de superestrella. Ramsés II, el Grande, queda muy por detrás, mientras que a Senwosret III y Pseusennes II y muchos otros (reyes-dioses magníficos y heroicos, en tiempos ampliamente celebrados por sus grandes hazañas) sólo los recuerdan aquellos que han estudiado especialmente la historia egipcia. Mientras el recién descubierto Tutankamón estaba en la cresta de la ola, dos descubrimientos espectaculares, casi contemporáneos, como la excavación de Leonard Woolley en 1920 de los pozos de la muerte reales en la ciudad mesopotámica de Ur, y la excavación de Pierre Montet en 1939 de las tumbas del Tercer Período Intermedio, casi intactas, en la ciudad egipcia de Tanis, no han conseguido captar la imaginación del público.

Es comprensible que en 1939 los ojos del público no estuviesen clavados en el Egipto antiguo, pero la falta de interés por el trabajo de Woolley resulta desconcertante a primera vista, dadas sus obvias conexiones con la arqueología bíblica. Sin embargo, tres importantes circunstancias distinguieron a las dos excavaciones. Primero, a diferencia de los anónimos sirvientes enterrados en los lúgubres pozos de la muerte, Tutankamón era un individuo con nombre: un joven antiguo, y sin embargo curiosamente moderno, revelado al mundo occidental en un momento en que Occidente había perdido a muchos de sus jóvenes. El arte y la moda de su época (el período Amarna tardío) sintonizaban mucho con el arte y la moda de la Europa de posguerra, y permitían que apareciese como algo seductor y remoto, y al mismo tiempo tranquilizadoramente familiar. En segundo lugar, aunque Tutankamón no era en absoluto el primer faraón que se descubría (en el Museo de El Cairo ya existía una galería entera llena de reyes), fue el primero descubierto con una enorme cantidad de oro. El tesoro y la caza del tesoro tienen un atractivo universal e intemporal que traspasa todas las fronteras de edad, raza y género, y parece que fue la máscara funeraria de oro de Tutankamón, más que su rostro real, lo que encandiló la imaginación del público. Finalmente, la excavación de Carter se llevó a cabo bajo un intenso escrutinio por parte de los medios de comunicación, lo que aseguraba que, aunque lo hubiese deseado, el público no pudiera olvidar los acontecimientos que iban ocurriendo en el Valle de los Reyes.

En muchos aspectos esa fama fue algo positivo. Tutankamón y el estudio de su vida y sus tiempos han proporcionado un enorme placer a muchos, y yo me incluyo entre ellos. Su marca, reconocible al instante, ha resultado especialmente valiosa para la economía egipcia. En enero de 2011, el turismo representaba el 11 por ciento del producto nacional egipcio, y las visitas al Museo de El Cairo (donde se encuentran los objetos de la tumba de Tutankamón) y el Valle de los Reyes (el moderno Luxor: donde se encuentra la tumba de Tutankamón) formaban parte importante de todos los itinerarios.[3] Por tanto, resulta una desafortunada paradoja que la gran popularidad de Tutankamón sea precisamente lo que amenace con destruir su legado. Los turistas que se dirigen al Valle de los Reyes desembarcan con autocares que vibran y contaminan, y respiran y sudan en su estrecha tumba, causando un daño incalculable a los frágiles muros decorados. Los efectos negativos del turismo (la propia maldición de Tutankamón del Valle) se han convertido en un problema vigente y grave para el Servicio de Antigüedades Egipcio (SAE), la agencia del gobierno responsable del cuidado y protección de los monumentos antiguos egipcios.[4] Como respuesta, y como forma de combinar las necesidades de los visitantes con las necesidades de los conservadores, la SAE ha anunciado recientemente un plan ambicioso que consiste en construir una réplica de tamaño natural de la tumba de Tutankamón en un valle cercano. Esa falsa tumba permitiría a los visitantes una experiencia «auténtica», preservando al mismo tiempo la tumba genuina.

Resulta muy triste, aunque quizá predecible, que ese estatus de famoso haya tenido como consecuencia que algunos egiptólogos se hayan alejado de Tutankamón para evitar la imagen de vendidos, de explotadores o incluso (¡Dios nos libre!) de disfrutar de los gustos populares. Confesar un interés por Tutankamón es, para algunos, equivalente a confesar la preferencia por los seriales televisivos en lugar de Shakespeare, o el teatro musical en lugar de la ópera, mientras que escribir sobre Tutankamón se puede interpretar como un intento venal de hacer dinero, lo que, en el mundo de los académicos, no siempre está bien visto. El elitismo, sin embargo, no es lo más abundante. Muchos otros, sencillamente, han despreciado a Tutankamón por considerarlo insignificante: un chico de corta vida, débil, manipulado y poco merecedor de un estudio detallado.

Es un «joven sensible, un Hamlet totalmente incapaz de las agobiantes responsabilidades que se le exigían», un «joven don nadie», un rey que, sencillamente, no merecía servir como representante de la era dinástica.[5] Esa crítica en parte es cierta. El suyo fue un reinado corto, que empezó a una edad muy temprana; gran parte de lo que consiguió lo hizo bajo la guía de otros. Sin embargo, aunque la década de Tutankamón es breve comparada con el reinado de treinta y ocho años (próspero, pero quizá un poco monótono) de Amenhotep III, se puede comparar favorablemente con los diecisiete años (nada monótonos) del reinado de Ajenatón y los cuatro (quizá monótonos, no sabemos nada de ellos) de su sucesor Ay. Diez años, en una tierra donde los varones de la élite tenían una esperanza de vida de aproximadamente cuarenta años, era mucho tiempo. Aunque resultaría algo excesivo considerar a Tutankamón a sus veinte años como un hombre de mediana edad, la verdad es que sobrevivió a la mayoría de sus contemporáneos, y murió siendo un hombre, no un niño.

La década de Tutankamón estuvo lejos de ser monótona. Fue el momento de cambio entre las certezas religiosas únicas de la edad de Amarna y el politeísmo tradicional de los reinados posteriores.[6] Incluyó un cambio de capital y un regreso a la propaganda real tradicional que se reflejó en el desarrollo del arte y los escritos oficiales. La maldición del propio Tutankamón seguramente fue su muerte temprana, que le impidió cumplir su destino. Si hubiese vivido veinte años más, muy probablemente habría conseguido restaurar la antigua prosperidad de su país. Quizá incluso hubiese sido aclamado como primer rey de la 19.ª dinastía. Por el contrario, su breve reinado no le dio el tiempo suficiente para distanciarse de las «herejías» de sus predecesores Ajenatón y Semenejkara. Ligado para siempre a ellos y a sus ideas poco ortodoxas, se le excluye deliberadamente de la Lista de Reyes (el registro oficial de gobernantes egipcios) de la 19.ª dinastía, y de hecho se convirtió en una no-persona. Esto, para un rey que creía que debía ser recordado si quería tener la menor esperanza de vivir más allá de la muerte, era un asunto muy grave.

Aunque resulta complejo encontrar pruebas, y siempre quedan huecos en nuestros conocimientos, existen suficientes pruebas arqueológicas y textuales que nos permiten reconstruir el reinado de Tutankamón hasta un grado suficiente de precisión. Existen muchas zonas de desacuerdo entre los estudiosos (por ejemplo, el origen de Tutankamón es un tema de continuas y enérgicas controversias, incluso después de la reciente publicación de las pruebas de ADN), pero en conjunto todos están de acuerdo en lo esencial de su historia, y sabemos bastante de su vida y su época. Sin embargo, junto a esta historia ortodoxa y enteramente satisfactoria, Tutankamón ha ido adquiriendo una segunda «historia» muy distinta, una creación intuitiva y cultural posterior al descubrimiento que le convierte en sujeto de una amplia gama de interpretaciones, incluyendo complots de asesinato, conspiraciones arqueológicas y ocultismo. Las tecnologías modernas (en particular internet) han contribuido a que se extendiera ese concepto, de modo que en sólo noventa años, Tutankamón ha pasado de ser un rey muerto hace muchísimo tiempo y apenas recordado a un fenómeno cultural.[7] Éste es un aspecto contemporáneo importante del legado de Tutankamón que todavía se está desarrollando, pero las conspiraciones y las maldiciones casan mal con la egiptología biomédica y el examen forense de los textos antiguos. Por tanto, he dividido este libro en dos partes complementarias, pero enteramente separadas. La primera se ocupa de las pruebas de la vida y muerte de Tutankamón. La segunda considera lo ocurrido con el Tutankamón posterior al descubrimiento. Juntas, ambas partes ofrecen un relato completo.

El rey de Egipto (o faraón, ambas palabras son intercambiables) tenía muchos deberes. Como representante terrenal de los dioses, era la cabeza del ejército y de la administración, y jefe sacerdotal de todo culto estatal. Pero su principal e irrenunciable deber era el deber que ligaba todos los demás deberes y que justificaba su existencia: el mantenimiento del *maat*. El conflicto constante entre el *maat*, el orden correcto del ser, y su opuesto *isfet* o caos, era fundamental para el pensamiento egipcio.

Para nosotros es fácil comprender el caos: en el Antiguo Egipto ese concepto englobaba toda conducta incontrolable, incluida la enfermedad, el crimen y la extrañeza de los extranjeros. El *maat* es más difícil. No tenemos equivalente en nuestro idioma, de modo que se define como una potente combinación de verdad, corrección, statu quo, control y justicia.

El dios tebano Amón, «El Oculto», sonrió a los reyes de la 18.ª dinastía, permitiendo que una serie de guerreros poderosos (Ahmosis, Tutmosis I, Tutmosis III) se intercalasen con constructores monumentales y astutos diplomáticos (Hatsepsut, Tutmosis IV, Amenhotep III). Con un imperio que se extendía desde Nubia en el sur hasta Siria en el norte, el Egipto de la 18.ª dinastía era a todos los efectos invencible, y sus reyes eran más acaudalados de lo que habían sido jamás los reyes de Egipto. El tesoro rebosaba de oro, los graneros también estaban repletos, y el pueblo vivía pacífico y contento en una tierra con antiguas ciudades y villas de adobe dominadas por imponentes templos de piedra construidos para albergar las estatuas de culto de los numerosos dioses.

Amenhotep III accedió al trono como la persona más rica y poderosa de todo el Mediterráneo oriental. Gobernó Egipto durante treinta y ocho años pacíficos y extremadamente prósperos, y su reinado se caracterizó por la diplomacia y las importantes edificaciones. Una serie de impresionantes templos de piedra y suntuosos palacios de ladrillo dejaban bien claro para todos que Amenhotep estaba realmente bendecido por los dioses. Aunque permanecía leal a las deidades tradicionales del Estado e invertía en ellas, Amenhotep mostraba también una creciente devoción a los cultos solares. Al mismo tiempo mostró un interés sin precedentes por su propia divinidad.

A Amenhotep III le sucedió su hijo, Amenhotep IV. El nuevo reinado empezó de una manera muy convencional, pero transcurridos cinco años Amenhotep había hecho cambios radicales en la teología estatal. Ahora habría un solo dios principal, un disco solar sin rostro conocido como Atón. Amenhotep cambió su nombre por el de Ajenatón, y se retiró con su consorte, Nefertiti, a adorar a Atón en la ciudad de Amarna, construida para tal fin en el Egipto Medio. Es muy probable que allí fuera donde nació Tutankamón.

Ajenatón y Nefertiti son personajes con mucha fuerza, y se podría escribir muchísimo sobre sus hazañas, creencias e incluso su aspecto, tanto que amenazarían con abrumar cualquier biografía de Tutankamón.

Ajenatón gobernó Egipto durante diecisiete años, años extremadamente mal documentados, fuera de la claustrofóbica corte de Amarna. El final de su reinado es un misterio, pero existen buenas pruebas tanto arqueológicas como textuales que sugieren que se asoció con un corregente llamado Semenejkara. Sin embargo, no está nada claro quién era ese tal Semenejkara, y no sabemos si él (o ella) vivió el tiempo suficiente para disfrutar de un reinado independiente. La muerte de Semenejkara no se menciona en ninguna parte, y después de un breve período de confusión, la siguiente certeza histórica nos llega cuando, aproximadamente en 1336 a. C., el joven Tutankamón hereda el trono como único superviviente varón miembro de la familia real nuclear. Su reinado de diez años estaría dedicado a borrar todo recuerdo del desgraciado experimento religioso de Ajenatón. Su muerte prematura sumergiría al país en una crisis sucesoria que causaría la caída de la 18.ª dinastía.

Parte I

TUTANKAMÓN: VIDA Y MUERTE

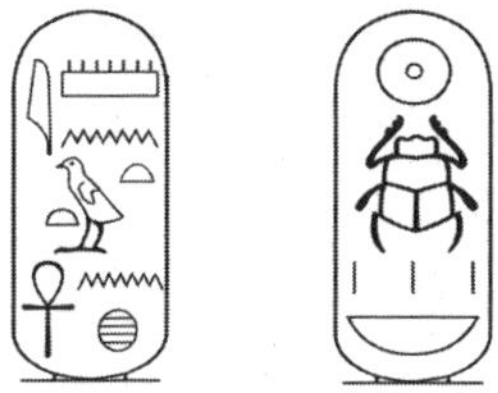

¿Qué importa a nadie, excepto a los egiptólogos y arqueólogos, que LORD CARNARVON y el señor HOWARD CARTER encontrasen en Egipto la tumba del REY TUTANKAMÓN, que reinó y murió más de trece siglos antes de nuestra era? ¿De qué sirve esta nueva prueba de que, en días tan distantes, se soltara el cordón de plata, se rompiera el cuenco de oro, o la jarra se hiciera pedazos en la fuente? Vanidad de vanidades, todo es vanidad, y no hay nada nuevo bajo el sol. Estos antiguos reyes y su pueblo, con sus luchas, ambiciones y conquistas, sus herejías y sus ortodoxias, sus joyas y sus carruajes de ceremonia, ¿no han muerto acaso todos, como otras civilizaciones que los siguieron, como nuestra civilización también puede desaparecer, por muy bien fundada que parezca estar una década antes? ¿Por qué, si nada perdura, si no hay promesa alguna de permanencia en pensamiento o acto, si nuestros pequeños sistemas tienen su día y dejan de existir, deberían los hombres recrearse en las eras pretéritas, viendo que, a pesar de todas sus investigaciones, no pueden arrojar luz sobre cosa alguna que pueda servir como guía para el futuro, ni establecer principio alguno salvo el de la inevitabilidad del cambio? Para semejantes preguntas no existe ninguna respuesta lógica que no sea, a su manera, una paráfrasis del consejo: come, bebe y sé feliz de todas las formas que puedas. Por tanto, si el regocijo del arqueólogo o el egiptólogo surge de cavar en tumbas y ordenar y comparar minuciosamente sus hallazgos, que nin-

gún hombre les envidie su triste pasatiempo, sino que más bien se dedique a su propia afición lo mejor que pueda.

The Times, 1 de diciembre de 1922

La valiosa conclusión es que hay un objetivo para toda actividad humana, por muy inútil que pueda parecernos inicialmente, como

reyes muertos en sus tumbas, civilizaciones pasadas y sus registros, por mucho que puedan iluminarnos sobre la historia de la humanidad, en sí mismos son menos importantes que la actividad que conduce a su descubrimiento.

1

Pérdida

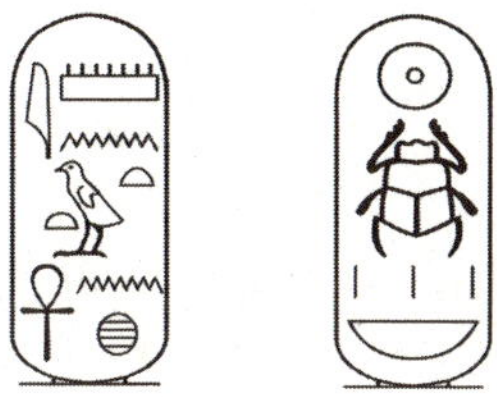

Vimos con bastante claridad que ante nosotros teníamos un trabajo muy duro, y que habría que eliminar muchos miles de toneladas de restos superficiales antes de poder esperar encontrar algo, pero siempre existía la posibilidad de que una tumba nos recompensara al final, y, aunque no hubiese nada más en lo que basarse, era una posibilidad por la que creíamos que valía la pena arriesgarse. De hecho, obtuvimos mucho más, y aun a riesgo de que se me acuse de clarividencia post actum, *afirmaré que teníamos claras esperanzas de encontrar la tumba de un rey en particular, y que ese rey era Tut.ankh.Amen.*

HOWARD CARTER[1]

La supervivencia de la tumba de Tutankamón casi intacta fue el resultado de una afortunada combinación de causas naturales y humanas. Pero, contrariamente a la percepción del público, su redescubrimiento en 1922 sí fue un acto deliberado: la culminación de un trabajo arqueológico detectivesco muy bien razonado. Cuando Howard Carter empezó a excavar en el Valle de los Reyes, Tutankamón era un faraón prácticamente desconocido de finales de la 18.ª dinastía, que se había omitido en la historia oficial egipcia, y sin embargo había dejado los monumentos e inscripciones suficientes para confirmar su existencia. Su «tumba» (la KV 58) ya había sido descubierta y publicada: su cuerpo nunca se encontró.[2] Carter no podía aceptarlo. Negándose a creer que el Valle hubiese entregado ya todos sus secretos, e incapaz de aceptar que la exigua KV 58 hubiese sido una tumba real, o incluso un enterramiento real secundario, Carter decidió encontrar al rey perdido. Para comprender el camino recorrido por Carter hasta Tutankamón tenemos que remontarnos al Valle de los Reyes a principios de la 18.ª dinastía.

Durante muchos siglos, los reyes egipcios quisieron ser enterrados y ser recordados en enormes complejos de pirámides elevadas en los vastos cementerios del desierto, en el norte de Egipto. Esos complejos incluían tanto la tumba donde descansaba el cuerpo como el templo donde se hacían ofrendas regulares a los muertos. Luego, a principios de la 18.ª dinastía, aproximadamente en 1550 a. C., se abandonaron los complejos de pirámides a gran escala. Los reyes se construirían a partir de entonces dos monumentos funerarios totalmente separados. Sus cuerpos momificados serían enterrados en relativo secreto, en tumbas excavadas en la roca como túneles en el Valle de los Reyes, en la orilla izquierda del Nilo, en la ciudad sureña de Tebas. La montaña de Tebas (el Qurn, o «cuerno», en árabe moderno), que se alzaba hasta formar un pico escarpado por encima de la nueva necrópolis, serviría como pirámide natural, manteniendo un nexo con las creencias del pasado, para aquellos que lo desearan. Al mismo tiempo, un templo conmemorativo altamente visible, apropiadamente situado en la frontera entre la tierra cultivada, hogar de los vivos, y el desierto estéril, hogar de los muertos, serviría como foco público accesible para el culto mortuorio real. Allí, los reyes muertos recibirían, hasta el final de los tiempos, las ofrendas necesarias para asegurarse su existencia después de la muerte.

No queda claro del todo por qué los faraones instigaron

una ruptura tan grande con la tradición, pero parece probable que contribuyeran a ello diversos factores. Los reyes de la 18.ª dinastía procedían de Tebas, y como eran sureños, quizá desearan un enterramiento más cercano al de sus reverenciados antepasados de la 17.ª dinastía (reyes de Tebas, pero no del conjunto de Egipto), que habían elevado pirámides pequeñas y empinadas en el cementerio de Dra Abu el-Naga, en la orilla occidental de Tebas. Su creciente devoción a Amón, deidad patrona de Tebas, contribuyó casi con toda certeza a su decisión: mientras los campos de pirámides del norte se habían asociado mucho con el culto del dios sol Ra, de Heliópolis, las nuevas tumbas y templos conmemorativos pertenecían a un paisaje enorme y sagrado que incorporaba en la orilla occidental el extenso complejo de templos de Karnak y el más pequeño de Luxor, dedicados a Amón. Ra no había quedado olvidado, desde luego (los egipcios seguían siendo politeístas), pero en general se veía a Amón como el dios principal del Estado de la 18.ª dinastía. Consideraciones más prácticas (coste y seguridad) también debieron influir en la decisión. Mientras los complejos de pirámides habían resultado ser extremadamente caros de construir y mantener, las tumbas al nuevo estilo no requerían prácticamente materiales y empleaban una fuerza de trabajo mucho más pequeña: un puñado de artesanos especializados solamente, a diferencia de las decenas de miles de trabajadores temporales no especializados necesarios para construir una pirámide. El problema de alimentar y acoger a todos esos trabajadores (una pesadilla logística para los constructores de pirámides) se resolvió rápidamente. En el reinado de Tutankamón, los trabajadores de las tumbas reales, conocidos como «Sirvientes en el Lugar de la Verdad», eran empleados estatales a tiempo completo, que recibían un salario generoso. Ellos y sus familias vivían una vida modesta en Deir el-Medina; una ciudad en la orilla oeste construida ex profeso para acomodar a los trabajadores más eventuales empleados en las primeras tumbas de la 18.ª dinastía. Mientras tanto, los muchos cientos de trabajadores requeridos para construir los templos conmemorativos de piedra se podían alojar a plena vista del público en general, junto al templo, al lado de las tierras cultivadas y el agua y los suministros de comida, y lejos del precioso cementerio.

La seguridad de la necrópolis sería siempre un tema importante en una tierra en que la élite insistía en ser enterrada con una gran variedad de objetos valiosos. Ineni, arquitecto de Tutmosis I, el primer rey que se sabe que fue enterrado en el Valle, subraya esta preocupación cuando nos dice en la pared de su propia tumba (TT81) que «supervisó la excavación de la tumba en el acantilado de Su Majestad, solo, sin que nadie le viera y nadie le oyera». El Valle era la ubicación ideal para un cementerio secreto: remoto y de difícil acceso para un forastero, había que llegar hasta allí o bien a través de la estrecha y protegida entrada del Valle, o bien bajando por una pendiente endiablada y cubierta de guijarros. La debilidad principal siempre procedería de los trabajadores de la tumba, que tenían tanto el conocimiento como las habilidades prácticas para robar a los reyes a los que acababan de enterrar. La reducción del número de trabajadores fue, por tanto, una gran ventaja: cuantas menos personas supieran de las tumbas y su contenido, mejor. Se aplicaron unas estrictas medidas de seguridad: la entrada y salida del Valle estaba controlada, y se entregaban todas las herramientas de metal al final de cada turno. Después de que se bloqueasen las puertas de la tumba, se cubrían de yeso y se sellaban con uno o más sellos oficiales de la necrópolis. Ningún sello podía evitar que los ladrones entrasen en la tumba (aunque, como el sellado era un acto ritual, podía causar dudas debido a la superstición), pero cualquier manipulación resultaría obvia para los inspectores que patrullaban regularmente el cementerio buscando señales de daños. Las tumbas violadas se hacían aparecer intactas superficialmente de nuevo. Si no se podían evitar los robos, al menos se podían ocultar, permitiendo así a los funcionarios de la necrópolis fingir que todo iba bien.

Como autoproclamado devoto de Amón, Tutankamón desearía sin duda ser enterrado junto a sus antepasados o bien en el Valle de los Reyes o en su filial, el Valle Occidental. No era simplemente una cuestión de acomodarse a la tradición de la 18.ª dinastía, aunque ésa habría sido sin duda una importante consideración para un rey que se promocionaba como restaurador de los valores religiosos y reales tradicionales. Los cementerios tenían su propia y potente magia, y los reyes muertos, ahora con los dioses, tenían espíritus poderosos que podían beneficiar a otros. El enterramiento entre sus divinos antepasados, por tanto, ayudaría al recién difunto Tutankamón a conseguir su propia vida después de la muerte. Podemos suponer que Tutankamón habría deseado construir su tumba en el Valle Occidental, junto a la de su reverenciado abuelo, Amenhotep III (KV 22) y podemos esperar razonablemente que se hubiesen empezado los trabajos de su tumba lo antes posible en su reinado: ningún rey quería correr el riesgo de morir sin tener un hogar seguro para su cuerpo. Como Tutankamón inicialmente gobernó desde Amarna, una ciudad con su propio cementerio real, eso sugeriría que los trabajos en su tumba tebana empezaron durante los años 2 o 3 de su reinado, poco después de abandonar Amarna. Como había habido un lapso de veinticinco años en el programa de construcciones del Valle, las cosas quizá se iniciaran muy despacio, pero sus trabajadores debieron de tener siete u ocho años para construir su último lugar de reposo.

Fuera cual fuese su intención, ahora sabemos que Tutankamón no fue enterrado en una espléndida tumba real en el Valle Occidental. Fue enterrado, por el contrario, en una estrecha tumba no real excavada en el suelo del valle principal (KV 62). La explicación más aceptada es que Tutankamón sencillamente murió demasiado joven para realizar sus ambiciosos planes. La tradición sólo permitía setenta días en la casa de embalsamar antes del funeral, y ese tiempo no bastaba para hacer practicable su tumba todavía inacabada. Tutankamón, por tanto, tuvo que ser enterrado en una tumba sustitutoria... probablemente la tumba que su sucesor, el anciano cortesano Ay, había estado preparando para sí mismo.

Sin embargo, podemos cuestionar esa suposición de que los constructores de Tutankamón no tuvieron tiempo para hacer habitable la tumba que él había elegido. Tres décadas después de la muerte de Tutankamón, Ramsés I, de la 19.ª dinastía, gobernó sólo durante dos años, y sin embargo sus arquitectos pudieron adaptar su tumba inacabada (KV 16) para acomodar su entierro de manera apropiada y regia; el bisnieto de Ramsés, Merenptá, gobernó sólo diez años (el mismo tiempo que Tutankamón) y fue enterrado en una tumba magnífica (KV 8). Parece mucho más probable que Ay, tras heredar el trono ya de anciano, y dándose cuenta de que se le acababa el tiempo, hizo un movimiento estratégico. Sólo cuatro años después de la muerte de Tutankamón, Ay fue enterrado en una tumba espléndida pero inacabada, en el Valle Occidental (KV 23), cerca de la tumba de Amenhotep III. Parece razonable suponer que igual que Tutankamón fue enterrado en la tumba destinada a Ay, éste fuese enterrado en la tumba destinada a Tutankamón. Es posible incluso que la KV 23 fuese iniciada originalmente para Amenhotep IV, hijo de Amenhotep III, antes de que éste cambiase su nombre a Ajenatón y trasladase su corte y su tumba a Amarna.

La tumba era el aspecto oculto de la disposición funeraria de Tutankamón. El aspecto visible (su templo conmemorativo) habría estado situado entre la hilera de templos que se encontraban en la orilla occidental tebana, al borde del desierto. Pero ese templo, junto con muchos otros, se desvaneció hace mucho tiempo, y sus valiosos bloques de piedra fueron reciclados en posteriores edificios. Docenas de bloques dinásticos se han recuperado de casas medievales en la orilla oriental, junto al templo de Luxor. Algunos de ellos datan del reinado de Tutankamón, y quizá tuviesen su origen en su templo conmemorativo, aunque es posible también que llegasen de un edificio aparte de la orilla este, la «Mansión de Nebjeperura en Waset [Tebas]», que ahora sabemos que fue construida por Ay en memoria de Tutankamón, y que ha desaparecido. Los bloques tallados muestran a Tutankamón en acción: yendo en procesión por el río, haciendo ofrendas, purificando estatuas y conduciendo a sus tropas en campañas contra los enemigos tradicionales de Egipto, los nubios (al sur) y los asiáticos (al este).[3]

El ruinoso Templo de Ay y Horemheb proporciona una valiosa clave para situar el templo perdido de Tutankamón.[4] Situado en la orilla occidental, cerca de los restos del templo conmemorativo de Tutmosis II y del templo mucho más intacto del rey Ramsés III de la 20.ª dinastía, contenía un par de estatuas colosales de cuarcita roja estropeadas, talladas originalmente para Tutankamón y luego inscritas por Ay y usurpadas finalmente por el sucesor de Ay, Horemheb. Hoy en día esas estatuas se encuentran en el Museo de El Cairo y en el Instituto Oriental de Chicago. Es probable que Ay cogiese esas estatuas del templo de Tutankamón que, dado el tamaño y el peso de los colosos, presumiblemente estaría cerca: o bien en el edificio en ruinas conocido hoy en día como «Templo Norte», o bien en el «Templo Sur», igualmente en ruinas. Sin embargo, dada la complicada historia de la tumba de Tutankamón, resulta tentador sugerir que el templo de Ay y el de Horemheb podría haber empezado su vida como templo conmemorativo de Tutankamón, antes de ser usurpado por Ay. Aunque se han recuperado del templo unos pocos depósitos de fundación que tienen escrito el nombre de Ay, éstos podrían pertenecer perfectamente a una fase posterior de edificación.

El lugar de descanso de Tutankamón era una tumba no regia excavada en la roca típica de finales de la 18.ª dinastía, una de las tres (las otras dos son la KV 55 y la KV 63) talladas en el suelo de caliza del valle principal. Se accedía a ella por un tramo de dieciséis escalones que descendían. Al fondo de las escaleras se abría una puerta a un estrecho pasadizo inclinado (con unas medidas de 8,08 de longitud, 1,69 de ancho y 2 m de alto), que conducía a una segunda puerta.[5] Ésta a su vez conducía a una cámara rectangular (7,85 × 3,55 × 2,68 m), tallada unos 7,1 m por debajo del suelo del Valle, y orientada norte-sur. Esta primera cámara de almacenamiento, llamada «Antecámara» por Carter, permitía el acceso mediante una puerta sellada a una cámara de almacenamiento subsidiaria llamada «Anexo» (4,35 × 2,6 × 2,55 m, orientada norte-sur). El suelo del Anexo estaba casi un metro por debajo del suelo de la Antecámara. La Cámara de Enterramiento (6,37 × 4,02 × 3,63 m) estaba separada de la Antecámara por un tabique de piedra seca enyesada que contenía una puerta oculta. La Cámara de Enterramiento estaba orientada este-oeste, y su suelo también se encontraba casi un metro por debajo del suelo de la Antecámara. Al abrir la Cámara de Enterramiento se encontraba una cámara de almacenamiento secundaria, el «Tesoro» (4,75 × 3,8 × 2,33 m, orientado norte-sur).

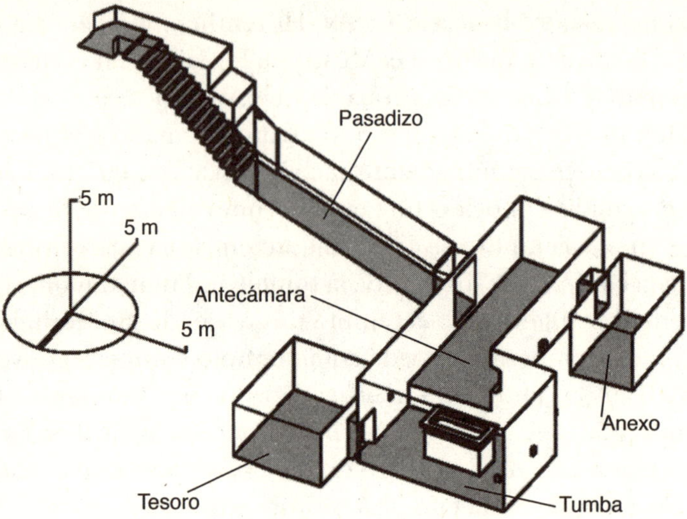

1. Tumba KV 62: último lugar de reposo de Tutankamón.

Las tumbas reales de la 18.ª dinastía estaban decoradas tradicionalmente con textos exclusivamente reales y escenas tomadas de una colección de escritos religiosos llamada *Libros del Más allá* o *Guías para la Otra Vida.* Éstos proporcionaban ayuda al rey en su viaje a la vida eterna, recordando la aventura nocturna del dios sol Ra. Cada día, el joven y vigoroso Ra navegaba con su barco por el plácido cielo, llevando la luz a Egipto. Cada noche, ya viejo y frágil, Ra pasaba a su barco nocturno y entraba en el *Duat*, el mundo oscuro y oculto del sol nocturno. Si todo iba bien, podría renacer en el este al amanecer. En la tumba a pequeña escala de Tutankamón, el pasadizo, la Antecámara, el Anexo y el Tesoro seguían sin enyesar y sin decorar. Sólo la Cámara de Enterramiento estaba enyesada y pintada. Los daños por humedad sufridos por un cierto número de objetos de la tumba sugieren que ese yeso quizá no estuviese seco del todo cuando se selló la tumba; una indicación más de que la tumba se preparó para el rey en el último minuto. La decoración es similar en composición y estilo a la decoración de la tumba de Ay; esto no resulta sorprendente, ya que las tumbas son casi contemporáneas, y parece probable que ambas fueran construidas por el cortesano Maya, «capataz de obras en el lugar de la eternidad», y «capataz de obras en occidente».

Poco después del funeral de Tutankamón, el Valle sufrió una avalancha de robos. La tumba de Tutankamón fue objetivo dos veces, en rápida sucesión. Los primeros ladrones consiguieron romper la puerta bloqueada y enyesada, abrirse camino por el pasadizo de entrada (que se usaba para más almacenamiento) y entrar en la Antecámara. No está claro qué objetos se llegaron a robar. ¿Tuvieron acceso los ladrones a la tumba de manera regular o los cogieron de inmediato? Sin embargo, parece probable que su objetivo fuesen los metales, el cristal y los cosméticos y aceites hechos a base de grasa, de gran valor, que habrían sido robados poco después del funeral, antes de que se pusieran rancios. Los funcionarios de la necrópolis que descubrieron el robo realizaron una restauración somera de la tumba, y luego llenaron el pasadizo de entrada hasta el techo con toneladas de esquirlas de caliza. Pequeños objetos diversos, incluyendo algunos que dejaron caer los ladrones y otros introducidos en la tumba junto con las piedrecillas, se incorporaron accidentalmente al relleno. Finalmente, se volvió a sellar la puerta exterior.

Los guijarros quizá entorpecieron el trabajo de los ladrones, pero desde luego no consiguieron detenerlos. En realidad, parece probable que los mismos hombres a los que emplearon para rellenar el pasadizo volvieran más tarde a robarlo. Haciendo un túnel a través de la parte superior izquierda del pasadizo bloqueado, y luego rompiendo las puertas internas bloqueadas, la segunda banda de ladrones pudo acceder a todas las cámaras. Sin embargo, dado que sólo podían retirarse por aquel estrecho túnel, sólo pudieron llevarse los objetos más pequeños y ligeros. Carter suponía que hasta el 60 por ciento de las joyas de Tutankamón pudieron ser robadas en aquella ocasión, basando su estimación en las etiquetas escritas unidas a las cajas y baúles abandonados. Una vez más, se detectó aquella brecha en la seguridad. La tumba fue restaurada de una manera un poco irregular, las brechas en las puertas internas se volvieron a sellar, el túnel a través del pasadizo se restauró con piedrecillas de color oscuro, y la puerta exterior se volvió a reparar y sellar con el sello de la necrópolis. De modo que podemos suponer que este procedimiento se habría repetido una y otra vez hasta que la tumba hubiese quedado despojada de todos sus objetos de valor, de no haber intervenido la naturaleza.

El Valle de los Reyes es un *wadi* o antiguo lecho de un río seco. Aunque normalmente disfruta de un entorno seco, con mínimas lluvias anuales, ocasionalmente experimenta intensas tormentas que duran sólo unas pocas horas. Éstas conducen a unas inundaciones súbitas, violentas y destructivas. Después de más de treinta y cinco años viviendo en el Valle de los Reyes o junto a él, Carter recordaba cuatro de esos chaparrones torrenciales (en 1898, 1900, en octubre de 1916 y en noviembre de 1916).[6] Escribiendo a su madre, en octubre de 1918, le describía su efecto:

> El Valle de las Tumbas de los Reyes, al que se une el Gran Valle Occidental, en pocos momentos se convirtió en una especie de río montañoso... el torrente cortaba amplios surcos en el lecho del valle y hacía rodar piedras de sesenta centímetros de diámetro. Los nativos que volvían a casa con sus animales no pudieron vadearlo, y quedaron separados de sus hogares.[7]

El 1 de noviembre de 1916, Carter había presenciado cómo el Gran Barranco del Norte (separado del Valle de los Reyes por una delgada cinta de tierra) se llenaba de agua aunque no había llovido: fue el resultado de una tormenta a unos veinticinco kilómetros hacia el noroeste. Observó que, aunque antes del súbito flujo de agua el barranco estaba despojado de vida vegetal, en enero del año siguiente quedó cubierto de plantas con flores que atraían a los insectos. A finales de la primavera siguiente, sin más agua, las plantas e insectos habían desaparecido casi por completo. El Valle y sus bifurcaciones, sin embargo, siempre estaban privados de vida, aun después de haber quedado empapados.

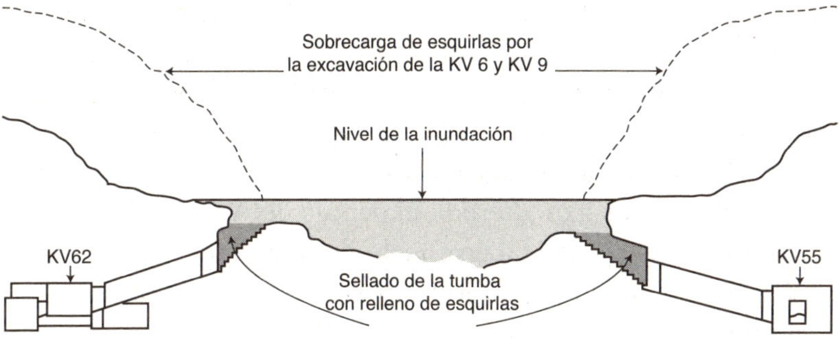

2. Sección del Valle de los Reyes donde se muestra el nivel de la inundación de finales de la 18.ª dinastía, que cubre la KV 62 y la KV 55.

Al caer un palmo de lluvia en el alto desierto en cuestión de minutos, el suelo duro y seco no puede absorber el agua generada por la tormenta. Esta agua baja caudalosa por las laderas de la colina, formando grandes corrientes que, arrastrando masas de piedra, arena y escombros, invaden y llenan todas las tumbas que se encuentran en su camino. Cuando las corrientes colisionan entre sí y se mezclan, pierden velocidad lineal, y el Valle central se llena como un lago espumeante. Cuando el agua se escapa del Valle del Nilo, deja tras de sí una dura capa de sedimentos que incorporan barro, creta, esquistos y caliza. Las tumbas quedan rellenas por los residuos y las superficies (muros decorados, techos y columnas) húmedas, manchadas y erosionadas. La expansión de los esquistos y la migración de la sal causan luego posteriores daños cuando se secan los muros. La estadística da que pensar: todas excepto diez de las tumbas del Valle quedaron invadidas por las inundaciones; en los últimos 150 años, un tercio de todas las tumbas conocidas han quedado reenterradas bajo los residuos y la arena; dos tercios de las tumbas todavía contienen residuos de las inundaciones.[8]

Los antiguos egipcios, muy conscientes de los peligros de las inundaciones repentinas en el Valle, intentaron proteger a sus reyes muertos excavando un gran canal de drenaje y erigiendo muros de desviación junto a algunas tumbas individuales. Pero todas las tumbas de los niveles más bajos han sufrido los efectos de repetidas inundaciones. La tumba de Tutankamón, excavada directamente en el lecho de roca del Valle, siempre será vulnerable. Esa vulnerabilidad sigue preocupando hoy en día, cuando los caminos para los turistas y las excavaciones modernas han alterado el paisaje del Valle y elevado los caminos de la crecida. La tumba de Tutankamón recibe ocasionalmente agua de inundaciones por su entrada o por el techo, causando más daños aún.

Unas obras recientes han confirmado que el Valle experimentó una inundación devastadora a finales de la 18.ª dinastía. Esa inundación depositó un grueso sedimento que ocultó y protegió la entrada a la tumba de Tutankamón.[9] La tumba desaparecida fue olvidada enseguida. Los constructores de la 20.ª dinastía que trabajaban en la tumba de Ramsés VI, casi dos siglos después de la muerte de Tutankamón, desde luego desconocían su existencia, ya que permitieron que los escombros de sus excavaciones se acumularan encima de la entrada de su tumba, y luego construyeron una serie de chozas para los trabajadores encima de aquel mismo montículo.

La seguridad de la necrópolis funcionó bastante bien mientras los faraones retuvieron su autoridad. Las pruebas de la tumba de Tutankamón sugieren que debieron producirse muchos robos e intentos de robo (algo inevitable), pero que éstos eran relativamente menores, fácilmente detectados y solucionados, al menos superficialmente. Debemos preguntarnos cuántas de esas brechas en la seguridad de la necrópolis fueron comunicadas a las autoridades. Los reyes de la 19.ª dinastía ciertamente pensaban que todo iba bien; abandonaron toda idea de ocultar sus tumbas, y permitieron que sus puertas, hasta entonces discretas, se convirtieran en rasgos obvios y decorativos. Pero entonces, hacia el final de la 19.ª dinastía, lo impensable empezó a ocurrir lenta pero fatalmente. Los niveles impredecibles del Nilo llevaron a una elevada inflación y a la escasez de alimentos, y Tebas sufrió ocasionales ataques por parte de los nómadas libios. Como la administración, cada vez más corrupta, no pagaba a los trabajadores de Deir el-Medina, hubo huelgas e inevitablemente un aumento de la criminalidad. A finales de la 20.ª dinastía la situación se había deteriorado mucho, y las tumbas reales se enfrentaban a una amenaza grave y continua por parte de bandas bien organizadas y bien informadas que, demasiado a menudo, tenían el respaldo tácito de los funcionarios responsables de custodiar las tumbas. La corrupción se extendió a los niveles más elevados.

En el reinado de Ramsés XI, Tebas se encontraba en un estado de guerra civil. El Valle se había vuelto irremediablemente inseguro, y al borde del desierto, los templos conmemorativos fueron saqueados y despojados de sus objetos de valor. Abandonando su tumba incompleta (KV 4), Ramsés huyó hacia el norte. Allí, habiéndosele negado el acceso a su lugar de enterramiento ancestral, podemos razonablemente pensar que ordenó la construcción de una nueva tumba, más segura. Esa tumba todavía no se ha descubierto, pero dada la obvia devoción de Ramsés al dios Ptah, deidad patrona de Menfis, parece probable que fuese enterrado en algún lugar cerca del templo menfita de Ptah. Los reyes sucesivos siguieron su precedente y construyeron tumbas dentro del recinto de sus templos del norte. Allí, los sacerdotes podían custodiar sus tumbas noche y día.

Smendes, fundador de la 21.ª dinastía, gobernó el norte de Egipto desde la ciudad de Tanis, en el Delta, mientras el general tebano y sumo sacerdote de Amón, Herihor, y sus descendientes gradualmente iban controlando el sur. A los sumos sacerdotes correspondía la responsabilidad de restaurar y mantener las tumbas saqueadas del Valle de los Reyes. Fue una tarea que consumió mucho tiempo, cara e infructuosa: al final debió de quedar claro a todo el mundo que en cuanto se llevaran a cabo los enterramientos, empezarían de nuevo los robos. De modo que los funcionarios de la necrópolis decidieron un atrevido cambio de táctica. Si la promesa de los tesoros ocultos atraía a los ladrones a las tumbas, el anuncio bien publicitado de la retirada de esos tesoros eliminaría la tentación. Y como elemento añadido, los objetos de valor recuperados de las tumbas podían usarse para hinchar los exhaustos cofres del tesoro estatal.

Las tumbas reales fueron abiertas oficialmente y se retiraron sus contenidos. A los reyes y sus parientes más cercanos se los sacó de los sarcófagos y se los trasladó a unos talleres funerarios dentro del Valle. Allí los despojaron de sus vendas y joyas originales, los volvieron a envolver, etiquetar y colocar en ataúdes de madera sencilla. Las momias (que ya no eran una tentación para nadie) se almacenaron en cámaras salpicadas por toda la necrópolis. De vez en cuando se inspeccionaban esas colecciones, se trasladaban y se acumulaban, hasta que quedaron sólo dos importantes depósitos reales: uno en la tumba familiar del sumo sacerdote Pinodjem II, en Deir el-Bahri (DB 320) y otro almacenado en la tumba de Amenhotep II (KV 35).

2

Descubrimiento

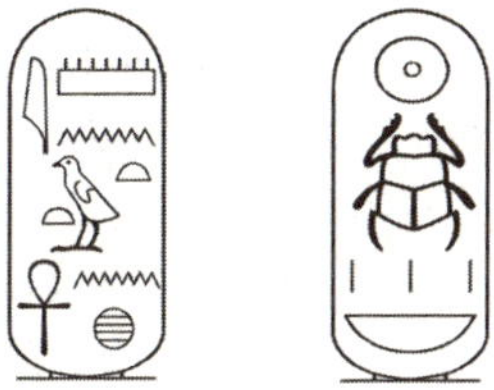

También hay en esta ciudad [Tebas], *según dicen, notables tumbas de los primeros reyes... Ahora los sacerdotes dicen que en sus registros encuentran cuarenta y siete tumbas de reyes, pero en el tiempo de Ptolomeo, hijo de Lagos* [Ptolomeo I], *dicen, sólo quedaban quince, ya que la mayoría de ellas habían sido destruidas en la época en que nosotros las visitamos...*

DIODORO SÍCULO[1]

A medida que la época dinástica acababa y la religión oficial de Egipto iba pasando del paganismo a la cristiandad, y luego de la cristiandad al islam, las tumbas del Valle de los Reyes quedaron abiertas y sin protección. Algunas sencillamente se perdieron; otras alcanzaron una segunda vida como capillas u hogares, o se volvieron a usar como tumbas. Se recordaba vagamente que el Valle había sido en tiempos un cementerio real, y eso se reflejaba en su nombre, Biban el-Moluk, o «Valle de las Puertas de los Reyes». Pero nadie sabía cuántas tumbas había allí, y como se había perdido todo conocimiento de la escritura jeroglífica, nadie sabía quién estaba enterrado en ellas.

En 1707, un decidido misionero jesuita, Claude Sicard, viajó a la pequeña e insignificante aldea de Luxor y se convirtió en el primer europeo en reconocer y registrar la verdadera naturaleza del Valle y sus tumbas:

> Esos sepulcros de Tebas forman túneles en el interior de la roca y son de una asombrosa profundidad. Salas, habitaciones, todo está pintado de arriba abajo. La variedad de colores, que están casi tan frescos como el día en que se pintaron, produce un efecto admirable. Hay tantos jeroglíficos como animales y objetos representados, cosa que nos hace suponer que allí se encuentra la historia de las vidas, virtudes, actos, combates y victorias de los príncipes que allí se hallan enterrados, pero nos resulta imposible descifrarlos por ahora.[2]

Otros siguieron pronto. En 1743, la *Descripción de Oriente y algunos otros países* del reverendo Richard Pococke fascinó a sus lectores, proporcionando un mapa bastante erróneo de las tumbas, que frustraría a los arqueólogos durante los años venideros:

> El valle donde se encuentran esas grutas puede tener unas cien yardas de ancho. Hay señales de unas dieciocho. Sin embargo, hay que observar que Diodoro dice que sólo quedaban diecisiete en la época de los Ptolomeos, y yo he encontrado las entradas de ese número más o menos, la mayor parte de las cuales estaban destruidas en su tiempo, y ahora sólo quedan nueve en las que se pueda entrar. Las colinas a cada lado son rocas empinadas, y todo el lugar se halla cubierto por áridas piedras que parecen haber caído desde ellas. Las grutas están excavadas en la roca de la manera más hermosa, formando largas habitaciones o galerías bajo las montañas... Las galerías son casi todas de unos diez pies de ancho y de alto; cuatro o cinco de esas galerías, una dentro de otra, de treinta a cincuenta pies de largo, y de diez a quince pies de alto, generalmente conducen a una sala espaciosa en la cual se ve la tumba del rey, con su figura tallada en relieve en la tapa, como vi en una de ellas. En la habitación más alejada de otra, la imagen del rey está pintada en la piedra a tamaño natural; ambos lados y los techos de las habitaciones tienen tallados jeroglíficos con aves y animales, y algunos

> de ellos están pintados, tan frescos como si los hubieran acabado de pintar, aunque deben de tener más de dos mil años de antigüedad...[3]

En 1798, la Comisión de Napoleón (un grupo de científicos, historiadores y artistas encargados de registrar el Egipto antiguo y moderno) llegó a contar solamente once tumbas en el valle principal, más una en el Valle Occidental. La publicación de su investigación, como parte de la *Description de l'Égypte* (1809-1829), coincidió con la culminación del trabajo de Jean-François Champollion, que descifró la escritura jeroglífica. De repente, los estudiosos podían leer los textos que decoraban los muros de tumbas y templos, mientras los textos mismos por primera vez estaban disponibles para los eruditos menos viajeros, a través de las láminas de la *Description*. Cuando se descifraron sus listas de reyes, la historia perdida de Egipto fue restaurada y la egiptología se convirtió en un tema adecuado y respetable para el estudio académico. Los museos que antes contemplaban los artefactos egipcios como callejones sin salida, bellos pero sin sentido —a diferencia de los objetos griegos y romanos, que siempre habían sido reconocidos como bellos y relevantes para el desarrollo de la civilización occidental—, ahora se mostraban cada vez más interesados por adquirirlos.

Exploradores y cazadores de tesoros acudieron al Valle. Esos primeros egiptólogos no tenían ni idea de que las momias reales ya habían sido retiradas de sus tumbas, y su esperanza era siempre encontrar un enterramiento real intacto. Su curiosidad no era puramente académica: se habían recuperado los suficientes enterramientos no reales como para sugerir que una tumba real podía estar repleta de tesoros que se podrían vender con grandes beneficios al creciente número de coleccionistas privados e institucionales de Occidente. Encontrar las tumbas reales, de hecho, no era demasiado difícil: desde 1816-1817, el antiguo forzudo de circo Giovanni Battista Belzoni había usado sus conocimientos prácticos de ingeniería para localizar ocho, incluyendo la tumba de Ay. Pero aunque estas tumbas contaban con algunos objetos ocasionalmente, ninguna de ellas estaba intacta.

Los reyes perdidos no fueron encontrados hasta la década de 1870, cuando Ahmed el-Rassul, miembro de una notable familia de ladrones de tumbas, descubrió la entrada oculta de la tumba del sumo sacerdote Pinodjem II. Como ya hemos visto, esta tumba albergaba no sólo los enterramientos familiares de Pinodjem, del Tercer Período Intermedio, sino un depósito completamente separado de momias reales del Reino Nuevo. Como las momias reales ya habían sido despojadas de todo objeto de valor, los hermanos de el-Rassul se concentraron en el ajuar funerario de la familia de Pinodjem. Vendieron una serie de papiros ilustrados, vasijas de bronce, figurillas y al menos una momia antes de que sus tratos atrajesen la atención del Servicio de Antigüedades. El 6 de julio de 1881, los el-Rassul revelaron la localización de la tumba y bajaron a Émile Brugsch, representante del Museo de El Cairo, por el pozo. Para su asombro, descubrió una cámara repleta de momias en sus ataúdes y etiquetadas, incluyendo a los reyes de la 18.ª dinastía Ahmosis, Amenhotep I, Tutmosis I (una momia muy polémica), Tutmosis II y Tutmosis III. Una segunda cámara conducía a los enterramientos recién saqueados de la familia Pinodjem.

Mientras tanto, el egiptólogo francés Victor Loret había empezado a excavar el Valle de los Reyes. Descubriría dieciséis tumbas, pero su descubrimiento más importante, en 1898, fue la tumba de Amenhotep II (KV 35). Yaciendo en el pasadizo de la tumba encontró una momia masculina anónima unida al modelo de un barco. Dentro de la Cámara de Enterramiento encontró al propio rey, despojado de todos los objetos de valor y vuelto a vendar, pero yaciendo en su sarcófago original de cuarcita. Una cámara lateral sellada contenía tres momias del Reino Nuevo sin vendas, sin ataúd y sin etiqueta, yaciendo una junto a la otra, cada una de ellas con un agujero en la cabeza y el abdomen dañado, mientras que en una segunda cámara se encontraban nueve ataúdes sencillos que llevaban escritos los nombres reales, incluyendo los de la 18.ª dinastía Tutmosis IV y Amenhotep III.

En el transcurso de sólo diecisiete años, casi todos los reyes de la 18.ª dinastía habían sido descubiertos de nuevo. Todavía faltaban Hatsepsut, Ajenatón, Semenejkara, Tutankamón, Ay y Horemheb. Ay, sin embargo, tenía una tumba abierta en el Valle Occidental, mientras que Ajenatón tenía también una tumba abierta en Amarna. La tumba saqueada de Hatsepsut sería identificada en 1903 (KV 20); la de Horemheb, también saqueada, en 1908 (KV 57). En 1910, sólo Semenejkara y Tutankamón carecían tanto de momia como de tumba. Los excavadores que buscaban una tumba real intacta de la 18.ª dinastía en realidad estaban buscando a esos dos personajes relativamente desconocidos.

Los reyes ramésidas de la 19.ª dinastía eran unos arribistas —pertenecientes a una familia militar del norte— que, para justificar su derecho a gobernar, ponían un énfasis constante en sus nexos con los primeros reyes egipcios. Los templos que los reyes Seti I y Ramsés II, nacidos plebeyos, construyeron en Abidos, por tanto, incluían una Lista de Reyes: linajes de «antepasados» faraones inscritos en orden cronológico. Esas listas omitían a Ajenatón, Semenejkara, Tutankamón y Ay, pasando directamente del muy respetado Amenhotep III al igualmente respetado Horemheb. Excluidos de la historia oficial de Egipto, Ajenatón y sus sucesores inmediatos se convirtieron en no-reyes: sus reinados, que completaron en total treinta años, no habían ocurrido nunca oficialmente. Los observadores modernos encuentran difícil de aceptar esa flagrante falsificación de la historia. Para un pueblo que creía que la palabra escrita podía tener propiedades mágicas, sin embargo, resultaba totalmente aceptable. La historia podía y debía ser corregida para reflejar los acontecimientos tal y como tenían que haber sido.

Afortunadamente, los reyes que faltaban habían dejado suficientes pruebas textuales y arqueológicas para confirmar la existencia del «período de Amarna», el período en el cual Egipto fue gobernado desde la ciudad de Amarna, y los egiptólogos en general están de acuerdo en que los reinados omitidos encajaban en la 18.ª dinastía como sigue:

- Amenhotep III: gobernó desde Tebas y Menfis
- Ajenatón (inicialmente conocido como Amenhotep IV): gobernó primero desde Tebas, luego desde Amarna
- Ajenatón con Semenejkara como corregente: gobernó desde Amarna
- Semenejkara: gobernó desde Amarna
- Tutankamón: gobernó inicialmente desde Amarna, y luego desde Tebas y Menfis
- Ay: gobernó desde Tebas y Menfis
- Horemheb: gobernó desde Tebas y Menfis
- Ramsés I: primer rey de la 19.ª dinastía

La secuencia exacta de acontecimientos que rodearon la muerte de Ajenatón, sin embargo, era nebulosa, y la relación entre Ajenatón, Semenejkara y Tutankamón incierta, aunque la sucesión tras la muerte de Tutankamón quedó perfectamente clara. Como sucesor inmediato suyo, se cree generalmente que Semenejkara era hijo de Ajenatón. El egiptólogo Percy Newberry, influido por el florido estilo artístico de Amarna, sacó una conclusión muy distinta. Describe una estela de caliza con el extremo redondeado, un objeto votivo dedicado al soldado Pasi, tallado con una imagen de dos reyes sentados uno junto al otro en un diván. Uno de los reyes ostenta la doble corona del Alto y Bajo Egipto, el otro lleva la corona azul:

> Los dos personajes representados son indudablemente Ajenatón y su corregente Semenejkara [sic]. La estrecha relación entre el faraón y el muchacho que aparece representado en la escena de la estela recuerdan la relación entre el emperador Adriano y el joven Antinoo.[4]

De hecho, Newberry estaba dejando que su imaginación se desbordara. No es posible determinar quiénes son los dos «reyes», ya que los cartuchos que podían haber incluido sus nombres están vacíos. Aunque casi todo el mundo está de acuerdo en que uno de ellos es Ajenatón, el otro ha sido identificado como Semenejkara, Nefertiti o Amenhotep III. Sea cual sea su relación, Semenejkara estaba asociado estrechamente con Ajenatón como corregente suyo. Como Ajenatón, gobernó y murió en Amarna, y aunque se le menciona ocasionalmente fuera de aquella ciudad, casi con toda seguridad fue enterrado en la tumba real de Amarna. Por tanto, es altamente improbable que su tumba se descubriera en Tebas.

En 1917, el reverendo James Baikie, autor de muchos libros populares sobre Egipto y Oriente Próximo, escribiendo para lectores no especializados, contaba todo lo que se sabía de Semenejkara y Tutankamón:

> [Ajenatón]... Aunque tuvo seis hijas, no tenía ningún hijo que le sucediera. En realidad había casado a algunas de sus hijas con nobles poderosos, y hacia el final de su reinado se asoció en el trono con el marido de Mery-atón, su hija mayor, un noble llamado Semenjara [sic]...
>
> Su sucesor, Semenjara, disfrutó del poder sólo durante un breve tiempo, y prácticamente no se sabe nada de su reinado. A su vez le sucedió Tutankamón, que se había casado con la tercera hija de Ajenatón, Anj-s-en-pa-atón...
>
> Parece que Tutankamón hizo algún intento de recuperar la antigua influencia en Siria, pero no se conoce ningún detalle de los esfuerzos que difícilmente podían tener éxito. La gran dinastía decimoctava llegó lamentablemente a su fin en la persona del Divino Padre Ay...[5]

Cinco años después, E. Wallis Budge, conservador de Egiptología del British Museum, fue capaz de resumir la vida y reinado de Tutankamón en sólo seis frases:

> Nuestro conocimiento de la vida y tiempos de este rey es escaso. Su reinado no pudo durar más de seis años, pero es extremadamente importante ya que muestra que durante su reinado, la famosa herejía de los adoradores del disco llegó a su fin. Se casó con una hija de Amenhotep IV, ahora más conocido quizá como Ajenatón... Tutankamón accedió al trono de Egipto a través de su matrimonio con la hija de Amenhotep IV, pero muy pronto, después de empezar a reinar, vio que el culto de Atón estaba condenado y enseguida eliminó el nombre de Atón de su propio nombre y del de su mujer, y trasladó su capital de Tall-al-Amarnah de vuelta a Tebas. Allí de inmediato pro-

cedió a deshacer el mal que su suegro había perpetrado en la ciudad. En poco tiempo, la ciudad de Ajuenaten (Tall-al-Amarnah) quedó desierta de sus habitantes y en ruinas, y Tutankamón estableció en Egipto el viejo culto de Amón con una base mucho más firme que antes, si cabe.[6]

Se creía que Tutankamón era el yerno de Ajenatón. Sin embargo, aunque vivía en Amarna, muchos de sus monumentos y textos se descubrieron en Tebas. Hubo un puñado de hallazgos en Menfis, Abidos y Gurob, y su nombre incluso se mencionó fuera de Egipto, en Nubia y Palestina. Tutankamón, a diferencia de Semenejkara, no era un rey puro de Amarna. La «Estela de la Restauración» (una losa de piedra grande tallada, erigida originalmente para que se irguiera ante el tercer Pylon o puerta exterior del templo de Karnak) confirmaba este hecho. Sus treinta líneas de texto contaban que Tutankamón trabajó para devolver Egipto a sus dioses tradicionales, después de las tribulaciones del período de Amarna:

> El buen gobernante, que hace cosas beneficiosas para su Padre y para todos los dioses, hizo que lo que estaba en ruinas floreciese como monumento a la edad eterna; suprimió los errores en las Dos Tierras; se estableció la verdad, [él hizo] que la falsedad sea la abominación de la tierra... Ahora, cuando Su Majestad se alzó como rey, los templos de los dioses y diosas, empezando desde la Elefantina hasta las marismas del Delta, cayeron en el abandono, sus santuarios cayeron en la desolación y se convirtieron en ruinas cubiertas de hierbas, sus santuarios parecía que no hubiesen existido nunca, sus salas no eran más que un camino hollado. La tierra estaba confusa, los dioses abandonaron esta tierra. Si se enviaba un [¿ejército?] a Djahy para ampliar las fronteras de Egipto, éste no encontraba éxito alguno, si alguien rezaba a un dios para pedirle cosas, [en modo alguno] las obtenía. Si uno hacía súplicas a una diosa igualmente, en modo alguno las obtenía. Sus corazones eran débiles (por la ira); destruyeron lo que se había hecho.
>
> Después de algunos días de que hubiese pasado esto, [Su Majestad apareció] en el trono de su padre, gobernó los países de Horus, la Tierra Negra y la Tierra Roja estaban bajo su dominio, y toda la tierra obedecía a su voluntad. He aquí que Su Ma-

jestad estaba en su palacio... Luego Su Majestad pidió el consejo de su corazón, buscando todas las ocasiones excelentes, buscando lo que era beneficioso para su padre Amón... Y Su Majestad hizo monumentos para los dioses, [moldeó] sus estatuas con oro fino, el mejor de las tierras extranjeras, construyó de nuevo sus santuarios como monumentos a la edad eterna, fueron dotados con propiedades para siempre, estableció para ellos dones divinos como duradero sacrificio diario, y les proporcionó ofrendas de comida sobre la tierra. Él añadió más a lo que ya estaba en los tiempos antiguos, [sobrepasó] lo hecho desde el tiempo de los antepasados, invistió a sacerdotes y profetas, hijos de los nobles de sus ciudades, cada uno de ellos hijo de un hombre notable, y cuyo nombre es conocido; él multiplicó su [¿riqueza?] con oro, plata, bronce y cobre, sin límite de [¿cosas?], él llenó sus almacenes con esclavos, hombres y mujeres, fruto del saqueo de Su Majestad. Todas las [¿posesiones?] de los templos se redoblaron, triplicaron y cuadruplicaron con plata, oro, lapislázuli, turquesa, todo tipo de gemas raras y costosas, tejidos reales, ropa blanca, lino fino, aceite de oliva...[7]

Era muy improbable que este autoproclamado tradicionalista hubiese sido enterrado en algún otro lugar que no fuese el Valle de los Reyes o en el Valle Occidental. La conclusión lógica era que Tutankamón de alguna manera había eludido la extracción por parte de los renovadores de la necrópolis, y todavía descansaba en su tumba tebana. Pero ¿dónde se encontraba su tumba?

Había multitud de egiptólogos ansiosos de buscar al rey perdido, pero las normas del Servicio de Antigüedades, destinadas a proteger la herencia de Egipto del saqueo puro y duro, estipulaban que sólo a uno se le permitiría trabajar en el Valle cada vez. Theodore Monroe Davis, un abogado norteamericano retirado y extremadamente rico, espoleado por la ardiente obsesión por encontrar una tumba real intacta, fue el elegido. Había conseguido la concesión del codiciado Valle en 1902, y la retendría durante doce años. Esa elección bastante curiosa de excavador cuadra perfectamente cuando se considera lo práctico del acuerdo. Davis, que no tenía ni la habilidad ni la inclinación para excavar solo, pagó las excavaciones del Servicio de Antigüedades dirigidas por tres inspectores sucesivos, altamente competentes: primero Carter, luego James Quibell y finalmente Arthur Weigall.

Quibell estaba financiado por Davis cuando, el 5 de febrero de 1905, descubrió la tumba más intacta del Valle hasta la fecha. La KV 46 albergaba el doble enterramiento de Yuya y Tuya, suegros de Amenhotep III. Su tumba se había tallado en la rama sudoriental del valle principal. Un agujero del tamaño de un hombre en la puerta bloqueada indicaba que el enterramiento había sido forzado en la Antigüedad, pero Yuya y Tuya todavía yacían en su tumba sin decorar, rodeados por una cantidad considerable de artículos funerarios. Davis apenas pudo contener su emoción al entrar en la cámara funeraria con el anciano Gaston Maspero, director general del Servicio de Antigüedades Egipcio, y con Weigall, sucesor de Quibell como inspector:

> Aunque no teníamos otra cosa que nuestras manos desnudas, conseguimos quitar las capas superiores de piedras, y luego el señor Maspero y yo metimos la cabeza y unas velas en la cámara, cosa que nos permitió echar un vistazo al oro brillante que cubría algunos de los muebles, aunque no pudimos identificarlos. Eso nos estimuló a realizar la entrada sin abrir más la abertura. Yo conseguí atravesar la pared y me encontré dentro de la cámara sepulcral. Con considerables dificultades ayudé al señor Maspero a pasar a salvo por la obstrucción, y luego hizo su entrada el señor Weigall. La cámara estaba tan oscura como se pueda imaginar, y hacía un enorme calor... Levantamos las velas, pero daban muy poca luz, de modo que deslumbraron nuestros ojos y apenas pudimos ver nada más que el brillo del oro.

Cuando Davis se inclinó hacia delante para leer el nombre del ocupante de la tumba, «Iouiya» (o Yuya), el triunfo casi se convirtió en desastre:

> El señor Maspero gritó: «¡Tenga cuidado!», y me apartó las manos. Al momento nos dimos cuenta de que si mi vela hubiese tocado el bitumen, cosa que estuvo peligrosamente a punto de pasar, el ataúd habría ardido en llamas. Como todo el contenido de la tumba era inflamable, y justo enfrente del ataúd se encontraba un corredor que llevaba al aire libre y se producía una corriente de aire, sin duda habríamos perdido la vida, ya que la única vía de escape era por el corredor, y habríamos tenido que trepar por encima del muro de piedra que tapiaba la puerta. Eso habría retardado nuestra salida al menos diez minutos.[8]

Weigall, que era un comentarista mucho más fluido, se quedó igualmente aterrado por la enormidad de la situación:

> Imagínese que entra en una casa cerrada para el verano: imagínese la habitación sofocante, el aspecto rígido y silencioso de los muebles, la sensación de que algunos ocupantes fantasmales de las sillas vacantes acaban de ser molestados, el deseo de abrir las ventanas para dejar que la vida entre en la habitación una vez más. Ésa fue quizá la primera sensación que tuvimos, y nos quedamos realmente anonadados, y miramos a nuestro alrededor las reliquias de una vida que había ocurrido hacía más de tres mil años, todo lo cual era tan nuevo casi como cuando adornaban el palacio del príncipe Yuya. Tres butacas fueron quizá los primeros objetos que llamaron nuestra atención: hermosas sillas de madera tallada, decoradas con oro. A una de ellas pertenecía una almohada hecha de plumón y cubierta de lino. Estaba tan perfectamente conservada que uno podía haberse sentado sobre ella o ponerla en una silla u otra sin que hubiese sufrido daño. Había jarrones de alabastro fino, y en uno de ellos nos sorprendió mucho encontrar un líquido como miel o jarabe, todavía no solidificado por el tiempo. En diversas partes de la habitación se encontraban algunas cajas de exquisita factura, descansando sobre delicadas patas labradas. Entonces el ojo se dirigió a un baúl de mimbre con sus bandejas y particiones, y con pequeñas aperturas de ventilación, ya que sus aromas sin duda serían fuertes. Se veían dos lechos muy cómodos, equipados con jergones de cuerdas mullidas y decorados con encantadores diseños dorados. En la esquina más alejada, colocado encima de un cierto número de jarras blancas, se encontraba el carro ligero que Yuya poseyó en vida. En todos lados se veían

> objetos brillantes de oro sin empañar por una sola mota de polvo, y uno miraba de un objeto a otro con la sensación de que la concepción humana del tiempo estaba equivocada. Ésas eran cosas de ayer, de hace un año más o menos...[9]

La noticia del espectacular descubrimiento se hizo pública, y como un anticipo de lo que ocurriría más tarde, el trabajo de Weigall (el registro oficial de los contenidos de la tumba) se vio interrumpido aquella tarde por un montón de visitantes titulados que incluían al duque de Connaught, el duque de Devonshire y el príncipe heredero de Noruega. Al día siguiente, la emperatriz Eugenia, viuda de Napoleón III, llegó a hacer una visita privada. A pesar de esas interrupciones, la tumba se vació en sólo diez días. Aunque Maspero ofreció a Davis una parte de los objetos, Davis no hizo reclamación alguna prefiriendo mantener el conjunto intacto. Hoy en día, Yuya y Tuya y sus objetos funerarios se exhiben en el Museo de El Cairo. Durante los tumultos que acabaron con el régimen de Mubarak, a principios de 2011, resultaron dañados algunos objetos de su ajuar funerario, y otros se dice que fueron robados. Mientras escribo, las autoridades del Museo están recuperando poco a poco todos los objetos.

Yuya y Tuya venían de la ciudad de Ajmim, en el Egipto Medio. Aunque no eran de sangre real, tenían lazos muy íntimos con la familia real. Entre su retahíla de impresionantes títulos, Yuya era «Padre de Dios», un título traducido a menudo como «suegro del rey».[10] Que en realidad era padre de Tiya, consorte de Amenhotep III, lo confirma el escarabeo ceremonial, publicado durante el año de reinado 1 o 2.

> Amenhotep, gobernador de Tebas, que se le dé vida, y la principal esposa del rey, Tiya, que viva. El nombre de su padre es Yuya, y el nombre de su madre Tuya; ella es la esposa de un rey poderoso...

Resulta interesante que, mientras Tuya repetidamente usa el título de «Madre real de la principal esposa del rey» en su ajuar funerario, Yuya no hace absolutamente ninguna referencia a su hija. Si no fuera por el escarabeo ceremonial podríamos pensar, erróneamente, que Tiya era hija de un primer marido de Tuya (que no existió). El hecho de que el hermano de Tiya, Anen, tampoco mencione el hecho, nada trivial, de que su hermana es reina de Egipto, sugiere que los hombres no consideraban adecuado alardear de las relaciones de los miembros femeninos de su familia con el rey. Esto tiene implicaciones de largo alcance para comprender a la familia de Tutankamón. Nunca podemos suponer que, porque un individuo no reivindique una relación con el rey, no exista tal relación.

Mientras trabajaba en íntima asociación con los inspectores del Servicio de Antigüedades, el trabajo de campo de Davis, aunque horriblemente apresurado según los estándares modernos, fue aceptable. Pero a finales de 1905 el desbordado Weigall decidió dejar de excavar para Davis, y le animó a contratar al egiptólogo Edward Ayrton, que iba por libre, para que excavara en su lugar. Weigall seguiría inspeccionando el trabajo de Davis y se haría cargo de cualquier hallazgo importante, pero mientras tanto, como no estaría en las excavaciones cada día, se vería libre para atender sus otros muchos deberes.

Probablemente Ayrton fuese un arqueólogo competente: había estudiado con el reconocido experto en trabajos de campo Flinders Petrie y, por tanto, debería haber sabido cómo llevar a cabo correctamente una excavación. Pero como sólo tenía veintidós años y carecía de autoridad real, encontró imposible resistirse a la exigencia de su millonario patrón de obtener rápidos resultados a expensas de la precisión, la conservación y el registro científicos. Por tanto resultó muy desafortunado que, el 6 de enero de 1907, el nuevo equipo de Davis tropezara con un depósito excepcionalmente complejo de la 18.ª dinastía en la tumba KV 55.[11] Hoy en día se cree que la KV 55 podría haber proporcionado la clave para desentrañar las complejidades de la familia real de Amarna. Para Davis, sin embargo, era otra tumba decepcionante que había que despejar como parte de su búsqueda incesante de un enterramiento real intacto.

Nadie pudo hacer nada para evitar que Davis desmantelase y en esencia destruyese aquel enterramiento. Hacia el 28 de enero la KV 55 fue identificada erróneamente como tumba de la reina Tiya, madre de Ajenatón. Fue fotografiada (hasta un punto muy limitado) y vaciada sin seguir plan alguno; la ecléctica mezcla de artículos funerarios fue empaquetada en cajas («todo lo que hay que trasladar está fuera de la tumba»), y enviado en un vapor al Museo de El Cairo. No todos los objetos de aquella tumba acabaron en El Cairo, sin embargo. La KV 55 sufrió un robo inmediatamente después de su descubrimiento, y los comerciantes de Luxor pronto hicieron un rápido negocio con pequeñas antigüedades que llevaban el nombre de Ajenatón. Howard Carter pudo ayudar a Davis a seguir la pista y recuperar algunas de las piezas, pero como su procedencia ya estaba en entredicho, se excluyeron del «catálogo oficial de objetos descubiertos» recopilados por Georges Daressy. Esas piezas viajaron a Estados Unidos como parte de la colección privada de Davis; al final se vendió todo en subasta y se dispersó.[12] Los objetos que conservó Davis, o que se le entregaron como regalo, también quedaron excluidos del catálogo oficial, así como algunos objetos que simplemente fueron observados por los presentes en la apertura de la tumba, pero que no se han vuelto a ver desde entonces; es muy posible que también fuesen robados y no se recuperaron nunca.

Ayrton se ahogó en un accidente de caza en Ceilán en 1914, y por tanto no pudo contribuir al debate que se llevó a cabo sobre su hallazgo más importante. Nunca publicó un informe arqueológico completo, y ahora se ha perdido. Se cree que el informe que publicó Davis en 1910 es deplorablemente inexacto. Como explicó Weigall, con un comprensible deje de amargura:

> Mi Davis pagó por la publicación del volumen anual, y todos nosotros nos unimos para concederle el honor y la gloria de los descubrimientos, porque el trabajo merecía obtener todos los aplausos, a pesar del hecho de que su promotor fuese un aficionado, y que hubiese que tener el mayor de los tactos para imponer una adecuada supervisión a su trabajo y contener sus interferencias entusiastas, pero bastante inexpertas, en lo que él naturalmente contemplaba como un asunto de su propiedad.[13]

El filólogo sir Alan Gardiner hizo unas críticas más directas:

> La historia de la excavación en Egipto presenta, junto a muchos trabajos espléndidos, una serie de desastres casi continuos. El mayor desastre de todos es cuando los resultados han quedado sin publicar. Pero es también un desastre cuando la publicación es incompleta o errónea. Esto fue, desgraciadamente, lo que ocurrió con el volumen de Theodore M. Davis titulado *La Tumba de la reina Tiya,* Londres, 1910. Los egiptólogos deben tanto al extraordinariamente amable y generoso mecenas a quien corresponde el mencionado volumen que estaría injustificado y sería muy desagradecido juzgarlo con una censura excesiva. ¿Quién sabe qué dificultades u obstáculos pudieron impedir a E. Ayrton, muerto demasiado prematuramente, y a su patrón producir un informe más satisfactorio? Pero sigue siendo cierto que el libro, aunque contiene un catálogo de los objetos encontrados, elaborado por G. Daressy, no sigue plan alguno, y da unas explicaciones totalmente inadecuadas, y que el relato que ofrece por parte de los diferentes implicados muestra ambigüedades y discrepancias que no podemos sino deplorar.[14]

Esta desafortunada historia hace imposible recopilar un inventario completo de los contenidos de la tumba, o reconstruir un plano de la tumba preciso y completo. Por tanto, resulta afortunado que el artista y escritor de viajes Walter Tyndale estuviese presente y viese todos los hechos a medida que se iban desarrollando. Su descripción de la cara de Ayrton el día del descubrimiento, que «tenía la expresión de un pescador amable que, habiendo sacado a la orilla un pez enorme, se une a sus compañeros que no han hecho otra cosa que perder cebos», es muy inspirada. En cuanto a los lugareños:

> Por mucha tranquilidad que impusiera a su trabajo, Ayrton no podía evitar que mil lenguas nativas se pusieran en movimiento, y se agitaron de verdad una buena mañana. El mismo aire parecía cargado de noticias. La noticia de que Ayrton estaba metido hasta las rodillas en oro y piedras preciosas y que llenaba febrilmente latas de petróleo, botes de conservas y latas de Chicago con el botín, era lo mínimo que cualquier imaginación podía conjurar... Ni que decir tiene que el valor arqueológico

de los hallazgos no les interesaba lo más mínimo. Que todo el mundo relacionado con esas excavaciones lo está haciendo simplemente por el botín es algo tan enraizado en la mente nativa que no puede alterarlo ninguna prueba o discusión. Que la parte del saqueo que se lleven «misterrrr Davis» o «misterrr Eirton» les permitirá retirarse a tomar café y jugar al backgammon durante el resto de sus vidas, era lo que alteraba sus mentes, y aquella posibilidad creaba muchos resentimientos secretos...[15]

La KV 55 era una tumba incompleta con un pasadizo y una sola cámara tallada en el suelo del valle principal. Las breves menciones en el informe de Ayrton de que iba excavando a través de «gravilla que en su parte más profunda estaba cimentada por la acción del agua», sugiere que la KV 55 estaba protegida por la misma capa de desechos de la inundación de finales de la 18.ª dinastía que cubrió la tumba de Tutankamón.[16] Un basto tramo de escaleras llevaba hacia abajo a una puerta bloqueada, que Davis se olvidó de fotografiar antes de desmantelar; Weigall nos cuenta que los restos de un muro original de bloques de caliza enyesada yacía debajo de un segundo muro, construido de una manera mucho más suelta.[17] Los sellos encontrados en la tumba sugieren que había sido sellada inicialmente durante el reinado de Tutankamón: la capa de residuos de la inundación indicaba que la nueva entrada y el nuevo sellado ocurrieron no más tarde de la primera parte del reinado de Horemheb.

La entrada se abría a un pasaje que iba descendiendo, lleno de piedras parcialmente y bloqueado por un panel grande de madera, uno de los cuatro lados de una capilla funeraria dorada con accesorios de bronce. El panel estaba en muy mal estado y no se podía trasladar sin recibir tratamiento: en lugar de esperar, los ansiosos excavadores construyeron un puente de tablas que permitiera cruzar hasta la cámara funeraria que había detrás. Ésta resultó ser una habitación inacabada y no decorada donde una colección de objetos funerarios al parecer aleatorios (restos de la capilla, una caja de cosméticos, jarras de alabastro, ladrillos de barro, un paño mortuorio podrido, objetos y cuentas de cerámica vidriada que en tiempos habían estado ensartados formando joyas) estaban, de acuerdo con Weigall, «bastante desordenados». Un ataúd con la tapa desplazada se encontraba tirado en el suelo, mientras que en un nicho de la pared sur (probablemente una cámara inacabada) se hallaba un conjunto de vasos canópicos con cabeza humana (jarros destinados a conservar las entrañas de los difuntos). Estaba claro que aquél no era un enterramiento principal, en absoluto. Era secundario, o un reenterramiento, que incorporaba objetos preparados para diversas personas regias de Amarna, algunos de los cuales se habían adaptado para que los usara alguien distinto de su propietario original.

La compañera de Davis, la señora Emma B. Andrews, entró en la cámara cuando habían despejado el pasaje, y le sorprendió la enorme cantidad de oro que se exhibía:

> 19 de enero de 1907. He bajado a la cámara mortuoria y su acceso ahora es casi fácil. He visto a la pobre reina yaciendo un poco fuera de su magnífico ataúd, con la corona de buitre en la cabeza. Toda la talla de madera del sarcófago, puertas, etc., está pesadamente recubierta por pan de oro y me pareció estar andando entre oro, e incluso al árabe que trabajaba dentro se le había pegado un poco en su pelo lanudo.[18]

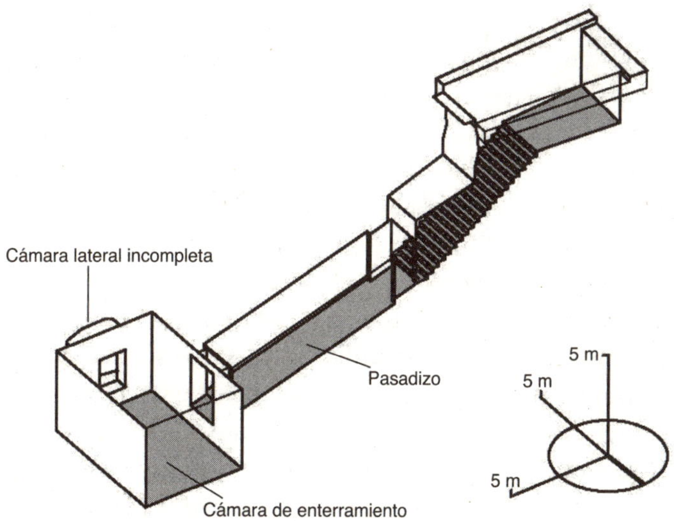

3. Tumba KV 55: una tumba privada usada como cámara de almacenamiento, que albergaba un enterramiento secundario de Amarna.

La «corona de buitre» de la señora Andrews estaba algo coja y, como otros muchos objetos de la tumba, tenía una historia confusa. Había empezado su vida como pectoral de oro o collar destinado a descansar en el pecho de la momia; no queda claro si sencillamente se había desplazado, quizá cuando el ataúd cayó al suelo, o bien si se había reutilizado deliberadamente como tocado. Los ladrillos funerarios (ladrillos mágicos destinados a asegurar el renacimiento de los difuntos) ostentaban los títulos de Ajenatón con su cartucho borrado, y casi con toda seguridad procedían de su tumba en Amarna. El sarcófago funerario, sin embargo, había sido encargado por Ajenatón como parte del ajuar funerario de su madre. Posteriormente se borró la imagen de Ajenatón, aunque Tiya seguía adorando bajo los rayos de Atón. Unos jarrones que llevaban inscrito el nombre de Amenhotep III, marido de Tiya, pudieron formar parte también del ajuar funerario de la reina.

Los cuatro vasos canópicos de alabastro originalmente tenían grabado el nombre de su propietario, pero aquella inscripción había sido limada, dejando intactos los cartuchos de Atón y Ajenatón. A continuación se habían vuelto a cincelar los cartuchos, dejando los jarrones anónimos dispuestos para que los utilizase de nuevo un hombre o una mujer. Los egiptólogos están bastante seguros de que esos vasos se hicieron originalmente para la segunda reina favorita de Ajenatón, Kiya.[19] Las tapas de los vasos casi idénticas llevan hermosas cabezas de mujer talladas, tocadas con las pelucas peinadas a lo paje, al estilo nubio, que llevaban las mujeres reales de Amarna. Los agujeros en la frente indicaban dónde debían estar los ureos (cobras protectoras que se llevaban en la frente). Parece que se añadieron con posterioridad a las tapas. Las delicadas tapas no casan demasiado bien con sus pesadas bases, y eso sugiere que quizá no fueran las tapas originales.[20] Teniendo en cuenta las pelucas y los rasgos faciales, que se han comparado con imágenes encontradas en Amarna, parece probable que sean mujeres y que representen a Kiya o a la princesa de mayor edad de Amarna, Meritatón. Otros sugieren que quizá fuesen de Tutankamón o de Tiya (Daressy) o de Ajenatón (Maspero y Weigall). Tres de esos vasos fueron sometidos a análisis químico. Dos contenían «una masa dura, compacta, negra como la pez, rodeando una zona bien definida y situada centralmente de un material distinto, que era de color marrón y que se desmenuzaba con facilidad». Ese material marrón que se desmenuzaba estaba formado casi con toda certeza por los restos de la víscera. El tercer vaso contenía la misma masa compacta negra, pero la víscera se extrajo poco tiempo después de su descubrimiento.[21]

El *rishi* intrincadamente tallado o ataúd antropomorfo con plumas (el ataúd de este tipo más temprano encontrado en el Valle) yacía en el suelo con la tapa desplazada y la momia parcialmente revelada. Las cinco franjas de jeroglíficos que decoraban el ataúd exterior y las doce líneas de texto en el extremo de los pies mostraban obvias señales de mutilación, y el cartucho que habría dado nombre al propietario del ataúd estaba vacío. El rostro del ataúd estaba arrancado, y además se habían producido daños accidentales por una piedra que había caído del techo, rajando la tapa del ataúd. Davis supuso que el ataúd originalmente descansaba en un lecho con patas de león, y que éste se había podrido y desplomado al entrar agua en la tumba, haciendo que cayese el ataúd. Existen pruebas suficientes que sugieren que la inundación se filtró por el techo y fue goteando en el interior de la tumba, dañando gran parte de lo que había debajo. Pero no sobrevive ningún fragmento diagnóstico del «lecho»; por tanto, podría ser que el ataúd, que siempre estuvo colocado en el suelo, sencillamente acabase desplazado por el intruso (un ladrón o un funcionario de la necrópolis) que le arrancó el rostro de oro y que quizá robó la máscara de oro de la momia que se encontraba bajo la tapa del ataúd.

El frágil ataúd se desintegró cuando lo sacaron de la tumba, dejando a los excavadores una colección de incrustaciones de cristal, piedras semipreciosas y oro. En 1915, los conservadores del Museo de El Cairo restauraron la tapa del ataúd, pero la base siguió siendo una colección de fragmentos almacenados en dos cajas. Hacia 1931, estas cajas desaparecieron, y se cree que se perdieron o fueron robadas.[22] Al final acabaron, pasando por Suiza, en la colección del Museo Estatal de Arte Egipcio en Múnich, donde se restauró la parte inferior del ataúd y se montó sobre una carcasa de plexiglás. La base del ataúd, junto con algo de pan de oro procedente del interior y exterior del ataúd, se devolvió al Museo de El Cairo en enero de 2002.

Ayrton nos cuenta que la momia que había dentro del ataúd estaba «envuelta en placas de oro flexible», y Davis dice que «estaba cubierta de placas de oro puro, llamadas láminas de oro, pero tan gruesas que, al cogerlas en las manos, permanecían rectas, sin curvarse».[23] Parece probable que esas grandes y planas hojas de oro formasen parte del forro del ataúd, más que de una cobertura separada para la momia, y el hecho de que Daressy las excluyese de su catálogo indica que también las contemplaba como parte integral del ataúd. Esas láminas de oro hoy en día están en el Museo de El Cairo; tienen inscripciones, pero, como se han doblado y arrugado repetidamente, resulta casi imposible leerlas. Seis láminas de oro más, que al parecer se habían desprendido de la parte inferior de la tapa (cinco piezas) y del exterior de la base (una pieza decorada), se las entregó Maspero a Davis; hoy en día están en las colecciones del Metropolitan Museum de Nueva York.

La descripción que hace Weigall de la momia añade más complejidad todavía a una situación ya confusa:

> ... cuando quitamos la tapa del ataúd encontramos una tira o cinta de oro fino que evidentemente pasaba en torno al cuerpo. Cuando hubimos recogido los huesos y fragmentos y el polvo, encontramos otra tira similar que evidentemente pasaba por la espalda de la momia. Estas tiras, tal y como las recuerdo, eran de unas dos pulgadas de ancho, y tenían muchas inscripciones con los títulos de Ajenatón, pero el cartucho se había cortado en todos los casos, de modo que quedaba sencillamente un agujero ovalado en la tira, en cada caso.[24]

Esas cintas de oro con inscripciones obviamente eran de un aspecto muy distinto a las láminas planas de oro, y sin embargo Weigall parece que es el único testigo que las vio. Nos dice que se enviaron a El Cairo, donde las vio de nuevo en el taller del Museo. Sin embargo, se omitieron en el catálogo de Daressy, y Weigall concluye, con tristeza: «no estoy seguro de si están todavía en el Museo de El Cairo o si han desaparecido». Grafton Elliot Smith posteriormente mencionó esas cintas en su informe sobre los restos humanos de la KV 55, pero no existe indicación alguna de que realmente las viera con sus propios ojos:

> Por las circunstancias bajo las cuales se encontraron el ataúd y los restos humanos, en asociación con muchos objetos con inscripciones que ostentaban en el nombre de Jouniatonou [Ajenatón], que también aparecía no sólo en el ataúd mismo, sino en la cinta de oro que rodeaba a la momia, no puede haber duda alguna de que el cuerpo encontrado en esa tumba era el del rey hereje, o sus embalsamadores creyeron que se trataba de su cadáver.[25]

Es probable que el oro que Weigall vio en El Cairo de hecho no fuesen los restos de una especie de bandas como cintas que rodeasen la momia (inexistentes) sino los restos de seis brazaletes de lámina de oro que, según afirma todo el mundo, se encontraron adheridos a los esqueléticos brazos de la momia. Esos brazaletes se enviaron al Museo en una caja con huesos, y fueron robados del escritorio de Smith el día en que los desempaquetó. Las «cintas» de oro que vio Weigall en la tumba probablemente formaban parte del ataúd.

La calidad del ataúd confirma que se hizo para un propietario de la élite, casi con toda seguridad real. Algunos expertos han afirmado, basándose en motivos estilísticos, que fue realizado para Ajenatón (aunque no necesariamente usado por él) hacia el principio de su reinado, cuando todavía era Amenhotep IV. Otros, estudiando tanto el estilo del ataúd como las inscripciones que han sobrevivido, han sido capaces de identificar dos estadios de manufactura distintos. El ataúd, según ellos, fue construido originalmente para una mujer que se podía describir como «la amada de Waenra [Ajenatón]», y luego modificado, con alteración de los textos y adición de una falsa barba y un ureo, para el uso de un hombre de la realeza. Esa sugerencia la apoyan los mutilados jeroglíficos, que James Allen ha reconstruido para que se puedan leer:

> [Esposa y muy amada por] el rey del Alto y Bajo Egipto, viviendo en orden, Señor de las Dos Tierras [Neferjeperura

Waenra: Ajenatón], el perfecto pequeño del disco viviente, que vivirá continuamente para siempre, [Kiya].[26]

El texto del extremo de los pies exterior está más intacto, pero también muestra pruebas de alteración:

> Respiraré el suave aliento que procede de tu boca, y contemplaré tu belleza diariamente. [Mi] plegaria es que pueda oír tu dulce voz del viento norte, que [mi] carne crezca joven y llena de vida por tu amor, que tú me otorgues tus manos sosteniendo tu espíritu y yo lo reciba y viva por él, y que tú puedas mencionar mi nombre eternamente, y que no caiga de tu boca...[27]

Finalmente (y casi con toda certeza mientras se usaba), el ataúd fue saqueado, se le arrancó el rostro y el ureo y se borraron sus cartuchos.

Ominosamente, la momia estaba húmeda:

> Al final sacamos la momia del ataúd y vimos que era una persona muy menuda, con una cabeza y unas manos delicadas. La boca estaba abierta en parte, mostrando unos dientes superiores e inferiores perfectos. El cuerpo estaba envuelto en un sudario de fina textura, pero todas las vendas que cubrían el cuerpo eran de un color muy oscuro. Naturalmente, antes debían de ser de un color mucho más vivo. Sospechando que había daños procedentes de la evidente humedad, toqué suavemente uno de los dientes delanteros (de 3.000 años de edad) y ¡ay!, éste cayó entre el polvo, mostrando así que la momia no se podía conservar. Entonces sacamos la momia entera...[28]

No se tomó foto alguna al desenvolverla, de modo que una vez más debemos fiarnos solamente de los relatos de testigos oculares. Unos relatos que varían espectacularmente. Davis, por ejemplo, nos dice que llevaba las manos juntas, mientras que Ayrton informa de que el brazo izquierdo estaba doblado y con la mano descansando sobre el pecho, mientras que el derecho estaba totalmente extendido hasta el muslo. Tyndale, a quien le dijeron que la momia era de mujer, recordaba:

> Su rostro reseco, las mejillas hundidas, y los labios delgados y correosos, dejando ver unos pocos dientes, contrastaban de una manera horrenda con la diadema de oro que le rodeaba la cabeza, y el collar de oro que escondía en parte su hundida garganta. Su cuerpo estaba envuelto en finas placas de oro, pero éstas se hallaban rotas y desgarradas, y resultaba más horrible aún mirarlo. Una sensación incómoda, la de que era poco caballeroso estar mirando a aquella pobre criatura con un aspecto tan alejado de su mejor momento, me devolvió a su efigie en el ataúd, con una disculpa mental: que lamentaba haberla sorprendido así, y en el futuro sólo pensaría en ella como aparecía en toda su gloria.[29]

Esta descripción tan sugerente puede que deba algo a la imaginación artística de Tyndale: otros nos dicen que la cabeza expuesta no tenía carne alguna, y que el rostro estaba aplastado por una piedra caída. Si Tyndale tiene razón, su relato sugiere que en realidad la momia tenía más carne de la que Davis nos había hecho creer. Sin embargo, el hecho de que Davis no pudiera determinar de inmediato el género de la momia sugiere que al menos algunas partes se habían podrido.

El sarcófago dorado había formado parte del ajuar funerario de Tiya sin ambigüedad alguna, y los vasos canópicos obviamente eran femeninos. La postura de los brazos de la momia, según Ayrton, sugería también un enterramiento femenino. Por tanto, no resulta demasiado sorprendente que Davis inmediatamente supusiera que había descubierto a la reina Tiya. Habría sido un gran hallazgo para él. En los tiempos anteriores al descubrimiento y la exhibición pública del busto de Nefertiti en Berlín, Tiya era la más intrigante, seductora e importante de las reinas de la 18.ª dinastía. Davis quiso probar su propia identificación contratando los servicios de un médico local, el doctor Pollock, y de un obstetra norteamericano que pasaba el invierno en Luxor. Nos cuenta que ambos certificaron que los restos eran femeninos en base a la anchura de la pelvis. La precisión del informe de Davis, sin embargo, ofrece algunas dudas, ya que Weigall (que no creía que el cuerpo fuese femenino) confirma: «Vi al doctor Pollock en Luxor el otro día, y niega que pensara nunca que fuese una mujer, y dice que ni él ni el otro médico estaban seguros».[30] Davis nunca flaqueó en su convicción de que había descubierto a Tiya, e hizo pública la tumba como *La tumba de la reina Tiyi.*

Davis no creía que los huesos tuvieran nada más que ofrecer, y Weigall tuvo que proseguir con el asunto. Varios meses después de desenvolver la momia, había empapado los huesos con cera de parafina para endurecerlos, y los envió al Museo de El Cairo para que los examinara Smith. Smith esperaba los huesos de una mujer anciana. Al abrir la caja, por el contrario, encontró los huesos de un hombre de unos veinticinco años.

Aunque tenía una larga serie de espectaculares descubrimientos a su nombre, Davis se empezaba a desilusionar ante su incapacidad de encontrar una tumba real intacta. Aunque no se dio cuenta, su equipo en realidad había descubierto tres pistas cruciales que conducían al paradero de Tutankamón:

Pista 1: Durante su temporada de excavaciones de 1905-1906, Ayrton encontró una copa sencilla de cerámica vidriada «debajo de una roca». La copa llevaba el nombre de Tutankamón y quizá fuese parte del botín que dejaron caer los ladrones que saquearon su tumba poco después del funeral.

Pista 2: El 21 de diciembre de 1907, el equipo descubrió un pozo forrado de piedra (KV 54) que albergaba una colección de grandes vasijas de almacenamiento de piedra. Se abrieron las vasijas y luego se olvidaron enseguida. Herbert Winlock, del Metropolitan Museum of Art, de Nueva York, estaba presente y consigna la lamentable historia:

> En algún momento a principios de enero de 1908 pasé dos o tres días con Edward Ayrton, para ver sus trabajos para el señor Davis en el Valle de los Reyes. Cuando llegué a la casa, en el «jardín» delantero se encontraban una docena de vasijas gigantescas blancas echadas en él, donde las habían colocado los

> hombres después de llevarlas desde el yacimiento. En aquel momento Ayrton había acabado de excavar en el Valle de los Reyes justo al este de la tumba de Ramsés XI [KV 18: ahora se cree que es la tumba de Ramsés X]. Tenía mucho trabajo entre manos para encontrar algo que divirtiese a sir Eldon Gorst, el agente diplomático británico que iba a ser pronto invitado del señor Davis, solicitado por él mismo. Sir Eldon había escrito una nota muy extraña, que yo vi, diciéndole al señor Davis que había oído decir que sus hombres habían encontrado una tumba real cada invierno y pidiendo que, ya que se proponía acudir al Valle de los Reyes al cabo de unos pocos días, se pospusieran los descubrimientos hasta su llegada... Davis había encontrado las joyas [sic] de la reina Tawosret en otra tumba, pero aquello no era lo suficientemente espectacular, e hizo que abrieran una de las grandes vasijas y encontró una pequeña y encantadora máscara amarilla en ella, y todo el mundo pensó que iban a encontrar muchos más objetos en las otras vasijas... Aquella noche volví andando por las colinas hasta casa de Davis, en el valle, y todavía tengo la imagen en mi cabeza del aspecto que tenían allí las cosas. Lo que por la mañana eran unas hileras de vasijas muy bien ordenadas, ahora estaban caídas en todas las direcciones, con pequeños paquetes de natrón y cerámica rota por todo el suelo. La pequeña máscara se había tomado como un augurio de que vendrían cosas mejores pero todo había quedado en nada, y el pobre Ayrton era una persona destrozada y exhausta después de la inmerecida reprimenda que se había llevado aquella tarde.[31]

Entre el material descubierto en las vasijas estaban impresiones de sellos que llevaban el nombre de Tutankamón, paquetes de lino con sal de natrón, collares funerarios con flores (que Davis destrozó para demostrar lo fuertes que eran) y la máscara mortuoria de oro en miniatura mencionada por Winlock. El Servicio de Antigüedades no se interesó por aquel montón de trastos inútiles, y mientras la máscara de oro fue enviada al Museo de El Cairo, los otros hallazgos fueron a parar al Metropolitan Museum con una máscara pequeña distinta (probablemente de la KV 51); una sustitución bienintencionada, pero mal etiquetada, que causó gran confusión en futuras generaciones de estudiosos.[32]

Muchos años después, Winlock identificó el contenido de las vasijas como los restos de los materiales de embalsamamiento y el festín funerario de Tutankamón. Creía que esos objetos, que tenían significado ritual y por tanto no podían ser arrojados a un lado sin más, habían sido enterrados en una tumba inacabada junto a la principal. Esa idea posteriormente se precisó más todavía, en el sentido de que en el depósito se echó el material despejado del pasadizo de la tumba de Tutankamón después del primer robo, inmediatamente antes de que se llenara el pasadizo con esquirlas de piedra. De modo que incluía unos artículos que se habían dejado deliberadamente en el pasadizo de la tumba de Tutankamón más, quizá, algún objeto suelto que dejaron caer los ladrones. Finalmente, tras el descubrimiento en 2004 de la KV 63, un nuevo escondite en una tumba del Reino Nuevo que contenía materiales de embalsamamiento, cerámica rota y collares florales, se sugirió que el pozo quizá formase una parte original e intacta del ajuar funerario de Tutankamón.[33]

Pista 3: En 1909, el equipo descubrió la «Tumba del Carro»: una cámara pequeña y sin decoración (KV 58) que contenía una figurilla de alabastro sin inscripción alguna y las láminas de oro de un arnés de carro que llevaba inscritos los nombres de Tutankamón y su sucesor Ay, un nombre que puede ser de plebeyo y de rey.

Convenciéndose a sí mismo de que «el valle de las tumbas está agotado», Davis publicó la Tumba del Carro como si fuera la tumba perdida y bastante decepcionante de Tutankamón.[34] Su libro traiciona una doble personalidad. Su título *(The Tombs of Harmhabi and Touatânkhamanouk)* no deja espacio alguno para la duda sobre la naturaleza del hallazgo. Sin embargo, el capítulo que describe los objetos se titula, con más cautela, «Catálogo de los objetos encontrados en una tumba desconocida, supuestamente la de Touatânkhamanou». Contribuyendo a la publicación de Davis, sir Gaston Maspero sugirió que la Tumba del Carro no era la tumba original de Tutankamón, sino un reenterramiento:

> Son pocos los hechos que conocemos de la vida y reinado de Touatânkhamanou. Si tuvo hijos con su reina Ankhounamanou o con otra mujer, no han dejado huella alguna de su existencia en los monumentos; cuando murió, Aiya lo reemplazó en el trono y lo enterró. Supongo que su tumba estaba en el Valle Occidental, en algún lugar junto a Amenothes III [Amenhotep III] y Aiya [Ay]. Cuando la reacción contra Atonou [Atón] y sus seguidores se completó, su momia y sus objetos fueron llevados a un lugar oculto... y ahí Davis encontró lo que quedaba de ella después de tantos traslados y saqueos. Pero esto no es más que una hipótesis, la verdad de la cual no tengo modo de probar o refutar por el momento.[35]

Pocos quedaron convencidos del argumento de Davis. Howard Carter, antiguo socio de Davis en la excavación, se dio cuenta de que la «Tumba del Carro» no era tal tumba, ni real ni de ningún otro tipo, sino una cámara de almacenamiento. Creía que Tutankamón todavía yacía en el Valle, esperando a que lo encontraran. Pero mientras Davis todavía ostentase la única concesión para excavar, no podía hacer otra cosa que permanecer a un lado y observar.

4. Fragmento de lámina de metal del arnés de un carro, recuperado de la KV 58. Tutankamón aparece golpeando a un enemigo estereotipado, mientras su consorte Anjesenamón permanece tras él y su sucesor, Ay, se encuentra ante él.

La carrera de Carter había experimentado un ascenso meteórico y una súbita y catastrófica caída. En 1891, con sólo diecisiete años y sin educación formal, viajó desde Norfolk, Inglaterra, para trabajar como dibujante con Percy Newberry. Aprendió su oficio registrando los muros decorados de las tumbas talladas en la roca del Reino Medio, que se deterioraban rápidamente, en Beni Hasan y el-Bersha. Una valiosa adscripción de cinco meses con Flinders Petrie en Amarna le había permitido aprender el arte de la excavación científica de su maestro. Petrie, al que se llegaría a conocer como «el padre de la arqueología egipcia», fue uno de los primeros en comprender que los objetos no se podían coger codiciosamente de las excavaciones sin más, y sus métodos tuvieron un profundo efecto en las propias prácticas de trabajo de Carter. Carter completó su aprendizaje trabajando como dibujante para Édouard Naville en el templo conmemorativo de Hatsepsut en Deir el-Bahri. Allí adoptó la responsabilidad plena de copiar las escenas de los muros de los templos, y la magnífica publicación de los templos incluye obras tanto de Howard Carter como de su hermano mayor Vernet, que pasó una temporada trabajando en Deir el-Bahri.

En 1899, Carter fue nombrado inspector general de Antigüedades para el sur de Egipto (Alto Egipto). Con base en Luxor, asumió la responsabilidad de la franja de yacimientos del sur, de 800 kilómetros, incluyendo los monumentos tebanos y el Valle de los Reyes. Durante su ocupación del cargo, Carter procuró unas puertas de hierro para proteger las tumbas más importantes del Valle, e instaló iluminación eléctrica en seis de ellas. También construyó un enorme aparcamiento de burros para acomodar a los turistas que, cada vez en mayor número, visitaban el Valle. Entonces, tras cinco años de mucho éxito, Carter cambió su cargo con el inspector del norte, Quibell, y se trasladó a El Cairo. Al principio las cosas fueron bien. Luego, la tarde del 8 de enero de 1905, llegó el «Asunto Saqqara»: un grupo de franceses borrachos forzaron la entrada del Serapeum de Saqqara (lugar de enterramiento de los toros divinos de Apis), tras maltratar a los inspectores nativos y a los guardias. Carter, convocado al tener noticia del altercado, dio permiso a sus hombres para que se defendieran de los franceses. Weigall, que estaba tomando el té con Carter aquella tarde, explica los acontecimientos en una carta a su mujer, Hortense:

> Quince turistas franceses habían intentado entrar en una de las tumbas con sólo 11 entradas, y finalmente pegaron a los guardias y abrieron la puerta a la fuerza... Carter llegó al lugar y, después de unas palabras, ordenó a los guardias (ya con refuerzos) que los expulsaran. Resultado: una auténtica pelea en la cual se usaron como armas palos y sillas, y dos guardias y dos turistas quedaron inconscientes. Cuando vi el lugar después había un charco de sangre.[36]

Que un inglés de principios del siglo XX animase a los «nativos» a atacar a los franceses era, por decirlo de la manera más suave, políticamente ingenuo. A medida que la disputa iba en aumento y se convertía en una plena batalla diplomática, el cónsul general británico, lord Cromer, pidió a Carter que se disculpara con el cónsul francés. Carter se negó, una negativa que muchos encontraron difícil de comprender, ya que la disculpa se consideraba una cosa sin importancia (nadie esperaba que fuera sincera) y su negativa a doblegarse, infantil y poco útil. Maspero, que era francés, se puso furioso al ver que su empleado era incapaz de transigir. Al final pudo resolver el asunto sin la disculpa, pero se desquitó restringiendo la autoridad de Carter, y transfiriéndole al aburrido páramo del Delta, en Tanta. Dolido y enfurecido por lo que veía como una falta de apoyo oficial, Carter dimitió del Servicio de Antigüedades el 21 de octubre de 1905.

Carter pasó unos cuantos meses viviendo en El Cairo, y luego volvió a Luxor y estuvo tres años ganándose la vida precariamente como artista, trabajando para misiones arqueológicas que, en ausencia de fotografías en color, necesitaban un buen registro en acuarela de sus hallazgos. Lo más memorable es que pintó algunos de los contenidos de la tumba de Yuya y Tuya para Davis, y le pagaron 15 libras por cada una de las catorce láminas que se incluían en la publicación. Al mismo tiempo actuaba también como guía turístico de categoría, y vendía pinturas y antigüedades a los visitantes ricos que deseaban un recuerdo único de sus vacaciones en Egipto.

En 1909, Maspero presentó a Carter a George Herbert, quinto conde de Carnarvon, con la sugerencia de que quizá pudiesen trabajar provechosamente juntos. Carnarvon, como Davis, era un aficionado rico con una gran pasión por la egiptología. Él también quería hacer algún descubrimiento espectacular, y también necesitaba un colega profesional que le permitiera superar el estatus de aficionado que hacía que las autoridades, encarnadas en la persona de Weigall, le negaran el permiso para excavar los lugares más importantes de Tebas. Weigall, que se había visto obligado a trabajar junto al chapucero Davis, creía firmemente que los aficionados ricos como Carnarvon (o Davis, o Robert Mond, un aficionado también acaudalado que había trabajado con Weigall en la necrópolis tebana) no debían comprar su acceso a las excavaciones arqueológicas, donde podían producir unos daños irreparables.

Carter se convirtió en empleado de Carnarvon, y la relación entre ellos fue de mutua conveniencia y un objetivo común. Los relatos de la época y su propia correspondencia muestran que esa relación formal de trabajo pronto se convirtió en una firme amistad. Carter, que normalmente era introvertido, se llevaba extraordinariamente bien con su nuevo patrón, y en realidad con toda la familia Herbert, y se convirtió en visitante frecuente de Highclere, la propiedad de la familia Carnarvon en Berkshire. Con Carter y Carnarvon trabajando en equipo, Weigall pudo localizar yacimientos más prometedores. Se vieron recompensados por una serie continua de resultados poco espectaculares, pero arqueológicamente satisfactorios, que permitieron a Carter mejorar sus habilidades como excavador. En 1912, el equipo se trasladó al norte de Egipto, y a los lugares del Delta que de entrada resultaban menos apetecibles. Hubo una breve excavación en el yacimiento de Saja (antigua Xois), infestada de serpientes, seguida por una larga estancia en el montículo de la ciudad de Tell el-Balamun (antigua Pa-iu-en-Amón) donde Carter descubrió algunas joyas grecorromanas de plata escondidas en una vasija. Después de esa pequeña emoción volvieron a las comodidades más familiares y el clima más soleado de Tebas.

En 1914, Davis abandonó la concesión para excavar en el Valle de los Reyes y Carnarvon aprovechó la oportunidad. Muchas personas pensaron que estaba perdiendo el tiempo.

> Sir Gaston Maspero, director del Departamento de Antigüedades, que firmó nuestra concesión, estaba de acuerdo con el señor Davis en que aquel lugar estaba agotado, y nos dijo con toda franqueza que no pensaba que valiera la pena investigar más. Nosotros recordamos, sin embargo, que cien años antes Belzoni había hecho una afirmación similar, y no nos dejamos convencer. Nosotros habíamos realizado una investigación exhaustiva del yacimiento, y estábamos seguros de que había zonas, cubiertas por los residuos de anteriores excavadores, que todavía no habían sido examinadas con atención.[37]

Un acuerdo temporal con Carter para que realizase algunos trabajos en febrero de 1915 fue reemplazado por un permiso oficial firmado el 18 de abril de 1915, que confirmaba que «la obra de excavación se llevará a cabo a las expensas, riesgo y peligro del conde de Carnarvon y el señor Howard Carter; este último deberá estar presente continuamente durante la excavación».[38] Los días en que un excavador podía esperar recibir la mitad de los objetos encontrados, sin embargo, habían pasado hacía mucho, y el artículo 8 establecía que las «momias de reyes, princesas y sumos sacerdotes, junto con sus ataúdes y sarcófagos, deben quedar como propiedad del Servicio de Antigüedades». Y peor aún, los artículos 9 y 10 estipulaban:

> 9: Las tumbas que se hayan encontrado intactas, junto con todos los objetos que contengan, deben ser entregadas al Museo completas y sin división.

> 10: En el caso de las tumbas que ya hayan sido saqueadas, el Servicio de Antigüedades, aparte de las momias y sarcófagos nombrados en el artículo 8, se reservará para sí todos los objetos de importancia capital desde el punto de vista de la historia y la arqueología, y compartirá el resto con el Concesionario.

Este enfoque nuevo (un enfoque que no parece excesivamente duro hoy en día) creó un inmenso resentimiento entre los excavadores occidentales, la mayoría de los cuales dependían de fondos de museos, instituciones e individuos particulares que esperaban ser recompensados por su generosidad con una parte de los hallazgos. Se tenía la fuerte sensación de que, sin aquella recompensa, no habría contribución financiera. Sería el final de las excavaciones en Egipto, y quizá de la egiptología como tal. Mientras tanto, la Primera Guerra Mundial evitó que se realizasen excavaciones intensivas. Carter pasó los años de la guerra haciendo un trabajo de inteligencia no especificado en El Cairo, y sus permisos llevando a cabo trabajos útiles, pero a pequeña escala sobre todo, en Luxor. Hasta el 1 de diciembre de 1917 no pudo empezar a excavar finalmente en el Valle de los Reyes.

Carter y Carnarvon estaban decididos a encontrar la tumba de Tutankamón, que, por motivos arqueológicos e históricos perfectamente razonados, creían que estaba situada en el Valle. Pero el Valle era un laberinto mal documentado; no había registro oficial alguno de quién había excavado ya en cada sitio, y los enormes montones de desechos dejados por anteriores excavadores hacían difícil reconstruir la historia de sus excavaciones. La única forma de estar seguro de que no quedaban tumbas perdidas era limpiar el lecho del Valle hasta su capa de roca. Carter se dio cuenta de que aquélla era «una empresa desesperada», pero sintió que no había otra opción.[39] Resultó ser un trabajo lento y aburrido: no sólo tenían que sacar los escombros del Valle, sino que tenían que inspeccionarlos y luego deshacerse de ellos de una manera responsable. Y, por supuesto, había que quitar, inspeccionar y arrojar también los montones de desechos más antiguos. En el artículo escrito para *The Times* el 11 de diciembre de 1922, Carnarvon estimó que habían sacado aproximadamente de 150.000 a 200.000 toneladas de desechos, concentrados en un triángulo entre las tumbas de Ramsés II, Merenptá y Ramsés VI.

Los resultados fueron tan escasos que Carnarvon empezó a tener serias dudas sobre lo acertado de consumir tiempo, energía y dinero en una misión potencialmente infructuosa. Quizá deberían abandonar el Valle y buscar un lugar más fértil... Según los cánones de la mayoría de la gente, Carnarvon era un hombre extremadamente rico. Además de la fortuna que había heredado y sus propiedades, su matrimonio con Almina Wombwell, hija natural del extraordinariamente acaudalado Alfred de Rothschild, le había aportado una dote de 500.000 libras más, y unos ingresos anuales de 12.000 libras, así como el pago de sus grandes deudas de juego y personales.[40] Efectivamente, fue el dinero de los Rothschild el que financió la aventura egipcia, y continuaría financiándola, a través de Almina, después de su muerte. Sin embargo, él no era un hombre de recursos infinitos y tampoco estaba entregado a la egiptología. Disfrutaba de una amplia gama de intereses caros, entre los que se incluían la fotografía, las carreras de caballos, los yates y los modernos automóviles, y es posible que, sencillamente, se estuviese aburriendo un poco de aquella nueva afición que avanzaba tan despacio. Como jugador, comprendía la importancia de no meter dinero en un pozo sin fondo.

Carter, que no era un hombre rico ni mucho menos, no estuvo de acuerdo. Tenía la sensación de que debían continuar hasta haber inspeccionado todo el Valle. Incluso se rumoreaba, aunque él no hizo mención alguna a ello en su publicación, que se ofreció a pagar los costes de una última temporada él mismo. ¿Habría sido una oferta auténtica... podría haberse permitido realmente pagar una corta temporada? Quizá. Aunque se estimaba que la aventura egipcia de Carnarvon le había costado ya una cantidad que rondaba las 35.000 libras,[41] la mano de obra local era barata, y unas cuantas semanas más de trabajo probablemente no habrían costado más de unos pocos cientos de libras. Weigall nos da una idea de los costes relevantes cuando nos cuenta que en 1905, «el coste total para el señor Davis de la temporada de trabajo que produjo uno de los mayores hallazgos hechos jamás en Egipto [la tumba de Yuya y Tuya] fue de unas 80 libras».[42] Las actividades sociales asociadas de Carnarvon (transporte, hoteles, ropa, comidas y entretenimientos) le habrían costado mucho más que el trabajo en sí.

Carnarvon accedió a hacer una última apuesta. Se le daría

tiempo a Carter para despejar una parte del Valle, un montón de desechos y antiguas chozas de los trabajadores más allá de la entrada de la tumba de Ramsés VI (KV 9), que hasta el momento no se había tocado porque las excavaciones en aquella zona habrían interrumpido el flujo de turistas decididos a visitar la tumba que estaba encima. De hecho, Carter había empezado ya a eliminar aquellas chozas en 1917, y como Davis, había estado muy cerca de descubrir a Tutankamón, deteniéndose sólo a un metro más o menos de la tumba perdida. Para causar el mínimo de molestias y permitir a Carter eliminar el camino, si era necesario, la temporada de 1922-1923 empezaría inusualmente temprano. Carter llegó a Luxor el 28 de octubre, lleno de decisión:

> Era nuestra temporada final en el Valle. Llevábamos seis temporadas excavando allí, y una tras otra habían resultado inútiles; habíamos trabajado durante meses en un lugar sin encontrar nada, y sólo un excavador sabe lo desesperadamente deprimente que puede ser eso; casi habíamos decidido ya que estábamos derrotados, y nos preparábamos para dejar el Valle y probar suerte en algún otro lugar, y entonces, cuando apenas habíamos clavado la azada en el suelo de nuestro último y desesperado esfuerzo, hicimos un descubrimiento que sobrepasaba con mucho nuestros sueños más desbocados. Desde luego, nunca antes en la historia de las excavaciones se ha comprimido tanto una temporada entera de trabajos en el espacio de cinco días.[43]

El 1 de noviembre de 1922 los hombres de Carter, dirigidos por el experto capataz Reis Ahmed Gerigar, despejaron los cascotes que se encontraban debajo de la tumba de Ramsés. Habían traspasado ya una capa de un metro de lo que Carter describía como «suelo» o, en su diario, «residuos pesados».[44] Tres días más tarde (Carter se encontraba temporalmente ausente del yacimiento) descubrieron el primer escalón de un tramo de dieciséis escalones de piedra. Éstos conducían hacia abajo, a una pequeña puerta bloqueada y enyesada que llevaba una serie de sellos ovalados, incluyendo el sello distintivo de la necrópolis: un chacal agachado sobre nueve cautivos atados. Ninguna de las impresiones del sello llevaba nombre.

Una pequeña cantidad de yeso había caído de la parte superior de la puerta, revelando un pesado dintel de madera. Ese punto de debilidad permitió a Carter hacer un pequeño agujero. Introduciendo una linterna eléctrica, vio un pasadizo lleno de piedras y de desechos. Estaba claro que había hecho un descubrimiento significativo, aunque si era una tumba o sólo un depósito, si estaba intacto o había sido saqueado y vuelto a sellar, todavía no estaba claro; «cualquier cosa, literalmente cualquier cosa podía haber al final de aquel pasadizo, y necesité todo mi autocontrol para no romper la puerta e investigarlo en aquel preciso momento».[45] El 6 de noviembre, Carter cruzó el río hacia la oficina de telégrafos de Luxor, donde compuso un mensaje codificado (aquí descodificado) para su patrón:

> AL FINAL HEMOS HECHO MARAVILLOSO DESCUBRIMIENTO EN EL VALLE STOP UNA MAGNÍFICA TUMBA CON LOS SELLOS INTACTOS STOP RECUPERARÉ ALGO PARA SU LLEGADA STOP FELICIDADES FIN

3

Recuperación

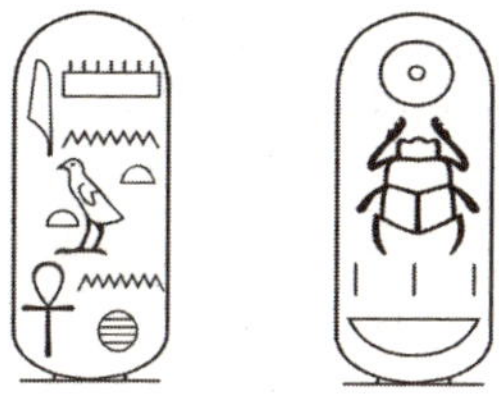

En diciembre de 1922, Pierre Lacau, jefe del Servicio de Antigüedades Egipcio, escribió formalmente a lord Carnarvon. Una versión corregida de su carta, traducida del francés, fue publicada en *The Times* el 14 de diciembre de 1922:

> Todos mis colegas están enormemente impresionados, no sólo por los extraordinarios resultados obtenidos, sino también por el método con el que se ha llevado a cabo su trabajo. Desean unánimemente asociarse con su Presidente [el propio Lacau] al expresarle a usted todas sus felicitaciones y agradecimientos. Ha unido usted a su nombre uno de los mayores descubrimientos hechos no sólo en Egipto, sino en todos los dominios de la arqueología.
>
> En lo que respecta a su colaborador, el señor Howard Carter, que ha llevado a cabo los trabajos durante tantos años, para él es la coronación más excelente de una carrera, y la recompensa más asombrosa que cualquier arqueólogo pudiera tener. Tal recompensa es plenamente merecida, porque ha proporcionado un hermoso ejemplo de método y paciencia, la virtud más rara en un excavador. Ojalá sea emulado a menudo.
>
> Me gustaría añadir que el comité en pleno se ha sentido

especialmente conmovido y emocionado por las condiciones de completo desinterés en las que se han llevado a cabo los trabajos. Éste es un ejemplo de la excavación ideal que se debería llevar a cabo en el futuro. Ha probado usted, para gran asombro de otros, que es posible aceptar en interés de la ciencia condiciones de excavación desinteresada. También Egipto y nuestra ciencia le deben a usted pleno reconocimiento. Hasta el momento, Egipto sólo se ha manifestado en artículos de prensa que pretendían ser desagradables para usted y para mí. Eso, sin embargo, no importa en absoluto. El Soberano y el Consejo de Ministros aprecian plenamente el auténtico aspecto, y la opinión pública egipcia, cuando lo comprenda (ahora que tiene todos los detalles a su disposición) le dará las gracias, estoy seguro, como debe ser.

La primera temporada: 1922-1923

Para proteger la tumba anónima y sus desconocidos contenidos, Carter volvió a enterrar la escalera y colocó enormes losas de piedra encima. Luego se resignó a una tensa espera. El 18 de noviembre de 1922 abandonó Luxor y se dirigió a El Cairo, donde se reunió con Carnarvon y su hija, lady Evelyn Herbert. Volvió a Luxor el 21, y Carnarvon le siguió dos días más tarde. Con la ayuda del amigo de Carter, el ingeniero retirado y arquitecto Arthur Callender, la limpieza de la escalera inferior se completó en la tarde del 24 de noviembre. En el relleno de la parte inferior de la escalera apareció una mezcla de objetos, incluyendo grandes cantidades de cerámica rota, un escarabeo de Tutmosis III y fragmentos de cajas que llevaban inscritos los nombres de Amenhotep III, Ajenatón, Neferneferuatón y Meritatón, y también Tutankamón. Eso era curioso. ¿Por qué tantos nombres reales de la 18.ª dinastía asociados con esa única tumba? Carter se convenció de que había descubierto un depósito de finales de la 18.ª dinastía, una tumba similar en diseño y uso, quizá, a la cercana KV 55.

Cuando la puerta quedó plenamente expuesta, apareció un tipo de sello distinto. Ahora ya se podía leer un nombre: Tutankamón. Tutankamón, pues, o sus funcionarios, habían sellado su tumba. Sus sellos estaban intactos y eran antiguos, y quedaba claro que no había habido una brecha reciente en la seguridad. Pero también quedaba claro que la parte superior de la esquina izquierda de la puerta mostraba señales de manipulación: la tumba había sido abierta y resellada al menos dos veces en la Antigüedad, y aunque se podía suponer razonablemente que nadie se molestaría en volver a sellar una tumba vacía, no se podía decir en absoluto que Carter hubiese descubierto un depósito o un enterramiento intacto.

El tapiado de la puerta (mampostería cubierta de yeso) fue desmontado el 25 de noviembre, revelando un pasadizo descendente lleno hasta el techo de escombros de color claro y esquirlas de caliza. Allí aparecían también las inconfundibles señales de saqueo: un túnel abierto a través de la esquina superior izquierda del relleno, alineado directamente con la brecha de la puerta exterior, relleno a su vez con escombros oscuros. Pasaron dos días limpiando aquel pasadizo y examinando su relleno. Éste también mostraba un curioso surtido de hallazgos, incluyendo fragmentos de cerámica, sellos de vasijas, jarrones de alabastro rotos e intactos, y los odres de piel abandonados por los antiguos trabajadores que sellaron con yeso la tumba interior. Mientras, el práctico Callender estaba ocupado construyendo una rejilla de madera para proteger la tumba, ahora expuesta.

El 26 de noviembre, Carter y Carnarvon (más lady Evelyn, Callender y un pequeño grupo de trabajadores) se encontraron otra vez ante una puerta bloqueada y enyesada, que llevaba el sello de la necrópolis y el sello de Tutankamón. De nuevo había pruebas inconfundibles de manipulación y resellado en la esquina superior izquierda de la puerta. Carter (que luego calificaría aquél como «el mejor de todos los días, el más maravilloso que he vivido, y desde luego no espero volver a vivir otro semejante») estaba a punto de descubrir los daños que habían provocado los antiguos saqueadores. Parece justo dejarle a él el momento exacto del descubrimiento:

> Había llegado el momento decisivo. Con las manos temblorosas abrí una abertura diminuta en la esquina superior izquier-

> da. La oscuridad y un espacio vacío, en toda la extensión que podía alcanzar una varilla de hierro de prueba, mostraron que lo que había más allá estaba hueco, y no relleno, como el pasadizo que acabábamos de despejar. Se hizo la prueba de la vela, como precaución para los posibles gases nocivos, y luego, abriendo un poco el agujero, introduje la vela y miré dentro. Lord Carnarvon, lady Evelyn y Callender estaban de pie detrás de mí, ansiosos, esperando oír el veredicto. Al principio yo no veía nada, porque el aire caliente que escapaba de la cámara hacía parpadear la llama de la vela, pero al final, cuando mis ojos se acostumbraron a la luz, los detalles de la habitación que había dentro fueron surgiendo lentamente de la niebla, extraños animales, estatuas y oro... por todas partes el brillo del oro. Durante un momento (a los demás que estaban esperando les debió de parecer una eternidad) me quedé mudo por el asombro, y cuando lord Carnarvon, que ya no podía soportar más el suspense, me preguntó ansiosamente: «¿Ve algo?», lo único que pude hacer fue murmurar las palabras: «Sí, cosas maravillosas». Luego, ensanchando el agujero un poco más para que ambos pudiéramos ver, introdujimos una linterna eléctrica.[1]

Al día siguiente se abrió oficialmente la puerta y se conectó una línea eléctrica al suministro del Valle. La dura luz eléctrica confirmó lo que había sugerido la parpadeante vela de Carter. La Antecámara estaba atestada con un vasto surtido de objetos: carros desmontados, tres lechos de oro tallados en forma de animales exóticos y numerosos baúles, cajas, recipientes y envoltorios, todos, presumiblemente, llenos de tesoros. Todos los objetos grandes y muchos de los pequeños llevaban el nombre de Tutankamón. Sin embargo, no había señal alguna de sarcófago o de ataúd. El muro sur era de piedra viva, pero una puerta pequeña y sellada una sola vez en el muro occidental, quebrada por los ladrones y sin reparar, ofrecía la posibilidad de que al otro lado hubiese más tesoros. El muro norte, custodiado por dos imponentes estatuas del propio rey, era más prometedor aún: un muro de partición, obviamente, albergaba la entrada bloqueada y enyesada a una cámara o múltiples cámaras.

Sin embargo, un agujero muy obvio, lo suficientemente

grande como para que cupiese un chico o un hombre esbelto, había sido restaurado y vuelto a sellar por los funcionarios de la necrópolis. Por tanto, no era seguro en absoluto que Tutankamón descansase todavía en lo que ahora veían claramente que era su tumba.

Todas las dudas desaparecieron cuando, poco después de la apertura oficial de la Antecámara, Carter, Carnarvon y lady Evelyn reabrieron el agujero de los ladrones y se introdujeron en lo que resultó ser la Cámara de Enterramiento, que estaba al otro lado. Con la curiosidad ya satisfecha se retiraron, volviendo a bloquear el agujero y ocultando el yeso moderno tras una tapa de un cesto, cuidadosamente colocada, que se ve claramente en las fotografías contemporáneas. Aunque se sugirió que lo hicieron el 26 de noviembre, inmediatamente después del momento de las «cosas maravillosas», parece mucho más probable que esperasen hasta la noche del 27, cuando la puerta interior ya había sido destapada. Esperando a ese momento, habrían organizado menos jaleo en la puerta y habrían tenido menos problemas para avanzar por la Antecámara, llena de objetos; sus acciones, por tanto, habrían resultado menos obvias.[2]

No hay registro oficial de esa aventura nocturna, pero lady Evelyn se la contó a su medio tío, Mervyn Herbert, justo antes de la apertura oficial de la Cámara de Enterramiento. Herbert, que había jurado mantenerlo en secreto, consignó esa conversación en su diario y concluyó, de una manera bastante optimista: «Los únicos que saben algo de esto son los trabajadores, ninguno de los cuales se atreverá a decir una palabra a nadie sobre este asunto».[3] De hecho, la inspección no oficial era un «secreto» ampliamente conocido. El químico y conservador Alfred Lucas, ciertamente, lo sabía todo: se fijó en el yeso moderno en cuanto lo vio:

> De la puerta que conducía a la cámara de enterramiento, se dice que «un examen más atento reveló el hecho de que se había abierto una pequeña brecha junto a la parte baja... y que el conjunto, por tanto, había sido posteriormente rellenado y resellado». Se dio un misterio considerable en torno a ese agujero de los ladrones. Cuando yo vi por primera vez la tumba

> hacia el 20 de diciembre, el agujero estaba oculto por la bandeja de mimbre, o tapa, y algunas cañas cogidas del suelo que el señor Carter había colocado allí delante... Lord Carnarvon, su hija y el señor Carter ciertamente entraron en la cámara de enterramiento y también en la cámara de piedra, que posteriormente quedó sin puerta, antes de la apertura formal. No estoy seguro de si el señor Callender, que también estaba presente en aquel momento, entró también en la cámara de enterramiento o no, pero era un hombre corpulento, y una vez oí un comentario que me hizo pensar que el agujero era demasiado pequeño para que cupiese.
>
> El tema del agujero y su estado cuando lo encontraron, si estaba abierto o cerrado, es un asunto que no tiene importancia arqueológica, y en sí mismo no vale la pena ni mencionarlo...[4]

Abrir la cámara sellada privadamente, sin invitar a que asistiera el Servicio de Antigüedades, era descortés y además significaba una violación del permiso para excavar de Carnarvon. Ciertamente, no se habría considerado una conducta aceptable en una excavación de hoy en día. Sin embargo, dado lo que estaba pagando Carnarvon por la excavación, dado que él era responsable de custodiar la tumba y sus contenidos, y que esperaba conseguir una parte de sus objetos, su curiosidad quizá sea comprensible. Carter tenía un motivo mucho más personal para querer saber exactamente qué había detrás del muro de partición. En 1898 había descubierto la «Tumba del Caballo», llamada así porque su caballo casi tropezó literalmente con ella. Excavada en 1900, y descubriendo lo que había parecido ser una tumba grande y no violada, planeó una gran apertura de la «cámara de enterramiento» sellada, invitando, entre otros huéspedes ilustres, al cónsul general de Gran Bretaña, lord Cromer. Desgraciadamente, cuando se abrió la cámara, sólo contenía tres barcos de madera y algunas vasijas. Arqueológicamente, la Tumba del Caballo es muy interesante, porque se encontró en ella también una estatua de madera que indica que pudo formar parte del ajuar funerario del faraón Nebepetre Montuhotep II del Reino Medio, pero los visitantes no se molestaron en ocultar su decepción. Carter nunca olvidó aquella humillación.

Sin embargo, por mucho que simpaticemos con los motivos de Carter y Carnarvon, la inspección furtiva fue un hecho arqueológico nefasto para el cual no hay excusa posible. La apertura de la cámara sellada tenía que haberse documentado plenamente, y no tenía que haberse tocado nada en la Antecámara antes de haberlo consignado todo. El caso es que no sólo la posición de la cesta frente al agujero de los ladrones se había falsificado en las fotos oficiales, sino que también se habían desplazado otros objetos de la Cámara. Lucas aseguraba que podía identificar un objeto que se había retirado de la Cámara de Enterramiento en aquella primera visita clandestina, y que luego se restituyó en un lugar ligeramente distinto:

> Esa caja de perfume no se encontró en el sarcófago, como asegura el señor Carter, sino fuera, o bien dentro de la capilla externa, y yo creo que dentro. La vi en casa del señor Carter antes de la apertura oficial de la cámara de enterramiento, y evidentemente, fue encontrada cuando lord Carnarvon y el señor Carter penetraron por primera vez en la cámara de enterramiento.[5]

No existe motivo alguno para dudar de la veracidad de la afirmación de Lucas: escribe como amigo y colega de Carter, y está claro que no le preocupa demasiado la incursión en la cámara. Su relato deja pendientes dos cuestiones. Una, lo preciso que puede ser el registro oficial del contenido de la Cámara de Enterramiento. Y otra, quizá más importante, ¿se llevaron algo más de la cámara?

La apertura oficial fue seguida por una serie de días abiertos para los ricos y poderosos. La excavación parecía ya una especie de diversión para la élite, como muestra la crónica del *Illustrated London News* del 16 de diciembre:

> La apertura oficial de la tumba, o cámaras funerarias, del rey Tutankamón, encontrado por el conde de Carnarvon y el señor Howard Carter en el Valle de los Reyes, junto a Luxor, tuvo lugar el 29 de noviembre. Antes de la apertura, la hija de lord Carnarvon, lady Evelyn Herbert, dio una gran fiesta con una comida en el valle. Entre los invitados se encontraban lady

Allenby y el gobernador de la provincia de Kena, Abdel Aziz Bey Yehia, que ha proporcionado una asistencia valiosísima en la custodia de los tesoros.

La fotografía que acompaña el texto muestra una mesa formal preparada en el Valle, una imagen bastante improbable. Cuando algunos nativos emprendedores empezaron a anunciar felicitaciones navideñas con el tema de Tutankamón, *The Times* se dispuso a dar la noticia al mundo. El artículo, escrito con la ayuda de Carter en el Valle de los Reyes y enviado a Luxor por un mensajero, fue publicado en Londres el 30 de noviembre de 1922:

> Por la manera en que el contenido estaba dispuesto era evidente que aquel depósito no había permanecido intacto desde que fue enterrado. No había duda de que aquella maravillosa colección de objetos formaba parte de la parafernalia funeraria del rey Tutankamón, cuyo cartucho se ve por todas partes, en ambas formas, y que fueron trasladados de alguna tumba donde estuvieron colocados originalmente, y a fin de preservarlos de los ladrones fueron transferidos para su seguridad a estas cámaras.
>
> El sellado y bloqueado de las puertas y los pasadizos que luego fueron abiertos sugiere que los ladrones de metal atacaron esas cámaras, y que inspectores de Rameses [sic] IX tuvieron motivos para entrar y volver a sellarlas. Desde el famoso Abbot y otros papiros, se sabe bien que estas tumbas reales sufrieron a manos de los ladrones. Pero fuera lo que fuese lo que contenían originalmente estas cámaras, su contenido hoy en día es suficiente para causar sensación en el mundo de la egiptología. Aumentan considerablemente nuestro conocimiento de la historia y el arte del Antiguo Egipto, y los expertos que estaban presentes en la apertura de hoy consideran que el descubrimiento probablemente se encontrará entre los más importantes de los tiempos modernos...
>
> Lo que añade interés a este descubrimiento es que todavía hay una tercera cámara sellada, que custodian significativamente las dos figuras del rey descubierto, y que quizá resulte ser la auténtica tumba del rey Tutankamón, con miembros de la familia herética enterrados con él. Hasta que la enorme cantidad

> de material que hay en las otras cámaras no se haya retirado por completo, resultará imposible dilucidar los contenidos de esa tercera cámara.

The Times tenía razón. La atestada Antecámara tenía que quedar despejada antes de que se pudiera abrir oficialmente la Cámara de Enterramiento. Afortunadamente, Carter comprendía a la perfección la mayor paradoja de la arqueología: que el excavador que despeja un lugar necesariamente lo destruye, y sabía que tenía que trabajar despacio y metódicamente para poder preservar el diseño original de las cámaras en sus registros. Cada objeto debería ser registrado por separado *in situ* (numerado, fotografiado, marcado en el plano de la tumba, descrito y dibujado) antes de llevárselo a un laboratorio de conservación para su tratamiento inmediato y su posterior fotografiado. Luego había que empaquetarlo todo de la manera más segura para que emprendiera el largo viaje a El Cairo. En El Cairo se podían requerir más trabajos de conservación, antes de que los objetos pudiesen exhibirse. Estaba claro que no era una tarea que pudiera emprender a solas ningún excavador, por muy decidido que fuese. Tendría que buscar ayuda profesional y suministros, y para eso tendría que acudir a El Cairo.

La seguridad debía ser la prioridad fundamental de Carter. Habría que colocar una puerta de metal para proteger la tumba, ya que la puerta de madera construida por Callender sencillamente no era lo bastante fuerte para disuadir a los ladrones. Mientras, la ausencia de Carter del Valle significaba que el suministro eléctrico debía ser desconectado, la entrada a la tumba bloqueada con pesados maderos, la escalera enterrada de nuevo bajo lo que se calculaba que serían 1.700 toneladas de arena, roca y desechos, y todo el lugar vigilado por guardias. Ese procedimiento, que tomaría mucho tiempo, habría que llevarlo a cabo cada vez que la tumba fuese cerrada, y deshacerlo cada vez que se reabriera, como protección esencial no sólo contra los ladrones, sino también contra las inundaciones que podían filtrarse en la tumba y destruirlo todo.

Cuando Carter abordó el tren para El Cairo, Carnarvon zarpó hacia Inglaterra. Entrevistado por el corresponsal especial de *The Times* en Marsella el 16 de diciembre, le persuadieron para que revelase sus planes:

> «Estamos resignados a la necesidad de esperar», dijo lord Carnarvon. «La pared que impide el paso a la cámara interior no se puede tocar sin un riesgo grave para las antigüedades valiosas amontonadas en indescriptible confusión en la cámara exterior. El trabajo de empaquetarlas y trasladarlas requiere el mayor de los cuidados y delicadeza en su manejo. La mayoría están maravillosamente bien conservadas, pero después de tres mil años bajo tierra, todo está muy reseco y frágil. No nos hemos atrevido a tocar nada. Existe el peligro de que las incrustaciones de las cajas se desplacen y las telas se deshagan bajo nuestro contacto. Todo hay que tratarlo con preparados para preservarlo antes de tocarlo. Será cuestión de que intervengan los químicos expertos.» Lord Carnarvon añadió que se propone volver a Luxor a finales de enero para supervisar personalmente el vaciado de la cámara exterior.

De vuelta en Londres, Carnarvon entretuvo al rey Jorge y la reina María con un relato de sus aventuras. Y lo más importante, inició unas negociaciones formales con *The Times.* Era probable que Tutankamón resultase una sangría para los recursos de Carnarvon durante un largo tiempo por venir. Por supuesto, esperaba recibir una parte de los objetos de la tumba, y ésos podrían venderse para sufragar los gastos. Las sumas implicadas podían resultar enormes: el 2 de diciembre, el *Daily Express* valoró los bienes de la tumba en unos 3 millones de libras; el 4 de diciembre el *New York Times* sugirió 15 millones de dólares. Sin embargo, parecía inteligente capitalizar el obvio valor comercial de Tutankamón, y negociar acuerdos en exclusiva. Tutankamón ya había entrado en la cultura popular occidental, y otros hacían dinero con el descubrimiento. En Estados Unidos, inevitablemente, se estaban haciendo preguntas sobre la propiedad del nombre. ¿Se podía registrar el derecho de propiedad de Tutankamón, o Tut, o Tut-tut? Aunque sospechaba que el *Daily Mail* pagaría más, Carnarvon prefirió tratar con el más refinado *Times.* El 9 de enero de 1923 firmó un contrato:

> El conde por la presente nombra a *The Times* como único agente para la venta en todo el mundo, a periódicos, revistas y otras publicaciones, de todo tipo de artículos de prensa, entrevistas y fotografías (aparte de fotografías en color y cinematografía, ambas cosas excluidas de este acuerdo) relacionados con las obras de excavación presente y futura dirigidas por el conde y sus agentes en el Valle de las Tumbas de los Reyes...[6]

Carnarvon recibiría 5.000 libras al firmar el acuerdo, más el 75 por ciento de los beneficios netos por encima de ese pago inicial. A partir de ese momento, el relato más importante y preciso de los acontecimientos del Valle no lo proporcionarían las revistas científicas, sino un periódico británico de tirada nacional. Un plan ambicioso de filmar una película de los trabajos en el Valle nunca llegó a materializarse, aunque los estudios Goldwyn expresaron un enorme interés por el esquema de un guión preparado por el propio conde. Éste habría incluido filmaciones documentales de las excavaciones reales y reconstrucciones hechas por actores.

Financieramente, el trato de *The Times* era un movimiento sensato. En el aspecto práctico también tenía sentido, ya que restringía el número de periodistas que interrumpirían el trabajo en la tumba. Pero fue un movimiento que distanció a la prensa mundial, gran parte de la cual tenía enviados prestos y esperando noticias en el Valle. Los periodistas excluidos estaban furiosos, sin excepción. Con Reuters (representada por V. Williams), el *Daily Express* (H. V. Morton), el *Daily Mail* (Weigall) y el *Morning Post* y *New York Times* (ambos A. H. Bradstreet) en cabeza, formaron una alianza anti-*Times*. Negándose a abandonar Luxor, aunque se les escamoteaba cualquier forma de historia oficial, usaron unos medios que los excavadores consideraban poco limpios para obtener información bajo mano, y publicaron lo que pudieron. Los periodistas egipcios, que se enfrentaban a la perspectiva de que se los excluyera de un descubrimiento en su propio país, estaban especialmente indignados, y en una época de creciente nacionalismo, no tardó mucho en aparecer la cuestión de la propiedad de las tumbas. ¿Qué derecho tenían unos extranjeros de perturbar la paz de los reyes muertos de Egipto y aprovecharse de ellos?

Como necesitaba asistencia con urgencia, Carter apeló por telegrama a Albert M. Lythgoe, jefe del Departamento de Arte Egipcio del Metropolitan Museum de Nueva York. La respuesta fue inmediata y entusiasta:

> Carter a Lythgoe, Metropolitan Museum, Nueva York, 7 de diciembre de 1922
>
> [D]escubrimiento colosal necesito mucha ayuda podría plantearse prestarnos a Burton para registrar pásenos gastos a su debido tiempo agradecería respuesta inmediata saludos Carter.

> Lythgoe a Carter, 7 de diciembre de 1922
>
> Encantados de ayudar en todo lo posible. Por favor, llame a Burton y a cualquier otro miembro de nuestro personal. Telegrafío a Burton a ese fin. Lythgoe.[7]

El equipo de Carter variaría de una temporada a otra, pero en esencia estarían Callender y el químico del gobierno Lucas, y además, como préstamo por parte del Metropolitan Museum, el arqueólogo y conservador Arthur Mace y el fotógrafo Harry Burton. Burton fue particularmente bienvenido, ya que había resultado imposible tomar unas fotos decentes en el interior de la oscura tumba y, dado el posible riesgo de incendio, nadie se atrevía a experimentar con el flash. Sus imágenes y algunas películas breves todavía resultan valiosas hoy en día pues, aunque algunas sin duda fueron poses deliberadamente adoptadas para la prensa, ofrecen un testimonio ocular suplementario muy útil a los registros escritos de Carter. El arquitecto Walter Hauser y el artista Lindsley Foote Hall, también aportados por el Metropolitan Museum, dibujarían el plano de la tumba, mientras que Gardiner trabajaría en todos los textos e inscripciones. Algunos miembros adicionales y ocasionales del equipo incluían también a Percy Newberry, que trabajó con los especímenes botánicos, y su esposa, Essie, que ayudó con los tejidos, y también James Henry Breasted, fundador del Oriental Institute en Chicago.

El sargento en funciones Richard Adamson casi con toda seguridad no formó parte del equipo, aunque aseguraba que había custodiado la tumba noche y día durante siete años, durmiendo en un lecho de campaña en la Cámara de Enterramiento y poniendo música a fuerte volumen con su gramófono portátil para espantar a los ladrones. Adamson no contó esta historia curiosa hasta la muerte de su esposa y de todos los miembros importantes del equipo en 1966. Rápidamente se convirtió en un conferenciante popular, que presentaba una serie de proyecciones de diapositivas publicadas en libros y revistas. Colaboró con el autor Barry Wynne en la escritura de *Tras la máscara de Tutankamón* (1972), y como «último miembro superviviente de la expedición de Tutankamón» fue entrevistado por el *Daily Mail* en agosto de 1980. Sin embargo, Adamson está excluido de todos los relatos oficiales y no oficiales del descubrimiento: nunca le menciona ningún visitante de la tumba ni periodista, y no se le incluye entre los muchos cientos de fotógrafos. Existe una prueba más convincente aún (su certificado de matrimonio y los certificados de nacimiento de sus tres hijos) que indica que Adamson no estaba en Egipto en la época en que él asegura que estuvo.[8]

Carter volvió a Luxor con enormes cantidades de materiales incluyendo cinco kilómetros y medio de algodón hidrófilo y varios miles de bombillas eléctricas. La tumba se volvió a abrir el 16 de diciembre de 1922 y se colocó una puerta de seguridad de acero el 17. El Valle se convirtió entonces en taller de Carter, y la KV 55 en cuarto oscuro fotográfico, la KV 15 (Seti II) pasó a ser laboratorio y almacén combinados, y la KV 4 (Ramsés XI) la fundamental «tumba del almuerzo». Ya se podía iniciar al fin la tarea de vaciar la Antecámara. Esto resultó difícil: la cámara estaba atestada con multitud de objetos que en una tumba convencional real, de un tamaño mucho más grande, probablemente habrían estado distribuidos en varios almacenes. Había sido saqueada y restaurada de una manera un poco arbitraria dos veces. Todo estaba junto y mezclado, y los objetos se balanceaban precariamente unos sobre otros, no había espacio para maniobrar, incluso entrar en la habitación era difícil, ya que el equipo se veía obligado a pasar por encima de la «copa del deseo» —un jarrón de calcita semitranslúcida con asas en forma de flor de loto, con figuras arrodilladas sujetándolo que simbolizaban la eternidad— que se encontraba justo en la puerta. Carter comparó aquel trabajo de vaciado con jugar «un gigantesco juego del mikado», un juego de salón popular que requería que los jugadores usaran la destreza física y mental para extraer palitos de un montón sin mover los demás palitos. De hecho, como llegó a darse cuenta más tarde:

> Había un poco de confusión, es cierto, pero era una confusión ordenada, y de no haber sido por las pruebas de saqueo proporcionadas por el túnel y las puertas vueltas a sellar, uno podría haberse imaginado a primera vista que nunca había ocurrido ningún saqueo, y que la confusión se debía más bien al descuido oriental en la época del funeral.[9]

El equipo fue trabajando en torno a la habitación en dirección contraria a las agujas del reloj, empezando por la derecha de la entrada (dirigiéndose hacia la esquina del nordeste) y acabando con los carros desmontados que se encontraban a la izquierda de la puerta. Las obras avanzaban con una lentitud exasperante y enervante, mientras el equipo luchaba por evitar que los objetos se desmoronaran bajo su contacto. Cada baúl o paquete extraído sano y salvo del montón de la tumba, luego tenía que sufrir su propia miniexcavación en el laboratorio de conservación. Sólo el contenido de una de las cajas concordaba con su etiqueta original; todas las demás contenían una mezcla de objetos amontonados de cualquier manera por los restauradores.

El primer objeto que se extrajo para su tratamiento (un hermoso baúl conocido hoy en día como la «Caja Pintada») proporciona un ejemplo perfecto de los problemas que se encontraron los conservadores. El baúl de madera había sido enyesado y pintado en toda su superficie exterior con escenas tradicionales de caza en el desierto (tapa) y fieras batallas que representaban a Tutankamón triunfante en su carro derrotando a sus enemigos sirios (cuerpo). El yeso estaba algo desconchado y en las junturas faltaba algún fragmento, pero a primera vista el baúl parecía encontrarse en buen estado. Por tanto, se limpió y los fragmentos descoloridos se trataron con bencina, y el conjunto fue pulverizado con una solución de celuloide. Sin embargo, después de tres semanas en la atmósfera seca de la tumba de conservación, la madera empezó a encogerse y el yeso pintado a torcerse. El baúl fue tratado, por lo tanto, con una mezcla de cera de parafina, que penetró en el yeso y lo volvió a consolidar. En el interior de la caja se encontraba una curiosa mezcla heterogénea de objetos medio podridos que Mace, en la anotación de su diario del 10 de enero de 1923, describió como «un revoltijo, todo mezclado de cualquier manera». Ese revoltijo incluía un par de sandalias tejidas, tres pares de sandalias de cuero, al menos siete túnicas con cuentas y finamente decoradas, incluyendo un manto de imitación de piel de leopardo, dos bolsas o gorros, dos collares de cerámica vidriada, taparrabos, rollos de tela y vendas, un guante y un reposacabezas dorado. Muchas de las túnicas fueron imposibles de salvar: «una masa de tela podrida, en gran parte con la consistencia del hollín, tachonada por completo de rosetas y lentejuelas de oro y de plata».[10] Algunas eran a todas luces prendas infantiles, cosa que hizo suponer a Mace, por primera vez, que Tutankamón podía haber accedido al trono siendo un niño. Costó tres semanas a Mace vaciar aquel único baúl, recogiendo los fragmentos de material trocito a trocito y fotografiando cada fase de la operación.

5. La «Caja Pintada»: un objeto muy hermoso por sí mismo, que albergaba un revoltijo de ropajes.

La tarde del viernes 16 de febrero, la puerta de la Cámara de Enterramiento fue desmontada en presencia de los invitados, arqueólogos y funcionarios del gobierno.[11] Enfocado por dos lámparas que apuntaban hacia el muro, Carnarvon empezó con un breve pero impresionante discurso, dando las gracias a todos los que habían ayudado en las obras hasta el momento. Mervyn Herbert nos cuenta que su hermano estaba inusualmente nervioso, «como un colegial travieso», por si alguien se daba cuenta de que el muro ya había sido abierto.[12] De pie en una plataforma de madera designada especialmente, Carter también pronunció un discurso, que según Herbert fue menos impresionante que el de Carnarvon. Luego, después de quitarse la ropa hasta quedar solo con pantalones y camiseta, localizó el dintel de madera en la parte superior de la puerta y aplicó la palanca, trabajando por razones de seguridad desde arriba hacia abajo. Mace fue sacando los bloques de la pared y se los tendió a Callender, que se los fue pasando a una cadena de trabajadores para apilarlos fuera de la tumba. El grupo de periodistas, que habían pasado la tarde muy deprimidos, sentados en el parapeto de la tumba, oyendo lo que ocurría dentro, recibió deliberadamente una información falsa por parte de los trabajadores: primero se habían encontrado ocho momias, luego cuatro, luego una estatua enorme. Era inevitable que parte de esas informaciones falsas llegaran a la prensa.

Al cabo de quince minutos, Carter había hecho un agujero lo suficientemente grande como para introducir una lámpara eléctrica; ésta reveló lo que parecía una pared de oro sólido. Poco después pudo introducir un colchón por el agujero, para proteger el muro dorado de la mampostería que pudiera caer. Dos horas después los presentes pudieron introducirse por el agujero, de tres en tres, y dejarse caer en la Cámara de Enterramiento. Carter registró sus impresiones de esa primera visita oficial a la Cámara:

> Estábamos sin duda en la cámara sepulcral, porque allí, alzándose por encima de nosotros, se encontraba una de las grandes capillas doradas dentro de las cuales se introducía a los reyes. Tan enorme era la estructura (5,2 m por 3,3 m y 2,75 m

> de alto, supimos después) que casi llenaba la zona entera de la cámara, y un espacio de sólo unos 60 cm la separaba de las paredes en las cuatro direcciones, mientras que la parte superior, con cornisa y bocel, llegaba casi hasta el techo. De arriba abajo tenía incrustaciones de oro, y en sus costados se encontraban incrustados también paneles de cerámica vidriada azul, en los cuales se representaban, repetidos, los símbolos mágicos que asegurarían su fortaleza y su seguridad.[13]

La enorme y muy frágil capilla dorada estaba equipada, en la cara este, con unas puertas dobles que estaban cerradas con cerrojo, pero no selladas. Ansiosamente, Carter retiró los cerrojos de ébano y abrió de par en par las puertas, revelando un segundo sarcófago dorado cubierto con un delicado paño mortuorio de lino con flores de bronce dorado aplicadas. Ese sarcófago estaba cerrado con cerrojo por arriba y por abajo y sellado con dos sellos: el sello de la necrópolis, del chacal con nueve cautivos atados, y el propio sello de la necrópolis de Tutankamón.

En el estrecho espacio entre la capilla exterior y los muros de la cámara se encontraba una cantidad de objetos que a los ojos modernos parecerían desconcertantemente heterogéneos, pero que habían sido elegidos deliberadamente por los enterradores por su significado ritual: dos lámparas de calcita, un ganso de madera, dos cajas, dos jarras de vino, un «objeto ritual» no identificado, once remos mágicos, una capilla doble, dos «fetiches de Anubis» (una piel de animal, llena de fluido para embalsamar, colgada de una pértiga), símbolos jeroglíficos de madera dorada que simbolizaban «el despertar» y un ramillete funerario. Ocultos a la vista en los muros pintados, cuatro nichos contenían los ladrillos mágicos que ayudarían a Tutankamón en su renacimiento. Al abrir la Cámara de Enterramiento, una puerta abierta reveló otra habitación repleta de objetos que incluían un templete canópico dorado y brillante, un objeto de un significado y una belleza tal que puso un nudo en la garganta a Carter, una persona que normalmente no dejaba transparentar nada. Aquel «Tesoro» sería guardado y permanecería intacto hasta 1927. Asombrados por lo que habían visto, los cansados visitantes abandonaron la tumba después de las cinco de la tarde, y al estilo típicamente británico, se fueron a tomar el té. *The Times* dio la noticia al mundo, que permanecía expectante:

> Hoy, entre la 1 y las 3 de la tarde, ha tenido lugar el momento culminante en el descubrimiento de la tumba de Tutankamón, cuando lord Carnarvon y el señor Howard Carter han abierto la puerta interior sellada... El proceso de abrir esa puerta que contenía la insignia real y estaba custodiada por dos estatuas protectoras del rey ha costado varias horas de cuidadosas manipulaciones, bajo un calor intenso. Finalmente ha acabado en una revelación maravillosa, porque ante los espectadores ha aparecido el resplandeciente mausoleo del rey, una cámara espaciosa, bellamente decorada, completamente ocupada por un inmenso sarcófago cubierto de oro y con incrustaciones de cerámica vidriada azul brillante.

Los dos días siguientes estuvieron ocupados con visitas y comidas privadas para egiptólogos y visitantes distinguidos; entre los últimos estuvo la reina Isabel de Bélgica y su hijo, el príncipe Leopoldo. Fue la primera de varias visitas reales, y la reina, entusiasta aficionada a la egiptología, se convirtió en una pesadez para los arqueólogos porque interrumpía su trabajo. También fue incómodo cuando el corpulento general sir John Maxwell se quedó atascado en el agujero todavía pequeño de la pared de la Cámara de Enterramiento. En el diario de Mervyn Herbert se consigna, con alguna simpatía, que cuatro hombres tuvieron que empujar y tirar hasta conseguir liberarlo «con el ruido de una botella de champán, y con daños en lo que él erróneamente describía como su pecho». Siempre habría una tensión incómoda entre el trabajo científico de los excavadores, que veían la tumba como su propio laboratorio privado, y la explotación de la tumba como espectáculo público por parte de las autoridades e incluso en ocasiones de los propios arqueólogos. El Valle se había convertido en la atracción turística de moda para la élite, con Carnarvon y lady Evelyn como guías; cualquiera que pudiera reivindicar la menor relación con cualquier miembro del equipo se sentía libre para presentarse, no invitado pero con una carta de presentación, para hacer un recorrido personal que, inevitablemente, detenía todos los trabajos.

6. Carter (izquierda), Carnarvon y la pared parcialmente desmontada, enyesada y sellada que daba a la Cámara de Enterramiento.

El público en general estaba condenado a merodear con los periodistas más allá de los muros perimetrales de la tumba. No era, quizá, tan malo como parece, ya que todo objeto sacado de la tumba tenía que pasar ante su vista en ruta hacia el santuario de la tumba de conservación. Este inacabable desfile de objetos funerarios (la constante anticipación de que podía aparecer en cualquier momento algo importante) aseguraba que el interés por la tumba aumentase, en lugar de disminuir. Luxor estaba inundado de visitantes (los hoteles más emprendedores establecieron tiendas en sus jardines donde podían dormir los turistas, por una sola e incómoda noche, en estrechos catres), y la expedición vivía en condiciones casi de asedio:

> La tumba atraía como un imán. El peregrinaje empezaba a hora muy temprana de la mañana. Los visitantes llegaban en burro, en carros especiales para la arena, en coches de dos caballos, y procedían a instalarse en el Valle para pasar el día. En la parte superior del nivel más alto de la tumba había un muro bajo, y allí, cada uno ocupaba un espacio y se establecía, esperando que ocurriese algo. A veces era así, muy a menudo no lo era, pero eso no parecía suponer diferencia alguna para su paciencia. Allí se quedaban sentados toda la mañana, leyendo, hablando, escribiendo, fotografiando la tumba y unos a otros, bastante satisfechos si al final podían echar un vistazo a algo...[14]

Los que no podían visitar Egipto, escribían: el volumen de correo recibido por la oficina postal de Luxor se dobló o incluso se triplicó, y la oficina de telégrafo estaba desbordada por el número de despachos periodísticos. A Carter lo bombardeaban con correspondencia de todas las partes del mundo, gente que le deseaba suerte, pedigüeños, escolares, estudiosos, gente que quería vender o comprar antigüedades, gente que le ofrecía dinero para dar conferencias, y lo que se podría calificar vagamente como «excéntricos», incluyendo aquellos que creían ser egipcios reencarnados. Todos querían respuesta del famoso arqueólogo.

En la tumba, las condiciones eran de calor, humedad y mucha tensión. Una grave pelea entre Carter y Carnarvon, nunca explicada, que acabó dramáticamente en que Carter prohibiera a Carnarvon entrar en su casa durante un breve tiempo, fue una señal de que el equipo necesitaba un respiro de la tumba, de la prensa, del público y unos de otros. El 26 de febrero de 1923 se cerró la tumba; al día siguiente se clausuraron los laboratorios y el equipo se dispersó. Mientras Carter, como de costumbre, decidía esconderse en su casa de Luxor, Lucas se fue a El Cairo y Callender a Armant. Mace acompañó a Carnarvon y a lady Evelyn que cogieron un barco hacia el sur y pasaron unos días de tranquilidad en Asuán. En este viaje fue cuando Carnarvon recibió la picadura de un mosquito en la mejilla, un hecho cotidiano en el Nilo. Pero poco después de su regreso a Luxor se cortó la costra de la picadura mientras se afeitaba. A partir de ahí el relato de la tragedia varía. La mayoría afirma que Carnarvon se curó la herida de inmediato con yodina (al estar ya enfermo, viajaba con un botiquín muy bien provisto); unos pocos aseguran que dejó que la herida sangrase libremente, y sin darse cuenta permitió a una mosca «increíblemente sucia» que se posara en ella.[15] La herida se infectó enseguida y Carnarvon empezó a encontrarse mal. Unos pocos días de descanso en cama, a insistencia de lady Evelyn, pronto hicieron que se sintiera mejor, pero luego llegó una repentina recaída. Sin querer admitir que se encontraba muy enfermo, Carnarvon viajó a El Cairo para empezar a discutir la división de sus hallazgos con el Servicio de Antigüedades. Allí su estado se deterioró rápidamente. Se le envenenó la sangre y a continuación siguió una neumonía. Lady Carnarvon voló a El Cairo con el médico personal de su marido, el doctor Johnson, y lord Porchester, el heredero de Carnarvon, acudió en barco desde la India. A la 1.45 de la mañana del 5 de abril de 1923, Carnarvon moría. Su cuerpo fue embalsamado en Egipto y luego devuelto a Inglaterra para ser enterrado en Beacon Hill, parte de la propiedad de Highclere.

Carter, que había viajado a El Cairo para apoyar a lady Evelyn durante la enfermedad de su padre, y que se quedó para ayudar a lady Carnarvon con las disposiciones del funeral, volvió a Luxor para ir reduciendo paulatinamente la excavación. Los hallazgos fueron guardados en cajas de embalaje y transportados en el ferrocarril de Décauville (un tranvía que permitía empujar unas vagonetas abiertas por una vía temporal) hasta el río. Esta operación no fue tan fácil como parece, porque no había vías suficientes para cubrir la distancia desde el Valle hasta el río, y por tanto hubo que desmontarlas y volver a colocarlas a medida que el tren de vagonetas iba avanzando. En el río, las cajas se cargaron en un vapor. Cuando el buque llegó a El Cairo el 21 de mayo, Carter ya estaba preparado para recibirlo. Le llevó tres días desembarcar todos los objetos, transportarlos al museo, desembalarlos y colocarlos para su exhibición.

La segunda temporada: 1923-1924

La concesión para trabajar en el Valle expiró con la muerte de Carnarvon. Sin embargo, el Servicio de Antigüedades estaba ansioso por continuar el vaciado de la tumba y no quería financiarlo. Por tanto, las obras empezaron tal y como se había planeado en octubre de 1923, ya que lady Carnarvon quiso terminar el trabajo de su marido, aunque sin llevar a cabo más excavaciones en el Valle. Además de sus otras obligaciones, Carter asumió entonces el papel de enlace con las autoridades y la prensa, un cargo que aquellos que recordaban el tristemente famoso «asunto Saqqara» tenían motivos para ver con aprensión. Carter era un hombre que tenía muchos talentos, pero la diplomacia no era uno de ellos.

Desde el principio de la temporada hubo problemas. Carter nos proporciona un resumen inusualmente diplomático y en esencia poco informativo de los acontecimientos que conducirían a la clausura de la tumba y amenazarían la seguridad de los contenidos que quedaban:

> Gradualmente empezaron a surgir problemas. Los periódicos competían por reportajes, los turistas no dejaban de intentar lo que fuera para obtener permisos para visitar la tumba, se desataron inacabables celos; días que deberían haber estado dedicados al trabajo científico se perdieron en negociaciones que a menudo no resultaban útiles, mientras las exigencias de la arqueología quedaban en un segundo plano. Pero éste no es lugar para sopesar las opciones de una controversia que ahora ya ha terminado, y no serviría de nada relatar con detalle la lar-

> ga serie de incidentes desagradables que importunaron nuestro trabajo. Todos somos humanos. Ningún hombre es siempre sabio... quizá menos que ninguno el arqueólogo que encuentra que sus esfuerzos por llevar a cabo una tarea totalmente absorbente se ven frustrados por mil inconvenientes e irritaciones sin fin. No me corresponde a mí adjudicar la culpa de lo que ocurrió, pero tampoco responsabilizarme de una disputa en la cual, en un momento dado, pareció amenazado el interés de la arqueología en Egipto.[16]

Carter creía que había que controlar el número de visitantes que hacían perder el tiempo prohibiendo las visitas informales y planificando al mismo tiempo una serie de días de puertas abiertas. Tras muchísimas negociaciones y repetidos viajes entre Luxor y El Cairo, se acabó llegando a un acuerdo hasta cierto punto. El Servicio de Antigüedades emitiría unos permisos de visitante que limitarían el número de turistas pidiendo acceso a la tumba. En teoría esto tenía que haber funcionado, pero en la práctica el Servicio emitía permisos más o menos para todo aquel que los pedía, mientras que Carter también era dado a romper sus propias reglas, y encontraba difícil negar la admisión a las familias egipcias importantes o a destacados diplomáticos. El problema del acceso de la prensa era más difícil. Carter sugirió que podía resolverse sencillamente «empleando» a Arthur Merton, corresponsal de *The Times*, como miembro oficial del equipo de la excavación. Merton emitiría unos informes diarios que *The Times* recibiría a tiempo para la edición de la tarde, y los periódicos egipcios los recibirían al día siguiente. Así esperaba que las noticias del Valle llegasen más o menos simultáneamente a Londres y El Cairo, y otros periódicos podían obtener su información en los boletines ya publicados. Naturalmente, los representantes de Reuters y del *Morning Post* presionaron incansablemente contra el nombramiento de Merton por parte de Carter, mientras la prensa egipcia y un número creciente de nacionalistas egipcios continuaban su campaña contra la arqueología colonialista.

Las diferencias nimias sobre la prensa y el acceso público a la tumba eran extraordinariamente fatigosas, pero también eran un síntoma, más que una causa. Carter había quedado atrapado en una situación política que no podía resolver. El Protectorado Británico estaba llegando a su fin y Egipto se estaba convirtiendo en un Estado moderno e independiente. Fuad I se había proclamado rey en 1922; se anunciaba una nueva Constitución en 1923, y habría elecciones generales en 1924. El Servicio de Antigüedades todavía lo dirigía un francés, Pierre Lacau, pero éste, políticamente astuto, ya no quería que le viesen condescendencia hacia los excavadores extranjeros en lo que muchos empezaban ya a contemplar como la explotación de la herencia histórica egipcia. Pronto se impuso una nueva norma: un inspector del Servicio de Antigüedades debía estar siempre presente para supervisar los trabajos llevados a cabo en los yacimientos. Entonces, el 1 de diciembre de 1923, llegó la exigencia de que Carter entregase una lista formal de todos los miembros del personal de su excavación para que lo aprobase el Servicio de Antigüedades. Hoy en día es un procedimiento habitual; el Servicio de Antigüedades tiene derecho a vetar a cualquiera que considere poco adecuado para trabajar en cualquier yacimiento arqueológico. Pero en los años veinte aquello se consideró una impertinencia sin precedentes y un ataque poco sutil al portavoz de prensa recién nombrado, Merton. Carter intentó discutir, pero no había lugar para la negociación. Lacau se mantuvo firme: «... el gobierno ya no discute, sino que le informa de su decisión».

Mientras tanto, los trabajos continuaban en medio de todas las distracciones. Carter había sacado las dos estatuas guardianas de la Antecámara, y demolió totalmente el muro que la separaba de la Cámara de Enterramiento. Aun con ese muro ausente, el equipo se veía obligado a trabajar en unas condiciones de gran estrechez e incomodidad, mientras se esforzaban por desmantelar las capillas, difíciles de manejar, pesadas y extremadamente frágiles, que encajaban tan estrechamente en la Cámara de Enterramiento que, sin descartar la posibilidad de que fueran simplemente los sarcófagos interiores de un conjunto mucho más grande, parecían haber sido diseñadas a medida para aquel espacio. Tal y como recordaba Carter: «nos dábamos golpes en la cabeza, nos cogíamos los dedos, teníamos que estrujarnos para salir y entrar como comadrejas, y trabajar en todo tipo de posturas embarazosas».[17] Pronto quedó bien claro que los antiguos carpinteros también habían trabajado con dificultades en aquel espacio restringido. A pesar de una infinidad de instrucciones rascadas o pintadas en los componentes de las capillas, éstas no habían sido ensambladas correctamente. Había abolladuras y grietas, quedaban restos del trabajo de carpintería en el suelo y, lo más sorprendente de todo, las puertas de las capillas estaban mal alineadas, de modo que daban al este y no al oeste. Este arreglo inusual probablemente se adoptó para aprovechar el espacio extra ofrecido por el Tesoro; sólo podemos preguntarnos el efecto que pudo tener aquello en el espíritu de Tutankamón mientras partía en su viaje final alejándose del sol poniente, en lugar de dirigirse hacia él.

Las puertas de la segunda capilla se habían abierto y habían revelado una tercera capilla dorada y sellada. El 3 de enero de 1924, en presencia de un pequeño grupo de eruditos, se abrió esta capilla y reveló una cuarta, cuyas puertas estaban cerradas, pero no selladas. Dentro de aquella cuarta capilla se encontraba un gran sarcófago de cuarcita:

> Ciertamente, fue un momento de gran emoción, cuando contemplamos el espectáculo mejorado por el llamativo contraste (el brillo del metal) de las capillas de oro que lo protegían. Especialmente deslumbrantes resultaban la mano tendida y el ala de una diosa esculpidas en un extremo del sepulcro, como para rechazar a cualquier posible intruso. Simbolizaba una idea hermosa en su concepción, y parecía realmente una ilustración elocuente de la perfecta fe y la tierna solicitud por el bienestar de su amado que animaba a la gente que moraba en aquella tierra hace más de treinta siglos.[18]

Ese momento de belleza y triunfo tranquilo se vio amargado por dos quejas malintencionadas enviadas a Lacau, una asegurando que se había permitido a un representante de *The Times* contemplar el procedimiento, y la otra que no había ningún inspector del Servicio de Antigüedades presente cuando se abrieron las puertas de la capilla. Ambas resultaron falsas, ya que Rex Engelbach, inspector general del Servicio de Antigüedades, había asistido a la apertura y pudo confirmar que todo se llevó a cabo con la mayor corrección, pero dejaron mal sabor de boca. El 10 de enero, Lacau escribió una carta muy tensa a Carter, dejando bien claro que la tumba y todos sus contenidos se consideraban propiedad egipcia. Por aquel entonces, la buena relación que en tiempos existió entre Carter y Lacau se había disipado por completo. Carter creía que Lacau intentaba impedir que la valiosa investigación se llevase a cabo siguiendo las normas más elevadas, en beneficio de Egipto y la egiptología, mientras al mismo tiempo se negaba a reconocer los derechos que podía tener la familia Carnarvon sobre la obra que habían financiado. También pensaba que Lacau en particular, y el Servicio de Antigüedades en general, se comportaban de una manera innecesariamente ofensiva, cuando debían estar apoyando los derechos de los egiptólogos contra las exigencias de los políticos. Lo que pensaba Lacau está menos documentado, pero parece que creía, sencillamente, que Carter y su equipo estaban explotando con arrogancia unas propiedades egipcias sobre las cuales, como no egipcios, no tenían autoridad moral alguna.

Tras otro mes de duro trabajo, las cuatro capillas habían sido desmanteladas, sus paneles laterales apoyados en el muro de la Cámara de Enterramiento y su parte superior almacenada en la Antecámara. Ya era hora de abrir el sarcófago interno, pero una grieta que corría por el centro de la tapa amenazaba con convertir aquella operación en algo realmente difícil. Se colocaron unas escuadras de hierro a lo largo de la tapa y se introdujo un sistema de poleas para que se levantase toda de una sola pieza. Carter había invitado a diecisiete egiptólogos a asistir a la elevación, que estaba planeada para el 12 de febrero. El día antes, sin embargo, el Ministerio de Obras Públicas envió una objeción, estipulando que sólo se podía permitir que asistieran quince invitados a la tumba. El tema se resolvió amistosamente y, tal como se había planeado, frente a un público compuesto de dignatarios egipcios, funcionarios del Servicio de Antigüedades y egiptólogos, la tapa de granito se fue izando y quedó suspendida sobre su base de cuarcita. En su interior yacía una figura vendada. Carter y Mace apartaron los frágiles paños de lino y

> ... cuando quitamos el último, una exclamación de asombro escapó de nuestros labios, tan maravillosa era la visión que contemplaron nuestros ojos: una efigie dorada del joven rey, de excelente factura, llenaba el hueco del interior del sarcófago. Era la tapa de un magnífico ataúd antropomorfo...[19]

Al día siguiente, la tumba se abrió a la prensa, y entonces se permitió a «las damas», las esposas y familiares de los arqueólogos, que tanto habían sufrido, que asistieran a una visita privada del sarcófago interno y sus contenidos. Pero a última hora de la tarde del 12 de febrero, el gobierno envió un telegrama. La visita de la prensa podía continuar, pero las damas no entrarían en la tumba, ya que no tenían permiso oficial. Esa orden venía del ministro de Obras Públicas, Morcos Bey Hanna, a través de su subsecretario, Mohammed Zaghlul Pasha. Lacau, que encontró incomprensible aquella decisión y escribió a Carter para decírselo, se llevó todas las culpas por no impedirlo. Sin embargo, quizá no resulte tan incomprensible. El nacionalista Morcos Bey Hanna no tenía motivos para plegarse a los deseos de los británicos. Después de todo, ellos le habían metido en prisión por traición, e intentaron que lo ahorcaran el año anterior.

Furioso, el equipo (Carter, Mace, Lythgoe, Breastead, Gardiner y Newberry) mantuvo una conferencia urgente en el hotel Winter Palace. Ésta acabó con una cruda declaración por parte de Carter:

> Debido a absurdas restricciones y descortesías por parte del Departamento de Obras Públicas y el Servicio de Antigüedades, todos mis colaboradores, como protesta, se han negado a trabajar más en las investigaciones científicas del descubrimiento de la tumba de Tut.ankh.amen.
>
> Por tanto, me veo obligado a anunciar al público que inmediatamente después de la visita de la prensa a la tumba, esta mañana, entre las 10 y el mediodía, la tumba quedará cerrada y no se llevará a cabo en ella ningún otro trabajo.

Al fin los periodistas tenían algo de lo que escribir. Mientras componían sus titulares: «Cierre en Luxor», la tumba que-

7. Protegiendo una de las dos estatuas de guardianes que permanecían en pie ante la entrada de la Cámara de Enterramiento, antes de trasladarla.

dó abandonada exactamente tal y como estaba, con la tapa del sarcófago interior precariamente suspendida en el aire. Carter tenía la sensación de que él, su equipo y lady Carnarvon habían sufrido una grave ofensa. El Servicio de Antigüedades, sin embargo, vio el cierre de la tumba como una reacción excesiva e infantil a un asunto de naturaleza trivial. Y más importante aún: lo vieron como una contravención directa del permiso de lady Carnarvon para despejar la tumba. El 20 de febrero de 1924 le retiraron formalmente el permiso; el 22, unos funcionarios del Servicio de Antigüedades confiscaron la tumba y, ya que Carter se había negado a entregarles las llaves, unos trabajadores contratados cortaron los candados de las puertas de la tumba. Mientras Carter iniciaba una acción legal, la respuesta de sus colegas quedó silenciada. Aquellos que trabajaban en la tumba con él le apoyaron, pero los que excavaban lejos de Tebas se resistían a dejarse implicar en una disputa esencialmente local, que podía desbordarse y amenazar su propio trabajo.

No estaba en la naturaleza de Carter darse por vencido fácilmente. Siguieron meses de negociaciones, complicados por el hecho de que Carter se había comprometido a dar una larga serie de conferencias en Estados Unidos y Canadá, un compromiso que no podía romper, ya que ahora no tenía ninguna otra fuente de ingresos.

La tercera temporada: 1924-1925

Carter volvió a Egipto el 15 de diciembre de 1924. Se encontró tratando con un régimen totalmente distinto. El 19 de noviembre, el Sirdar británico (comandante en jefe del ejército egipcio), sir Lee Stack, había sido asesinado. Eso condujo a la caída del gobierno nacionalista y a la imposición de unos controles británicos mucho más estrictos. Saad Zaghlul Pasha había dimitido, y fue reemplazado como primer ministro por Ahmed Ziwar Pasha, antiguo conocido de Carter. Se encontraron accidentalmente en el hotel Continental de El Cairo, y así iniciaron unas discusiones extraoficiales sobre el futuro de la tumba.

Siguieron una serie de reuniones oficiales, y al final se llegó a un acuerdo. Lady Carnarvon continuaría pagando las obras en la tumba y sus objetos, pero los herederos de Carnarvon renunciarían a todos los derechos sobre la tumba y *The Times* perdería su monopolio informativo. La cuestión de la compensación fue sonando hasta 1930, año en que a los herederos les ofrecieron 35.867 libras, 13 chelines y 8 peniques como compensación por sus costes. Lady Carnarvon había prometido pagar un cuarto de esa cantidad a Carter, pero al final le pagó 8.012 libras inicialmente, y 546 libras 2 chelines 9 peniques más tarde, aquel mismo año. El Metropolitan Museum, cuyos costes se habían estimado en unas 8.000 libras, no recibió nada.

A partir de finales de enero de 1925, la breve temporada de trabajos siguió con una calma poco habitual. No se sacó nada de la tumba. Por el contrario, el equipo se concentró en los objetos que ya esperaban para su estudio en el laboratorio de conservación. Ese trabajo vital (fascinante para los egiptólogos) no era noticiable en ningún sentido. Al no haber cada día una exhibición de artículos que abandonaban la tumba, ni tampoco luchas políticas, los reporteros se dispersaron enseguida. Después de dos meses muy productivos, se enviaron diecinueve cajas de antigüedades por vapor al Museo de El Cairo, y Carter y Callender viajaron al norte en coche (Carter se había convertido en gran entusiasta de los automóviles) para supervisar su desembalaje.

La cuarta temporada: 1925-1926

Se reemprendieron los trabajos el 11 de octubre de 1925, con la atención firmemente concentrada en la Cámara de Enterramiento. Carter intentó extraer a Tutankamón de su sarcófago interior antes de que la estación turística de invierno estuviese en pleno apogeo, ya que la afluencia de visitantes entorpecería sus operaciones. Sin embargo, recuperar la momia resultó mucho más difícil de lo que nadie había supuesto. No resultó aparente de inmediato, pero Tutankamón había sido introducido en un juego de tres ataúdes antropomorfos (con forma humana) muy ajustados, colocados en unas andas bajas e introducidos en el sarcófago rectangular. Había poco espacio para maniobrar, los ataúdes eran extremadamente frágiles, y el peso combinado de ataúdes y momia ascendía nada menos que a una tonelada y cuarto.

La primera tarea era levantar la tapa del ataúd externo. Éste se había sujetado por la base mediante un sistema de clavijas de plata que aseguraban diez lengüetas de plata que encajaban en unos huecos de la base. El 13 de octubre se quitaron las clavijas y, usando las asas originales de plata, se levantó la tapa. Ésta expuso un segundo ataúd de madera dorada cubierto por un sudario de lino podrido y guirnaldas de flores de loto y aciano que se desintegraban, entretejidas con hojas de olivo y de sauce.

Este segundo ataúd antropomorfo era mucho más frágil que el primero; mostraba señales de humedad y parte de sus incrustaciones se estaban desprendiendo. Con sólo un centímetro de espacio separándolo del ataúd exterior (Carter ni siquiera podía introducir el dedo meñique entre ambos), lo más sensato era extraer los ataúdes combinados del hondo sarcófago antes de intentar levantar la segunda tapa. Se introdujeron unas clavijas de acero en los huecos originales de la base exterior del ataúd, y se usó un aparato para levantarlos y elevar los ataúdes introducidos uno dentro de otro por encima del sarcófago. Se colocaron rápidamente unas tablas de madera por encima del sarcófago, y la base exterior del ataúd se bajó colocándose en esa mesa improvisada. Desgraciadamente, aunque la tapa del segundo ataúd estaba fija en la base usando el mismo sistema de lengüetas y huecos que el ataúd exterior, no tenía asas. Por tanto no era fácil levantarla. Después de dos días de deliberaciones, se extendieron las clavijas que sujetaban las lengüetas lo más lejos que se pudo de la base del ataúd exterior, se sujetaron unos alambres a esas clavijas y, con lo que parece un movimiento contrario a la intuición, se dejó quieto el segundo ataúd, mientras se bajaba el exterior, dejando el segundo ataúd colgado de una manera algo precaria de su grúa. El ataúd exterior vacío se colocó en el sarcófago para almacenarlo, y todo el segundo ataúd entero se bajó sobre una bandeja de madera colocada sobre el sarcófago abierto.

Se levantó la tapa del segundo ataúd, con considerables dificultades, el 23 de octubre, revelando un tercer ataúd antropomorfo con un sudario de lino de un marrón rojizo cuidadosamente metido a su alrededor para dejar expuesto el rostro. A diferencia de los dos anteriores, este tercer ataúd estaba hecho de oro batido. Ahora resultaba obvio por qué el peso del conjunto de ataúdes apenas disminuía a medida que iban retirando los ataúdes exteriores.

Quizá fuera de oro, pero su ataúd interno no brillaba nada:

> ... los detalles de la ornamentación estaban ocultos por una capa negra y lustrosa debida a los ungüentos líquidos que evidentemente se habían vertido en profusión sobre el ataúd. Como resultado, ese objeto sin par no sólo estaba desfigurado (como se comprobó posteriormente, de forma temporal) sino que se había pegado por completo al interior del segundo ataúd, y el líquido consolidado había llenado el espacio entre el segundo y el tercer ataúd, casi hasta el nivel de la tapa del tercero.[20]

El ataúd más interno, todavía yaciendo en la base del segundo, fue llevado a la Antecámara, donde había más espacio para moverse. Allí se cubrió la base del segundo ataúd con una capa de cera de parafina caliente, que al enfriarse dejó bien firmes sus delicadas incrustaciones. Finalmente, se extrajeron las clavijas de oro que sujetaban en su lugar la tercera tapa, usando unos destornilladores largos adaptados al efecto. Se levantó la tapa y apareció la momia de Tutankamón, con la cabeza y los hombros cubiertos por una máscara funeraria.

> Ante nosotros, ocupando todo el interior del ataúd de oro, se encontraba una momia impresionante, muy pulcra y cuidadosamente tratada, sobre la cual se habían vertido ungüentos para embalsamar... en gran cantidad, endurecidos y ennegrecidos por el tiempo. En contradicción con el aspecto general, oscuro y sombrío, debido a esos ungüentos, se encontraba una máscara brillante y bruñida, se diría que magnífica, que imitaba el aspecto del rey, cubriendo su cabeza y sus hom-

bros, que como los pies, habían sido intencionadamente evitados cuando vertieron los ungüentos.[21]

Los ungüentos a base de resina, que todavía estaban pegajosos en algunos puntos, formaban parte del ritual funerario: Carter estimaba que habían vertido quizá dos cubos enteros encima del rey, evitando cuidadosamente cubrir la cara y los pies. Los ungüentos habían adherido el rostro vendado del rey a su máscara funeraria, y tanto la máscara como su cuerpo al ataúd interior, que en sí mismo estaba también pegado a la base del segundo ataúd. Una vez extrajeron a Tutankamón, Carter hizo una apuesta calculada:

> ... el interior del ataúd dorado había que forrarlo por completo con gruesas placas de zinc, que no se funden a temperaturas de menos de 520 °C. Se dio entonces la vuelta a los ataúdes sobre unos caballetes, el exterior protegido contra el calor excesivo y el fuego por varias mantas empapadas con agua. Nuestro siguiente procedimiento fue colocar bajo el hueco del ataúd de oro diversas lámparas Primus de parafina ardiendo a toda llama. El calor de las lámparas debía regularse para que mantuviese la temperatura por debajo del punto de fusión del zinc. Aquí hay que observar que la capa de cera aplicada en la superficie del segundo ataúd actuó como pirómetro. Mientras siguiera sin fundir bajo la manta humedecida estaba claro que no habría temor alguno de daños.
>
> Aunque la temperatura a la que se llegó fue de unos 500 °C, pasaron varias horas antes de que se notase algún efecto. En el momento en que se hicieron obvias las señales de movimiento, se apagaron las lámparas y se dejaron los ataúdes suspendidos sobre los caballetes, donde, después de una hora, empezaron a separarse...

Y en cuanto a la máscara:

> De la misma manera que el exterior del ataúd dorado estaba cubierto por una masa viscosa, también lo estaba el interior, al cual se adhería todavía la máscara dorada. Esa máscara también se había protegido envolviéndola con una manta húmeda doblada, empapada continuamente de agua, y su rostro

> humedecido con unos tampones mojados. Como se había visto sujeta a toda la potencia del calor recogido en el interior del ataúd, se liberó y levantó con relativa facilidad...[22]

Una vez separadas las piezas, el ungüento se pudo eliminar con la ayuda de algunos disolventes de limpieza y un soplete. Resultó obvio que la máscara estaba formada por láminas de oro batido unidas. La superficie de la máscara era de oro de 18,4 quilates, el tocado de oro de 22,5 quilates, y la máscara que se encontraba por debajo de 23 quilates. Había líneas de soldadura en torno a los bordes de la cara y la frente, y unos remaches visibles en la base de la garganta, mientras que la barba era de una pieza separada, hecha de oro con incrustaciones de cerámica vidriada. La máscara llevaba el tocado *nemes:* un paño que cubría la cabeza y la nuca, con largos faldones de tela descendiendo por detrás de cada oreja hasta el hombro. El tocado llevaba incrustaciones de pasta vítrea azul, y ostentaba en la frente el buitre y la cobra protectores. Los textos inscritos en la parte posterior de la máscara estaban tomados del *Libro de los Muertos.*

El 31 de diciembre de 1925, el ataúd interior y la máscara funeraria viajaron hacia el norte por tren, escoltados por Carter, Lucas y unos guardias armados. Para mayor seguridad, el tren fue cambiado de vía directamente hasta los jardines del Museo. El resto de la temporada se dedicó a conservar los ataúdes y la joyería.

La quinta temporada: 1926-1927

Se reemprendieron los trabajos con la restitución de la momia y los sarcófagos de granito. Una vez seguro Tutankamón, se volvió la atención hacia el Tesoro. Esa habitación también había sido saqueada, y muchos de sus baúles mostraban las huellas inconfundibles de los sellos rotos. Sin embargo, parecía que habían sufrido menos problemas, o al menos fueron mejor restaurados que los de las otras cámaras. Allí se encontraba una serie de artefactos de elevado simbolismo que incluía una enorme capilla coronada con la figura de chacal del dios funerario Anubis, una enorme cabeza de vaca dorada muy curiosa, representando una forma de la diosa Hathor, y una flota de barcos que permitirían a los muertos navegar a Abidos, el centro de culto de Osiris. Lo más asombroso de todo era el objeto que había llamado la atención de Carter cuatro años antes: el magnífico templete canópico preparado para conservar las entrañas de Tutankamón:

> Frente a la puerta, en el extremo más alejado, se encontraba el monumento más hermoso que había visto jamás. Era tan bello que uno se quedaba boquiabierto de asombro y admiración. La parte central consistía en un baúl grande en forma de capilla, completamente lleno de incrustaciones de oro y coronado por una cornisa de cobras sagradas. Rodeándolo —pero independientes— se encontraban unas estatuas de las cuatro diosas tutelares de los muertos, unas figuras graciosas, con los brazos protectores extendidos, tan naturales y llenas de vida en su pose, tan lastimera y compasiva la expresión de sus rostros, que uno sentía que mirarlas era casi un sacrilegio. Cada una de ellas custodiaba la capilla por un lado, pero mientras las figuras de la parte delantera y trasera mantenían la mirada firmemente clavada en su protegido, a las otras dos se les había otorgado una nota de conmovedor realismo, porque sus cabezas estaban ligeramente vueltas a un lado, mirando por encima del hombro hacia la entrada, como si vigilaran para que no hubiera ninguna sorpresa. Hay una grandeza tal en ese monumento que llama de forma irresistible a la imaginación, y no me avergüenza confesar que me puso un nudo en la garganta.[23]

El Anexo fue la última cámara que se despejó. Era la más afectada por los robos, y a diferencia de la «confusión ordenada» de la Antecámara, su restauración pareció haberse realizado mediante el equivalente antiguo a barrer debajo de la alfombra. No había ni un solo centímetro de espacio en el suelo para que Carter y su equipo pudieran permanecer de pie, y la pila de artículos funerarios alcanzaba una altura, en algunos lugares, de 1,8 m:

> ... un batiburrillo casi indescriptible de todo tipo de enseres funerarios, caídos unos encima de otros. Cabeceros de cama, sillas, taburetes, banquetas, escabeles, tableros de juego, cestas para la fru-

> ta, todo tipo de vasijas de alabastro y jarras de vino de cerámica, cajas con figuras funerarias, juguetes, escudos, arcos y flechas y otros proyectiles, todo patas arriba. Cofres abiertos y tirados, con su contenido desperdigado, y de hecho, todo en desorden.[24]

El hecho de que el suelo del Anexo estuviese casi un metro por debajo del suelo de la Antecámara no hacía más que añadir problemas para Carter: los primeros objetos tuvieron que transportarlos miembros del equipo que colgaban de la puerta cabeza abajo, con una cuerda pasada por las axilas, mientras los sujetaban tres o cuatro hombres de pie en la Antecámara. En cuanto pudieron ponerse de pie en la habitación, Carter se dio cuenta de que el Anexo originalmente se había usado para almacenar comida, vino, aceites y perfumes, más algunos muebles variados que correspondían más bien a la repleta Antecámara. Los trabajos se llevaron a cabo lenta y metódicamente, siguiendo un modelo ya probado y experimentado, hasta que se sacó la última pieza del Anexo el 15 de diciembre. Hubo que prestar atención entonces al laboratorio de conservación y a las grandes capillas, que todavía estaban almacenadas por piezas en la Antecámara.

Las temporadas finales: 1928-1930

La temporada de 1928-1929 fue muy pacífica, aunque el equipo se vio acosado por las enfermedades. La temporada de 1929-1930 resultó más delicada. Con el trabajo ya casi terminado, lady Carnarvon había abandonado su concesión, y a partir de 1930 todos los costes los sufragaba el gobierno egipcio. Esto causó problemas a Carter, que como extranjero sin cargo oficial alguno, de repente se encontró expulsado de la tumba y del laboratorio. Su reacción refleja (discutir que las puertas de acero, cerraduras y llaves en realidad pertenecían a lady Carnarvon, y no al Servicio de Antigüedades) hizo poco por ayudar a resolver el conflicto. Finalmente se acordó que las llaves las conservaría un inspector local del Servicio de Antigüedades, que llegaría cada día para abrir las tumbas.

8. «Copa del deseo» de Tutankamón: jarrón de calcita en forma de loto.

La última pieza de las capillas fue extraída de la tumba de Tutankamón en noviembre de 1930. El trabajo de conservación prosiguió durante un año más, y hasta febrero de 1932 no se envió la última remesa de ajuar funerario a El Cairo. El largo trabajo de Carter había concluido por fin, y era libre de volver su atención a la publicación académica de su trabajo.

Carter nunca acabó la publicación de la tumba de Tutankamón. Esto puede explicar por qué nunca recibió ningún reconocimiento oficial por el trabajo de su vida. Los pocos honores académicos que recibió vinieron de fuera. En 1924 recibió un doctorado honoris causa de Yale, y ese mismo año se convirtió en miembro de la Real Academia de Historia de Madrid. Recibió una condecoración del rey de Egipto en 1926 y una condecoración del rey de Bélgica en 1932. Dado que vivió en una época en que prominentes arqueólogos y egiptólogos británicos eran nombrados caballeros habitualmente (sir Flinders Petrie, Leonard Woolley, Max Mallowan, Mortimer Wheeler y Alan Gardiner eran contemporáneos o casi contemporáneos), podía haber esperado algo similar. Su falta de patrocinador, de institución que le apoyase y, quizá, de buena cuna, no ayudaron a su causa, pero a lo mejor había que culpar a su compleja personalidad. La opinión entre sus contemporáneos parece que estuvo dividida: unos pensaban que simplemente era tímido e inseguro por su falta de educación formal, y otros que era un hombre grosero, autoritario y dominante.

Carter murió en Londres el 2 de marzo de 1939. Después de un funeral poco vistoso y al que apenas asistió nadie, fue enterrado en una tumba anónima en el cementerio de Putney Vale. Una simple lápida de piedra conmemoraba: «Howard Carter, arqueólogo y egiptólogo, 1874-1939».[25] Su tumba fue prácticamente olvidada, de modo que cuando en 1991 el arqueólogo Paul Bahn fue a presentar sus respetos al que quizá fue el arqueólogo más famoso de la historia, la piedra de la lápida estaba rota y apenas era posible leer el epitafio. Bahn escribió un artículo en la revista *Archaeology* en Estados Unidos diciendo que habría que hacer algo para restaurar la tumba para el septuagésimo aniversario del descubrimiento de la tumba de Tutankamón, y los lectores empezaron a mandar cheques.[26] Naturalmente, *The Times* recogió la historia. El British Museum se decidió a encargar una nueva lápida y los cheques fueron devueltos a los generosos lectores norteamericanos. Hoy en día la tumba ostenta una lápida mucho más espléndida, dedicada a «Howard Carter, egiptólogo, descubridor de la tumba de Tutankamón en 1922. Nacido el 9 de mayo de 1874, muerto el 2 de marzo de 1939». Hay dos citas en textos jeroglíficos: «Oh, noche, extiende tus alas sobre mí como las estrellas imperecederas», una versión del himno a la diosa de la noche, Nut, que está inscrito en muchos ataúdes del Reino Nuevo, se encuentra al pie del marco. La lápida contiene una forma abreviada de la oración grabada en la «copa del deseo» de Tutankamón:

> Que tu espíritu viva, que puedas gastar millones de años, tú que amas Tebas, sentado de cara al viento del norte, con los ojos llenos de felicidad.

4

Inventario

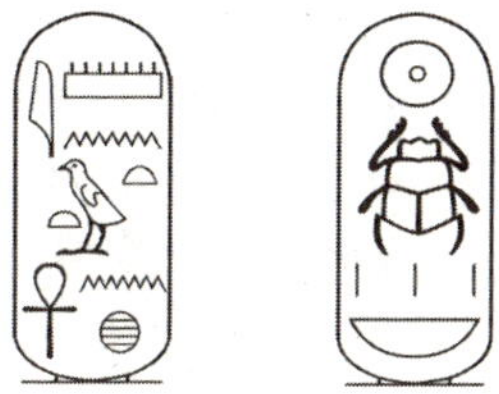

Primero vieron tres magníficos lechos, todos de oro, con exquisitas tallas y cabezas de Typhon [Seth], *Hathor y león... Dos estatuas de tamaño natural bituminosas del rey, con orfebrería de oro sujetando un bastón de oro y una maza, una frente a la otra, con los bellos rasgos, pies y manos delicadamente tallados, ojos de cristal y tocados tachonados de ricas gemas. También había cuatro carros, cuyos costados estaban cuajados de piedras semipreciosas y una rica decoración de oro. Éstos se encontraban desmontados, con un delantal de cochero de piel de leopardo colgando del asiento... También había algunas coronas muy notables, todavía con hojas verdes, y una de las cajas contenía rollos de papiro, que se espera que ofrezcan una gran cantidad de información.*

The Times[1]

La caja de papiros (la biblioteca de Tutankamón) causó una gran emoción. Como lingüista encargado de descifrar los textos de la tumba, Gardiner subrayó su importancia para los lectores de *The Times:*

> Mi predilección personal me lleva a interesarme especialmente por la caja de papiros que se ha encontrado. Es posible

> (incluso probable) que los papiros resulten no ser otra cosa que «Libros de los Muertos», tal y como se han llamado, porque semejantes obras se enterraban prácticamente con todos los reyes y notables, y consistían en una serie de conjuros que aseguraban el bienestar del rey en el otro mundo. Por otra parte, esos documentos podían arrojar algo de luz sobre el cambio de la religión de los herejes de nuevo a la religión tradicional, y eso sería extremadamente interesante.[2]

Desgraciadamente, la biblioteca resultó ser una simple caja de rollos de lino descoloridos. El *Daily Mail,* que no era gran amigo de Carter, los desdeñó como «servilletas dobladas, nada más»; desde entonces han sido identificados provisionalmente como taparrabos de Tutankamón. Para gran sorpresa de todo el mundo, la tumba no contenía escritos originales ni personales en absoluto, y aunque había extractos de los textos funerarios habituales grabados en algunos de los objetos de la tumba, sólo se recuperó un trozo de papiro muy deteriorado y que no aportaba ninguna información especial de la propia momia. Gardiner se mostró mucho menos optimista cuando compartió sus pensamientos con *The Times* a continuación:

> Lo que los estudiantes de historia y filosofía desean no es una versión corrupta y embrollada de antiguos conjuros funerarios como la que presentaría un papiro del «Libro de los Muertos» perteneciente a este período, sin duda alguna, sino una serie de cartas, diarios o archivos de algún tipo que pudieran arrojar algo de luz sobre la época convulsa en la cual vivió el rey Tutankamón, o sobre su conversión de la herejía de Atón de vuelta a la fe de sus antepasados.
>
> La esperanza de que surja un documento semejante es, debemos admitirlo, muy escasa. Probablemente al final esa pretensión de que la nueva tumba es el mayor descubrimiento hecho jamás en Egipto quede solamente como el hallazgo de una gran cantidad de objetos de una calidad artística sorprendentemente elevada. La cosecha histórica será de menor importancia.[3]

Era natural que Gardiner se sintiera un poco decepcionado. La tecnología y la cultura material, por muy bellas que sean, no excitan nunca a un lingüista, mientras que una biblioteca de pergaminos, o un simple árbol familiar, habría dado un impulso muy bienvenido a la comprensión de la compleja historia de la familia real al final de la 18.ª dinastía. Sin embargo, Gardiner se equivocaba en su suposición de que los mudos artículos de la tumba de Tutankamón se valorarían sobre todo por su calidad artística. A medida que la egiptología se ha ido desarrollando como ciencia, más que como disciplina basada en el lenguaje, los objetos que en su tiempo eran esencialmente callejones sin salida muy ornamentados están empezando a dar una cosecha inesperada. Ahora reconocemos que cada objeto, por muy superficial y trivial que sea, tiene una historia que contar. Este fenómeno queda particularmente bien ilustrado cuando nos referimos a los tejidos recuperados de la tumba.

La ropa en el Antiguo Egipto se hacía casi invariablemente de lino, un producto de la planta del mismo nombre que florecía en los fértiles campos del valle del Nilo. También había lana, pero apena se usaba; no había algodón durante la 18.ª dinastía. Tutankamón, por tanto, fue enterrado con grandes cantidades de lino, incluyendo ropas, rollos de tela, sábanas y vendas. Había elementos de lino pintado en sus carros, y mantos de lino en miniatura atados pulcramente en torno a los cuellos de las figurillas funerarias, algunas de las cuales llevaban etiquetas que indicaban que el lino al menos databa del reinado de Ajenatón. Es imposible estimar cuánta tela se incluyó originalmente en el entierro de Tutankamón. Las prácticas funerarias de los egipcios, especiales y algo derrochadoras, indicaban una necesidad insaciable de telas, y el lino (caro, portátil, difícil de identificar y fácil de vender) habría sido uno de los primeros objetivos de los ladrones que saquearon su tumba.

Los tejidos que sobrevivieron a los robos fueron introducidos de cualquier manera, arrugados y sin doblar, en cualquier viejo baúl o caja. Cuando se recuperaron de sus contenedores se encontraban en un estado de gran fragilidad, unos mucho mejor conservados que otros:

> Una de las decepciones de la tumba fue el mal estado de conservación de prácticamente todas las telas. Éstas, que en su mayoría originalmente eran blancas, cuando se encontraron variaban de color, desde un amarillo pardo claro hasta el marrón muy oscuro, casi negro, y generalmente se encontraban muy estropeadas. Cuanto más oscuro era el color, peor el estado; las mejor conservadas estaban frágiles y tenues, y las peores se habían convertido en un amasijo de polvo negro.[4]

Una desafortunada combinación de circunstancias, incluyendo el sellado de la tumba cuando el yeso y el mortero todavía estaban húmedos, la penetración de humedad a través de la pared interior, y quizá la descomposición de las frutas y líquidos incluidos entre los objetos de la tumba, habían causado una atmósfera ligeramente húmeda dentro de la tumba. Había rastros de hongos marrones en las paredes y algunos de los objetos, y se había depositado por todas partes «una peculiar película rosa». Lucas, el químico del grupo, sugería que esa «película rosa» podía haberla causado el deterioro de un componente ferroso de la piedra y el yeso, atraído hacia la superficie por la acción de la capilaridad, y luego convertido por la oxidación en óxido de hierro. Sin embargo, no tenía muy claro por qué variaba el color de los depósitos, apareciendo escarlata sobre la calcita y rosa sobre la caliza y el yeso. Una historia que Carter nos relata como nota al pie podría resultar relevante aquí (y servir de recordatorio de que la tumba siempre fue un imán para los ladrones emprendedores):

> Últimamente he presenciado una demostración muy interesante de algo con un efecto similar. Mi almacén, donde guardaba muchos materiales, fue incendiado por los ladrones para cubrir el robo que habían perpetrado. Prendieron fuego a unos sacos de arpillera y grandes rollos de papel marrón que estaban almacenados en aquel sitio (una antigua tumba egipcia excavada en la roca, una cámara cerrada por una pesada puerta moderna de madera). El fuego se detectó por el humo que salía por las hendiduras de la puerta antes de una hora desde su ignición; de hecho, a tiempo para evitar que hubiese grandes daños, aparte de chamuscar los sacos y el papel marrón, que

> habían ardido a fuego lento porque en la cámara el aire era insuficiente. Después de extinguir el fuego y quitar los sacos y el papel carbonizados, encontré, al inspeccionar el lugar, un depósito ligero de un color ámbar, pegajoso (¿resinoso?) creado por el humo encima de todas las paredes, techo y suelo de la cámara, así como encima de los materiales expuestos que se almacenaban allí: un efecto, excepto por el color y la naturaleza de la película, exactamente igual al que encontramos en la tumba de Tut-ankh-amen.[5]

Las telas no fueron, por supuesto, los únicos objetos que sufrieron en el microclima de la tumba. Estamos acostumbrados a ver los mejores objetos de la tumba de Tutankamón exhibidos en el Museo de El Cairo después de una extensa limpieza, conservación y, en algunos casos, reconstrucción, pero ése no fue necesariamente el estado en el que se encontraron. Dejando al margen la ubicua pero inofensiva «película rosa», gran parte de la madera se había alabeado, y gran parte de la cola se había disuelto, de modo que muchos de los objetos se desintegraban cuando se intentaba moverlos. Los objetos hechos de una combinación de materiales (un baúl, por ejemplo, podía estar hecho de tablas de madera chapadas de marfil, ébano y oro, o quizá con una capa de yeso pintado) representaban un desafío particular para los conservadores, ya que los componentes individuales se habían torcido y deteriorado en diferentes grados, y eso hacía que se separasen. En el extremo opuesto, algunos de los objetos de la tumba tuvieron que ser desmontados por los excavadores: las capillas, por ejemplo, no podían sacarlas intactas de la Cámara de Enterramiento, y los tres lechos con cabeza de animal tuvieron que desmontarlos para poder pasarlos por la puerta de la tumba. Sería difícil sobrestimar la importancia de los trabajos de conservación inmediata *in situ*, pero Carter creía que sin ellos, menos de una décima parte de los objetos habría sobrevivido y llegado a El Cairo. Tal y como se hizo, estimaba que se perdieron menos de un 0,25 por ciento de los objetos.

El cuidado para la conservación del delicado paño mortuorio tachonado de flores y descubierto en el sarcófago interior de la Cámara de Enterramiento es un ejemplo brillante del enfoque innovador de Carter hacia la conservación. El paño, marrón por la antigüedad y rasgado bajo su propio peso, colgaba de un marco de madera que se encontraba inmediatamente por encima y bloqueando el acceso a la segunda capilla. Después de mucho pensar, desarrollaron un plan. Primero, Carter y Mace avanzaron a cuatro patas por unas tablas colocadas a través del catafalco exterior, y quitaron los centenares de flores de bronce dorado. Algunas sencillamente las quitaron del lino y otras tuvieron que cortarlas con unas tijeras. Eso redujo enormemente el peso de la tela, y permitió enrollarla en torno a un carrete gigantesco de madera hecho a propósito. Tras algunos experimentos realizados por el doctor Alexander Scott, director de investigación científica en el British Museum, se reforzó la tela con una mezcla de duropreno (un compuesto de goma clorada disuelta en un disolvente orgánico) y xilol.[6] Desgraciadamente, durante el cierre de 1924 por parte del Servicio de Antigüedades, el paño quedó sin vigilancia en la tumba de conservación y se estropeó sin remedio.

El guardarropa de Tutankamón incluía varias túnicas con mangas y sin mangas, faldas, fajas, guantes, tocados, sandalias y lo que Carter describe algo tímidamente como «camisas y ropa interior».[7] Aunque las imágenes contemporáneas nos muestran a la élite del Reino Nuevo vestida con una ropa conservadora y blanca (sin teñir), la ropa de Tutankamón estaba lujosamente adornada, exhibiendo técnicas de tejido de tapicería, teñido, blanqueado, flecos, aplicaciones, bordados (con punto de cadeneta y ojales), uso de cuentas y aplicación de lentejuelas y cartuchos que desgraciadamente hicieron que las túnicas se desgarrasen. Algunas de las túnicas eran tan sofisticadas que inicialmente fueron identificadas (basándose en las expectativas culturales de principios del siglo XX) como ropa de mujer. Otras eran tan pequeñas que obviamente se habían hecho para un niño. Había algunas incoherencias muy curiosas: Tutankamón tenía casi 150 taparrabos, pero no más de diez túnicas, y sin embargo esa ropa se llevaba como un conjunto, cada túnica con su taparrabos.[8]

9. «Maniquí» de Tutankamón.

Una curiosa omisión era la corona o coronas de Tutankamón. De hecho, no se ha recuperado ninguna corona real en ningún contexto, y eso sugiere que las coronas quizá no se considerasen como propiedad personal de ningún rey. Por si quedaba alguna duda sobre su estatus, Tutankamón fue enterrado con tres cayados y dos mayales, los símbolos de su realeza terrenal. Fue enterrado también con una curiosa figura descubierta por Carter en la Antecámara. Este modelo del rey en madera, enyesado y pintado, de tamaño natural, va vestido con una túnica blanca sencilla que parece una camiseta moderna. Lleva una corona con un ureo, y sin embargo carece de brazos y piernas. En circunstancias normales se consideraría un elemento de extrema mala suerte incluir una figura incompleta o de algún modo mutilada del propietario en su tumba, ya que eso podría causar que el difunto renaciese con la misma mutilación. Por tanto, parece probable que esa figura tuviese un objetivo específico. Carter lo identificó como un maniquí, usado para probar las ropas y la joyería de Tutankamón, y el *New York Times* adelantó esta teoría: «como un moderno maniquí de mujer, que creo que las modistas llaman Arabella o maniquí de sastre, usado para probar y ajustar las ropas».[9] Había una emocionante conexión directa entre la antigua tumba y la ropa moderna inspirada en Tut que hacía furor en Occidente.

Las ropas fueron registradas, tratadas y luego transferidas a El Cairo donde, olvidadas por completo, siguieron deteriorándose de modo que hoy en día los brillantes colores que registró Carter se han apagado.[10] Nunca se publicaron, aunque hubo ocasionales menciones, tristemente breves, en los populares libros que escribió el propio Carter, en el *Illustrated London News* (agosto de 1929) y en *Embroidery* (diciembre de 1932). Igual que con los demás tipos de objetos, la intención era que se acabase publicando un volumen especializado. Ahora, después de décadas de olvido, el guardarropa de Tutankamón está siendo por fin reconstruido y estudiado por un equipo entusiasta de historiadores textiles dirigido por Gillian Vogelsang-Eastwood del Centro de Investigaciones Textiles de la Universidad de Leiden.[11] Sus resultados podrán proporcionar información no sólo de la industria textil egipcia, comercialmente importante, sino también de la ropa y moda de la 18.ª dinastía en general y del propio Tutankamón.

Las paredes de la tumba y las estatuas sugieren que la élite egipcia prefería una ropa con mucho estilo, pero poco práctica. Las mujeres iban con túnicas blancas pegadas a la piel, los hombres vestidos con falditas breves, y los niños de ambos sexos desnudos. Esto lo contradicen de forma directa las pruebas arqueológicas, recuperadas de la tumba de Tutankamón y de otros lugares, que demuestran que realmente llevaban ropajes estilo túnica, cómodos y sueltos, que se envolvían y ataban en torno al cuerpo. Aun considerando que esos trajes iban sueltos, la ropa reconstruida indica que las características vitales de Tutankamón eran poco habituales para un hombre de su altura. Su momia, medida durante la autopsia, dio una longitud de unos 167,5 cm; su pecho, medido en el maniquí de tamaño natural, era aproximadamente de 80 cm; su cintura, estimada midiendo los cinturones, fajas y el maniquí, medía aproximadamente 75 cm; sus caderas, medidas por los taparrabos, una anchura desproporcionada de 108-110 cm.[12] Es la misma forma, casi femenina (cintura estrecha y caderas anchas) que vemos, muy exagerada, en las obras de arte formales de Ajenatón. Eso sugiere que la forma de pera era un rasgo familiar, o posiblemente incluso el síntoma de alguna enfermedad hereditaria, y que Ajenatón pudo haber proporcionado, como han sospechado largamente los egiptólogos, su propia inspiración artística.

La tumba de Tutankamón no es el equivalente egipcio de un naufragio o de Pompeya, o de ningún otro desastre en el cual la muerte llegó en un instante, preservando las pruebas no preparadas de una vida vivida realmente. Es un rito congelado: una colección de artilugios seleccionados deliberadamente porque tenían sentido o bien para el rey, o bien para los que lo enterraron. Tomada en su conjunto, la colección es capaz de despertar la emoción en el pecho del egiptólogo más bregado:

> Si la tradición y la práctica sacerdotal gobernaban la antigua ceremonia de entierro egipcia, como sugieren los contenidos de la tumba de Tutankamón, sus rituales dejaban espacio para un aspecto personal, que se enfrentaba a la congoja de los dolientes, y estaba destinado a animar a los muertos en su viaje a través de los peligros del Más Allá. Ese sentimiento humano no queda oculto por el misterioso simbolismo de un credo complejo. Poco a poco se filtra en el observador, mientras éste prosigue sus investigaciones. La impresión de un dolor personal se nos transmite quizá de una forma más clara por lo que sabemos de la tumba de Tutankamón que por la mayoría de los demás descubrimientos. Nos suscita una emoción que estamos acostumbrados a considerar de origen relativamente moderno. La diminuta corona del majestuoso ataúd, la bella copa del deseo de alabastro, con su emotiva inscripción, el jun-

co atesorado, con sus sugestivos recuerdos (cortado por el joven rey en persona a orillas del lago), esos y otros objetos ayudan a transmitir el mensaje... el mensaje de los vivos llorando a los muertos.[13]

Para comprender la tumba de Tutankamón tenemos que comprender cómo llegó a ser enterrado en un almacén lleno de objetos. ¿Fue simplemente una manera conveniente de disponer de las posesiones no deseadas —o incluso que daban mala suerte— de un rey difunto? ¿Se seguía sin demasiado sentido una tradición establecida, y Tutankamón fue enterrado así porque siempre se había enterrado de esa manera a los reyes? ¿Quería realmente Tutankamón usar sus posesiones después de la muerte? ¿Los planes de aprovisionamiento de su tumba le reconciliaron con la inevitabilidad de su muerte? La respuesta probablemente es una combinación de todas ellas, y alguna más.

La religión oficial sorprendentemente ofrece poca ayuda en este caso. La teología que promovía a Tutankamón como representante viviente de los dioses de Egipto enseñaba que un rey muerto que realizase los rituales correctos podría revivir y convertirse en uno de esos dioses. Los textos funerarios (escrituras para la tumba, destinadas a ayudar al difunto a conseguir una vida del más allá adecuada) muestran que esa creencia venía al menos desde la lejana época de las pirámides en el Reino Antiguo, construidas más de mil años antes del nacimiento de Tutankamón. Continuaría ininterrumpidamente más o menos hasta el final de la era dinástica. Un rey muerto, tras pasar por una serie de pruebas, tenía más o menos garantizada la consecución de una vida nueva, lejos de la tumba. Podía titilar en el cielo nocturno como estrella no nacida, o descender al Más Allá y hacerse uno con Osiris, rey del mundo inferior, o ascender al cielo y navegar en la barca solar del dios del sol, Ra. En teoría, por tanto, un rey muerto tenía poca necesidad de grandes cantidades de objetos funerarios, ya que no permanecería el tiempo suficiente para disfrutarlos.

La élite de Egipto era menos afortunada. A lo largo del Reino Antiguo (c. 2686-2125 a. C.) también esperaban vivir después de la muerte, pero no esperaban abandonar la tumba.

Como la tumba sería su hogar hasta el fin de la eternidad, y los muertos tenían las mismas necesidades básicas que los vivos, necesitaban acumular la mayor cantidad posible de objetos. Se introducían cada vez más artículos: comida, bebida, ropa, juguetes, juegos, artículos de tocador, incluso aseos, hasta que se dieron cuenta de que la situación era desesperada. Ninguna tumba sería lo suficientemente grande, y ninguna familia lo bastante rica para proporcionar suficientes objetos funerarios. La élite empezó entonces a confiar en los recursos mágicos: podían ser ofrendas dejadas por los visitantes de la tumba, modelos a pequeña escala o escenas grabadas y pintadas en las paredes de la tumba. Si se llevaban a cabo los rituales adecuados, las tres podrían proporcionar un suministro eterno.

Esta situación sufrió un cambio profundo a finales del Reino Antiguo, cuando Osiris abrió su reino a todo aquel que pudiera pagarse los rituales adecuados. Como mínimo éstos incluían la momificación del cuerpo, la realización de un funeral adecuado y un conjunto apropiado de textos funerarios. La élite, que podía permitirse todas esas cosas, tenía unas expectativas razonables de que uno de sus tres espíritus, el *aj* (la inmortalidad del difunto), se embarcase en el peligroso viaje hasta la vida siguiente. Sus otros dos espíritus, el *ba* (alma o personalidad del difunto) y el *ka* (esencia espiritual o fuerza vital del difunto), permanecerían pegados al cadáver, sostenidos por las ofrendas dejadas por los vivos. Los pobres e iletrados, la inmensa mayoría de la población, no podían permitirse ninguno de los rituales necesarios. Como no podemos leer sus palabras, no sabemos qué creían que ocurriría después de la muerte, si es que creían algo.

Ya no había necesidad de que nadie invirtiese en enormes cantidades de artículos funerarios. Sin embargo, la élite nunca perdió del todo la costumbre de llevarse cosas para su viaje final, y los reyes sobre todo persistieron en esa tradición. Como la de Tutankamón es la única tumba real del Reino Nuevo que sobrevive casi intacta, no es posible establecer exactamente qué o cuánto se llevaron otros consigo. Resulta tentador suponer que un rey con mucho más «éxito» y una vida más larga habría tenido una tumba de mayor tamaño, atestada hasta el techo de objetos inmensamente valiosos, de modo que las tumbas de Amenhotep III (el rey más rico de todo el Reino Nuevo) o Ramsés II (el rey que más vivió del Reino Nuevo) habrían sido verdaderas cuevas del tesoro. Sin embargo, no es una suposición lógica. Es posible que Tutankamón tuviera un conjunto de objetos funerarios bastante estándar y que, si hubiéramos podido examinar las tumbas intactas de Amenhotep III o Ramsés II, hubiéramos encontrado más o menos el mismo conjunto: una mezcla bien calculada de objetos rituales y personales, nuevos y viejos, exhibidos más estéticamente en su espacioso entorno.

Sin embargo, está claro que la tumba de Tutankamón no era lo bastante grande para los objetos que contenía. Es una cuestión de tamaño, más que de cantidad. Las capillas funerarias y el sarcófago de cuarcita (¿diseñados para una tumba más espaciosa?) sencillamente eran demasiado grandes para pasar por los escalones de entrada y a través de la primera puerta, y los trabajadores se vieron obligados a eliminar los últimos seis escalones de la escalera de entrada y el dintel y las jambas de las puertas. Las zonas destruidas serían reconstruidas después con piedra, madera y yeso. Los hombres de Carter tuvieron que hacer una operación similar cuando extrajeron los paneles de los catafalcos de la tumba.

Estas pruebas (la pequeñez de la tumba y los artículos funerarios desordenados y de tamaños poco adecuados) han conducido a la suposición popular de que el entierro de Tutankamón fue un asunto «barato y apresurado», «rápido y descuidado... con un batiburrillo de todos los artículos funerarios nuevos, viejos y adaptables que tenían a mano».[14] Esto se ha citado a su vez como prueba de que Tutankamón no era amado a su muerte, o incluso de que fue asesinado por quienquiera que preparó su funeral. De nuevo, hay poca lógica en esta suposición, y no tenemos medios de saber lo atípico que fue realmente el entierro de Tutankamón.

Nuestro escaso conocimiento de los rituales funerarios tebanos deriva en gran parte de fuentes no reales. Éstas muestran que la momia en su ataúd viajaba hasta el cementerio en un trineo arrastrado por las arenas del desierto. Se realizaban una serie de ceremonias en la entrada de la tumba, la más importante de ellas la «Apertura de la Boca», una ceremonia destinada a animar los ojos, oídos, nariz y boca y, al hacerlo, convertir imágenes inanimadas en seres llenos de posibilidades de cobrar vida. Los dolientes comían la última comida con el difunto, después sellaban la tumba. La última persona que se iba barría el suelo tras él, para que sus huellas no alterasen la armonía de la tumba. Cuando llegaba la noche, el espíritu se preparaba para embarcarse en el largo viaje a la otra vida, un viaje que invariablemente implicaría alguna prueba. Finalmente, cuando hubiese superado todas las pruebas, el rey justo se uniría a los dioses.

La confirmación de ese ritual básico se puede encontrar en los muros pintados de la Cámara de Enterramiento de Tutankamón, donde los artistas representaron los ritos funerarios más importantes. En el muro este aparece el funeral de Tutankamón. El rey, en un ataúd antropomorfo que no se parece en nada a su ataúd real, es conducido al cementerio en un trineo de madera tirado por hombres vestidos de blanco. Incluidos entre ellos se encuentran los visires del Alto y Bajo Egipto con la cabeza afeitada. El muro norte tiene tres escenas destinadas a leerse de derecha a izquierda. La primera muestra a Ay, el sucesor de Tutankamón, al ponerse la piel de leopardo de sacerdote para realizar la ceremonia de Apertura de la Boca sobre la momia. Ay parece joven y en forma: un buen ejemplo de propaganda regia, ya que debía de tener más de sesenta años en el momento de la muerte de Tutankamón. La escena media muestra a Tutankamón, hombre más que momia vendada, al que la diosa Nut da la bienvenida a la otra vida. Finalmente, vemos a Tutankamón y su espíritu *ka* abrazando al dios Osiris. El muro sur es el muro de partición que alberga la entrada de la tumba, y fue parcialmente destruido cuando se abrió la Cámara de Enterramiento. Allí se nos muestra a Tutankamón saludado por las deidades funerarias Hathor, Anubis e Isis. Detrás de Isis una vez se sentaron tres dioses del más allá. El muro occidental presenta una escena del texto funerario conocido como *Libro de la Cámara oculta que está en el Más Allá* (más conocido popularmente hoy en día como el *Amduat*).

A medida que el barco solar navega a través de los terrores de la noche del más allá, doce babuinos, los dioses de las doce horas de la noche, proporcionan su apoyo.

Los tres ataúdes y la máscara funeraria representan a Tutankamón como unidad formada con el rey de los muertos, Osiris. El mito de Osiris tenía especial relevancia para los reyes de Egipto, porque Osiris también había gobernado Egipto antes de ser asesinado y desmembrado por su celoso hermano Seth. Su hermana y esposa Isis pudo usar su potente magia para restaurarle una semblanza de vida, pero el Osiris resucitado no pudo vivir ya en Egipto. Mientras él viajaba hacia occidente para gobernar en la tierra de los muertos, su hijo Horus heredaba su trono y gobernaba la tierra de los vivos.

Osiris aparece invariablemente como un ser pulcramente vendado cuyos brazos cruzados ostentan el cayado y el mayal que simbolizan la realeza, y cuya cabeza sin envolver está adornada con una barba rizada y una corona compuesta muy sofisticada. En su cuerpo vendado podemos encontrar una perfecta explicación de las momias vendadas de manera similar que ocupaban las tumbas de la élite en Egipto. A los ojos modernos, Osiris es un recordatorio inflexible e incómodo de la inevitabilidad de la muerte. Pero para los antiguos era un dios de afirmación de la vida mediante el rejuvenecimiento, la agricultura y la inundación, cuyo pene ocasionalmente erecto sirve como recordatorio de su papel original como dios de la fertilidad. Se colocaban lechos de Osiris (abrevaderos con forma de Osiris, sembrados y regados) en las tumbas del Reino Nuevo para que pudieran germinar y servir como símbolo vivo de la resurrección. Uno de estos lechos se descubrió en el Tesoro de Tutankamón, lleno de tierra del Nilo y semillas.

> El amor y el respeto no se mostraban solamente al soberano durante su vida, sino que continuaban en su memoria después de la muerte, y la manera en la que se celebraban sus exequias tendía a mostrar que, aunque su benefactor ya no estaba, ellos mantenían la agradecida conciencia de su bondad y la admira-

> ción por sus virtudes. ¿Y qué puede transmitir un mayor testimonio de sinceridad, dice el historiador [Diodoro], libre de todo color del disimulo, cuando la persona a la que se le confieren ya no vive para presenciar el honor hecho a su memoria?[15]

Siempre es difícil encuadrar los objetos egipcios antiguos en sistemas de clasificación modernos (rituales, prácticos, decorativos, sentimentales, etc.) ya que resulta obvio que, en una tierra en que la mayoría de los objetos mundanos podrían ser susceptibles de múltiples interpretaciones, e incluso el color puede tener significado ritual, muchos objetos, sencillamente, son inclasificables. Los útiles para escribir, por ejemplo, tenían un uso práctico y obvio, y sin embargo era posible que el difunto se convirtiera en escriba del dios del sol. ¿Cómo clasificar entonces las quince paletas de escritura de Tutankamón y su parafernalia asociada: son objetos prácticos, son rituales? Los reposacabezas eran artefactos sumamente prácticos, diseñados para permitir una noche de buen sueño (por muy improbable que nos pueda parecer a nosotros, acostumbrados a almohadas blandas). Sin embargo, la noche era un momento de extremo peligro, un tiempo en que los espíritus malignos podían invadir el sueño de los justos, y la decoración del reposacabezas de marfil de Tutankamón (el dios Shu y los dos leones de los horizontes oriental y occidental) ofrecían una protección al rey en su momento más vulnerable. Los cuatro tableros de juego de Tutankamón podían habérsele proporcionado sencillamente como distracción, para que se entretuviera mientras estaba fuera largas horas. Pero los tableros de juego eran medios para comunicarse con otros mundos, y los juegos de Tutankamón podían proporcionarle cierta tranquilidad en el sentido de que, ciertamente, podía conseguir su vida eterna.

Teniendo en mente todas estas consideraciones, se pueden dividir los objetos funerarios de Tutankamón en dos categorías amplias. Algunos eran objetos prácticos que el rey muerto podía usar en la otra vida. Otros eran objetos sagrados o mágicos que se destinaban a ayudar a que los ritos funerarios resultasen efectivos. Capillas, amuletos y ladrillos mágicos cuadraban perfectamente en esta última categoría: quizá tuviesen algún atractivo decorativo, pero no tenían utilidad práctica alguna. Ataúdes y vasos canópicos tenían una aplicación práctica mucho más obvia, como cajas en las que almacenar partes del cuerpo, pero también se podían clasificar como objetos rituales, ya que su función principal era asistir a los difuntos. Aunque se podían encontrar unos pocos objetos rituales en la Antecámara, la mayoría fueron descubiertos en la Cámara del Tesoro y la de Enterramiento, donde, yaciendo muy cerca de la momia, podían realizar mejor su sagrada función. Su distribución estuvo clara de inmediato para Carter, que clasificó los contenidos del Tesoro como

> ... objetos muchos, de interés místico y absorbente, pero la mayoría de naturaleza puramente funeraria, y de intenso carácter religioso... Resulta obvio que esta colección de objetos colocados dentro de esa habitación formaban parte de una gran idea abstrusa, y que cada uno de ellos tiene una fuerza mística de algún tipo.[16]

Que esas dos habitaciones sufrieran menos la atención de los ladrones quizá no fuera coincidencia: los objetos rituales serían menos vendibles que los objetos prácticos y del día a día que llenaban la Antecámara y el Anexo, y existían claras pruebas de que los saqueadores seleccionaron su botín con cuidado, rechazando los objetos grandes y poco manejables, y cualquier cosa hecha de pan de oro en lugar de oro macizo.

Incluidos entre los objetos rituales se encontraba un gran número de imágenes del rey. Éstas iban desde las estatuas de los guardianes, del doble del tamaño natural, a estatuillas doradas que se encontraban dentro de cajas de madera. Estas pequeñas figuras muestran al rey avanzando (tres estatuas), lanzando arpones (dos estatuas) y balanceándose precariamente en el lomo de un leopardo (dos estatuas), y pueden considerarse al mismo nivel de las veintiocho estatuas de veinticinco dioses distintos recuperadas del Tesoro. También incluidas en esta categoría están las figuras de los *shabti* o sirvientes. Esas figuras se incluían en la tumba con el fin de que pudieran trabajar para su propietario en la otra vida cuando, animados por un hechizo mágico, realizasen cualquier tarea cotidiana que les pudiese encargar Osiris. Tutankamón tenía 413 *shabtis:* un trabajador para cada día del año, más treinta y seis capataces (uno para cada diez días de trabajo) y doce supervisores (uno para cada mes). Esos sirvientes iban también con un juego completo de herramientas en miniatura (cestas, picos, azadas y yugos) que les ayudarían a trabajar los campos con toda eficiencia. Llevarse *shabtis* a la tumba no era nada inusual: la élite los incluía a menudo en su ajuar funerario. Tutankamón, sin embargo, no esperaba tener que realizar ningún trabajo manual en su otra vida. Esperaba convertirse en una estrella eterna o un dios. Sin embargo, no podía estar seguro de eso, y quizá más importante aún, no tenía deseo alguno de tentar al destino desafiando una tradición funeraria establecida hacía mucho tiempo.[17] Esa reluctancia a abandonar el *shabti* (que había llegado a representar claramente algo más que su propósito original) se ve incluso en Amarna, donde tanto Ajenatón como Nefertiti, que casi con toda seguridad no esperaban entrar en una vida del más allá convencional de tipo osiriano, tenían figurillas de sirvientes.

Las inscripciones demuestran que algunos de los *shabtis* de Tutankamón estaban dedicados a los cortesanos Maya y Najtmin, que presumiblemente deseaban verse asociados para toda la eternidad con su rey casi divino. Esto no es inusual: la tumba de Yuya y Tuya incluía un intrincado trono o sillón dedicado por la más prominente de sus nietas, la princesa Sitamen. Sin embargo, no tenemos ni idea de cómo funcionaba el sistema.

Dada nuestra propia asociación de las flores con los funerales, resulta tentador imaginar que las coronas funerarias las entregaban los asistentes, aunque probablemente es una suposición que va demasiado lejos. Los egipcios, como nosotros, asociaban las flores con los funerales, y a varias de las momias reales vueltas a vendar por los restauradores les colocaron guirnaldas. Tutankamón tenía flores incorporadas a sus ataúdes: una corona adornaba el ureo del segundo ataúd, en el pecho del segundo ataúd yacía una corona pectoral, y en el tercer ataúd reposaba un collar floral. Ninguno de los tres objetos estaba bien conservado (como las vendas, se habían vuelto duros y quebradizos), pero Percy Newberry pudo determinar que eran flores que florecían de mediados de marzo a finales de abril.[18] Suponiendo que Tutankamón pasara los habituales setenta días en la casa de embalsamamiento, eso sugiere que murió en enero o febrero.

No todos los artículos funerarios de Tutankamón eran nuevos. Estaba claro que algunos ya los habían usado (presumiblemente, él mismo) y unos cuantos contenían la antigua forma de su nombre, Tutankatón, en lugar de Tutankamón, indicando que se habían hecho en los primeros años de su reinado. Junto con la ropa de la niñez había pendientes que, durante la 18.ª dinastía, llevaban niños y mujeres, pero no los hombres adultos. Las perforaciones bastante grandes en las vacías orejas de Tutankamón quizá fueran el legado de una niñez en la que llevaba grandes pendientes.[19] Quizá el objeto más personal de todos fuese la caja vacía cuya etiqueta Carter traduce como «El rizo lateral del rey (?) de niño». El rizo lateral era la larga trenza de cabello que llevaban los niños a un lado de la cabeza, que por lo demás estaba calva.[20] Resulta tentador especular que esos artículos se incluyeron en la tumba por motivos sentimentales: muchas personas encuentran inmensamente consolador tener a su alrededor sus objetos personales en momentos de tensión. O bien puede ser, sencillamente, que los objetos descartados por un rey (incluyendo su pelo) se conservasen de manera rutinaria para incluirlos en su tumba.

El apego sentimental también podría explicar la presencia de lo que Carter llamó «reliquias de familia»: objetos que tenían inscritos los nombres de miembros de la familia real fallecidos, incluyendo a Tutmosis III, Amenhotep III, Tiya, Ajenatón, Nefertiti, Meritatón y «Neferneferuatón». Que Tutankamón «tomó prestadas» cosas de otros queda claro por algunas piezas de joyería cuyos cartuchos se alteraron para colocar el nombre de Tutankamón. Otras piezas —como el ornamento pectoral que mostraba un escarabajo (jeper) empujando el disco del sol (Ra) que forma un jeroglífico en el que se lee «Neb-jeperu-ra» (Tutankamón)— estaban hechas claramente para él.

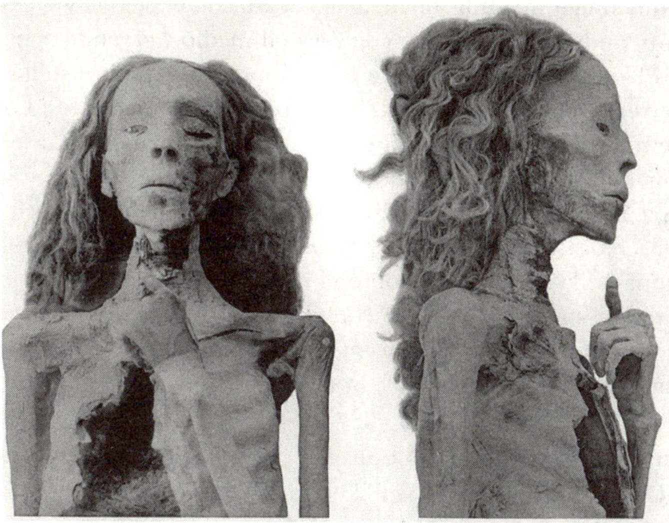

10. La «Dama Mayor» descubierta en el depósito de momias reales de Amenhotep II, y que muchos creen que es de Tiya, consorte de Amenhotep III y madre de Ajenatón.

Lo más intrigante de las «reliquias familiares» se descubrió en el Tesoro. A primera vista no era nada espectacular: un pequeño ataúd antropomorfo de madera que había sido embadurnado de resina, atado con tiras de lino y sellado con el sello de la necrópolis. En el interior, sin embargo, se encontraba un segundo ataúd, y dentro de este sarcófago un tercero, envuelto en una pieza de lino, una estatuilla de oro sólido de un rey agachado llevando la corona azul. Esta figura, que estaba diseñada para llevarla como colgante, fue identificada por motivos estilísticos como de Amenhotep III o del propio Tutankamón. Dentro del tercer sarcófago estaba una cuarta miniatura de sarcófago, ungido y sellado, que llevaba el nombre y títulos de Tiya, consorte de Amenhotep III, y dentro de este ataúd se encontraba una trenza de cabello, cuidadosamente doblada en un paño de lino. El análisis científico demuestra que ese cabello es el mismo que el todavía abundante pelo de la cabeza de la «Dama Mayor» (KV 35 EL), una de las tres momias desenvueltas descubiertas en una cámara lateral de la tumba de Amenhotep II:

> ... una mujer menuda, de mediana edad, con el pelo largo, castaño, ondulado y lustroso, con raya en medio y cayendo a ambos lados de la cabeza sobre los hombros. Sus puntas se han convertido en numerosos rizos, aparentemente naturales. Los dientes están desgastados, pero aparte de eso, sanos. El esternón está completamente anquilosado. No tiene ni una sola cana. Los rasgos son pequeños y puntiagudos. El brazo derecho está colocado verticalmente, extendido a un costado, con la palma de la mano plana sobre el muslo derecho. La mano izquierda está apretada, pero con el pulgar totalmente extendido; está colocada frente al *manubrium sterni*, y el antebrazo agudamente flexionado en el *brachium*.[21]

Durante un tiempo se aceptó sin cuestionamiento alguno que la Dama Mayor podía ser Tiya, aunque, aparentemente con no más de cuarenta años de edad, quizá era menos anciana de lo que se podía haber esperado. Sin embargo, empezaron a surgir dudas sobre la precisión del análisis técnico y esto, junto con la conciencia algo tardía de que un nombre en una caja por sí mismo no prueba la propiedad ni el origen de nada de lo que haya dentro de esa caja, significó que la identidad de la Dama Mayor no se podía dar por sentada como se supuso anteriormente.[22] En 2010, unos científicos que trabajaban para el Servicio de Antigüedades Egipcio, bajo la dirección del doctor Zahi Hawass, usaron el análisis genético e identificaron a KV 35 EL como la abuela de Tutankamón e hija de Yuya y Tuya, una identificación que ha sido generalmente aceptada.[23]

Ningún apego sentimental podría explicar por qué un significativo número de los artículos funerarios más íntimos de Tutankamón (su ataúd medio, las vendas de la momia, el catafalco canópico y los ataúdes canópicos en miniatura) fueron realizados en principio para otra persona. Su reutilización resulta obvia por su estilo (los rasgos faciales no se parecen ni a la máscara mortuoria de Tutankamón ni a sus ataúdes exteriores o interiores, sino que se parecen al ataúd encontrado en KV 55) y por sus inscripciones, que muestran señales de alteración. El estilo hace igualmente obvio que esos objetos pertenecen al período Amarna tardío. No son los objetos funerarios perdidos desde tiempo inmemorial de los reyes de las pirámides, sino artículos funerarios preparados para una persona o personas conocidas de Tutankamón, un miembro de su familia. La mayoría de los expertos aceptan que originalmente se hicieron para «Neferneferuatón», un individuo o individuos enigmáticos de sexo desconocido que se han identificado en ocasiones con Nefertiti, con su hija mayor Meritamón y con el predecesor inmediato de Tutankamón, Semenejkara.

Eran objetos esenciales. Un rey podía ser enterrado sin comida, sin ropa o sin recuerdos de la niñez, pero necesitaría su sarcófago y sus vasos canópicos para ayudarle a conseguir un renacimiento pleno. ¿Por qué entonces Neferneferuatón no necesitó ese equipo? Quizá sencillamente fuesen artículos de repuesto, que Neferneferuatón no usó, y por tanto se recuperaron del taller real. Pero parece mucho más probable que Tutankamón, o aquellos que le enterraron, los cogieran «prestados» directamente de la propia tumba de Neferneferuatón, o más indirectamente, de la KV 55, que, como ya hemos visto, contenía una serie de artículos espigados en diversos enterramientos de Amarna. La KV 55 confirma que Tutankamón no ponía reparos a reabrir tumbas, trasladar momias y reciclar artefactos funerarios. En realidad, las pruebas proporcionadas por los dos depósitos reales, aunque algo posteriores en fecha, sugieren que reutilizar los objetos funerarios de los antepasados era el procedimiento habitual, aunque no se hiciese demasiada propaganda de él. Ciertamente, eso explicaría por qué el robo de tumbas estaba entre los delitos más graves que se podían cometer en Egipto, castigado mediante una desagradable muerte por empalamiento. Los ladrones de tumbas no sólo negaban al muerto su posibilidad de una vida eterna, sino que robaban valiosos objetos pertenecientes al Estado.

Podemos suponer cómo adquirió Tutankamón los bienes de Neferneferuatón. Otro asunto es por qué los necesitó. Era de esperar que todos los sarcófagos y artefactos canópicos fuesen realizados en época temprana de su reinado y almacenados en un lugar seguro (el taller real quizá, o su templo conmemorativo) hasta que se requiriesen. Tutankamón, sin embargo, no era un rey típico. ¿Tuvieron que esperar sus artesanos a que su rey alcanzase la madurez, sin saber no sólo sus medidas finales, sino también cuáles serían sus creencias religiosas? ¿Explicaría ese retraso la falta de objetos esenciales? ¿O simplemente era que no podía permitirse todo un juego completo de objetos funerarios? ¿O bien fue responsable Ay? Quizá Tutankamón planeó bien su propio entierro, pero nada podía hacer para asegurarse de que sus planes se llevasen a cabo. En ausencia de un hijo que pudiera presumir de querer de corazón lo mejor para su padre, dependía de la buena voluntad de Ay. Contrariamente a gran parte de la ficción publicada, no existe prueba alguna que sugiera que Ay fuese enemigo de Tutankamón en ningún sentido. Sin embargo, Ay era un hombre anciano, que podemos suponer que temiese, razonablemente, morir antes de que estuviesen completos todos sus preparativos funerales regios. Usurpar el ajuar funerario de Tutankamón y sustituir artículos tomados del depósito de la KV 55, que estaba a mano, quizá le pareciese una idea prudente.

El sarcófago de Tutankamón estaba lejos de encontrarse en perfecto estado cuando él fue enterrado. Ni siquiera estaba de una sola pieza; el cuerpo se había tallado de un solo bloque de cuarcita amarilla, mientras que la tapa inclinada se había hecho de granito rojo pintado de amarillo, en un burdo intento de que combinase con la base. La tapa estaba decorada con un disco solar alado en el lado de la cabeza, y tres líneas verticales de texto funerario jeroglífico. La base, que también contenía textos jeroglíficos, estaba protegida por cuatro diosas funerarias talladas en bajorrelieve, una en cada esquina. Isis (noroeste), Neftis (sudoeste), Serket (sudeste) y Neit (nordeste) permanecían de pie con las alas extendidas de modo que rodeaban completamente el sarcófago, abrazando y protegiendo a Tutankamón. Su papel, como cuatro guardianas de los muertos, era antiguo y ya estaba bien establecido en el Reino Antiguo. Sin embargo, está claro que la base ha sufrido una alteración excesiva, y que las cuatro diosas originalmente contaban con brazos humanos, en lugar de alas con plumas. Esto sugiere que fueron concebidas como mortales, quizá reinas, y que se volvieron divinas tras el cambio de creencias religiosas oficiales en la primera parte del reinado de Tutankamón. Se puede extraer un paralelismo con el sarcófago de Ajenatón, muy dañado, del cual se recuperaron algunos fragmentos en la tumba real de Amarna. La religión sin mitos de Ajenatón negaba la existencia de las deidades tradicionales, y su sarcófago estaba protegido por cuatro imágenes de su consorte, Nefertiti, de pie en las esquinas. El estatus de Nefertiti en ese contexto es discutible. ¿Sería la protectora del ataúd de su marido, en su papel de esposa consciente de sus deberes, o más bien una diosa viviente? En cualquier caso, este paralelo sugiere que el sarcófago de Tutankamón, si en realidad estaba destinado a él, podría haber ostentado cuatro imágenes protectoras de su consorte, Anjesenamón.[24]

Textos e ilustraciones de Tebas y Amarna confirman que Anjesenamón, antes conocida como Anjesenpatón, era la tercera de las seis hijas supervivientes de Ajenatón y su consorte Nefertiti. En Amarna aparecía regularmente de niña en grupos familiares «informales» con sus padres y hermanas. Aquí, como todas las princesas, muestra una cabeza curiosa, alargada, en forma de huevo; el huevo es un potente símbolo de creación que sirve para conectar a la familia semidivina de Ajenatón con su dios. Como nació antes del final del año 7 de Ajenatón, y probablemente un año o dos antes incluso, Anjesenamón debía de ser aproximadamente seis años mayor que Tutankamón. Suponiendo que se casaran cuando él se convirtió en rey, es probable que él tuviese ocho años y ella catorce.

Después de la ascensión de Tutankamón al trono, Anjesenamón, con la cabeza devuelta a sus proporciones normales, se convirtió en una reina poderosa y conspicua en la tradición de su madre Nefertiti y su abuela Tiya. Aparece en un cierto número de monumentos de Tutankamón, mientras una estatua de la diosa Mut, recuperada del templo de Luxor, tiene lo que los expertos en arte han identificado como «cara de Anjesenamón» (imagen n.º 10). Dentro de la tumba de Tutankamón, Anjesenamón aparece en varios de los objetos funerarios de su marido. En el panel frontal de la parte posterior del «Trono Dorado», por ejemplo, uno de los cuatro tronos de Tutankamón, vemos lo que Carter describe como

> ... una de las salas de palacio, una habitación decorada con pilares con guirnaldas de flores, cenefas de ureos (cobras reales) y frisos de paneles convencionales «empotrados». A través de un agujero del techo, el sol envía sus rayos protectores y dadores de vida. El rey mismo está sentado en una postura poco convencional, sobre un trono acolchado, con el brazo pasado descuidadamente por el respaldo. Ante él se encuentra de pie la figura infantilizada de la reina, aparentemente dando los últimos retoques al arreglo personal del rey: en una mano tiene una jarrita pequeña de perfume o de ungüento, y con la otra suavemente le frota el hombro o le añade un toque de perfume al cuello. Una composición sencilla y hogareña, pero ¡qué bien se relaciona con la vida y los sentimientos, y qué sensación de movimiento da![25]

Ese trono fue recuperado, envuelto en lino, de detrás del lecho de hipopótamo, en la Antecámara. Sin embargo, quizá no fuera ésa su ubicación original. Carter creía que lo colocaron allí los restauradores de la 18.ª dinastía.[26] Midiendo más de un metro de alto, es una silla de madera con un panel posterior sólido, ligeramente inclinado, brazos, paneles laterales calados y cuatro patas talladas que parecen las patas delanteras de un león. Dos cabezas de león talladas sobresalen orgullosamente de la parte superior de las dos patas delanteras. Originalmente esas patas habían estado conectadas con una talla que representaba la «unificación de las dos tierras», pero las rompieron los antiguos ladrones de tumbas. La silla estaba cubierta de láminas de oro y plata y tenía incrustaciones de gemas de colores, cristal y fayenza.

Como la mayoría de los antiguos egipcios se sentaban en el suelo o en taburetes bajos, las sillas eran un artículo de lujo, indicativo no sólo de riqueza, sino también de poder. Por tanto, era un objeto muy adecuado para mostrar la propaganda oficial. Esta pieza claramente tiene sus raíces artísticas en la teología de Amarna, aunque se ha hecho un intento serio de adaptarla a la nueva ortodoxia. Los dos paneles laterales muestran ureos alados llevando la doble corona del Alto y el Bajo Egipto; en esos paneles, el nombre de Tutankamón aparece como «Tutankatón». El panel central trasero muestra la escena descrita por Carter. Anjesenamón está de pie aplicando ungüento a su marido, que está sentado en una silla muy historiada. Por encima de la pareja real brilla el disco del sol, y sus largos rayos acaban en unas manos pequeñas, de tipo humano. Más que una «composición sencilla y hogareña», Anjesenamón está representando aquí el papel de Weret-Hekau, «grande de la magia», una diosa fuertemente ligada a la coronación y las coronas del rey.[27] Está claro que esta escena se ha alterado; los tocados reales, por ejemplo, interrumpen los rayos del sol, y probablemente son añadidos posteriores. Los nombres de la pareja real se dan en su forma posterior, basada en Amón, pero parece que se han alterado cambiando la antigua forma basada en Atón. Parece que esta pieza se hizo poco después de subir al trono el rey (¿o se hizo para un rey distinto?) y luego se adaptó más o menos para que conviniera a las necesidades de Tutankamón.

11. «Trono dorado» de Tutankamón.

La «pequeña capilla dorada» descubierta también en la Antecámara, junto al lecho de hipopótamo, estaba decorada con escenas domésticas más agradables aún:

> ... representando, de una forma deliciosamente ingenua, un cierto número de episodios de la vida diaria del rey y la reina. En todas esas escenas la nota dominante es la relación amistosa entre marido y mujer, la amistad nada cohibida que marca la escuela de Tell el Amarna.[28]

Carter se olvida de nuevo de la norma fundamental de que el arte real no se encargaba nunca por su valor decorativo. El arte, como la escritura, eran medios de reforzar la verdad o, si era necesario, medios de corregir la historia y crear la verdad. Ninguna pieza de arte oficial egipcio puede tomarse nunca al pie de la letra, por muy informal que nos pueda parecer, y sólo en los grafitos garabateados y en las ocasionales figuras que aparecen en tumbas privadas podemos captar un atisbo de la vida que realmente se vivía. Mirando de nuevo el catafalco, vemos que representa a *Per-Wer*, morada de la diosa buitre Nejbet. Esencialmente se trata de una caja dorada con doble puerta (que mide 50,5 × 26,5 × 32 cm) con la tapa inclinada, montada sobre un trineo. En el interior de esa caja, Carter descubrió el pedestal de ébano para una nueva estatua desaparecida, partes de un corselete y un collar de cuentas que llevaba un amuleto de Weret-Hekau, y que aparece como serpiente con cabeza humana que amamanta al Tutankamón en miniatura y le prepara para su coronación. Weret-Hekau era sólo una de las diversas diosas, incluidas Hathor, Isis y Neit, que podían asumir el papel de madre del rey y, al hacerlo, transmitirle el derecho a gobernar a través de su leche. Ella personificaba la magia de las coronas reales y, como podía servir también como los ureos, podía considerarse un aspecto de la diosa cobra Wadjet.

La caja se había enyesado y luego cubierto de una gruesa lámina de oro. Dieciocho escenas grabadas en la lámina de oro muestran a Anjesenamón asumiendo un papel sacerdotal ante su marido sentado. Ella vierte líquido en su vaso ceremonial y, al hacerlo, asume el papel de Weret-Hekau. En otras escenas

12. Tutankamón y Anjesenamón representados en la «pequeña capilla dorada».

adopta las posturas tradicionales de la diosa Maat, personificación divina de la verdad *(maat)* y compañera constante del rey, cuando se agacha a los pies de Tutankamón para recibir el agua que él vierte en sus manos o le pasa una flecha para que dispare a los pantanos. Las escenas aparentemente sencillas e íntimas probablemente podrían leerse como una confirmación del papel de la reina a la hora de apoyar a su marido en sus deberes reales. Más específicamente, parece que ella le está preparando para su coronación y su participación en las ceremonias del Nuevo Año. Anjesenamón le sirve como representante terrenal de Maat, o de la diosa Hathor/Sejmet, mientras que Tutankamón es presentado como el hijo de Ptah y Sejmet, el hijo de Amón y Mut, y con la imagen de Ra.[29] Aquí, en la «pequeña capilla dorada», tenemos la confirmación, si es que la necesitábamos, del papel fundamental e importante representado por Anjesenamón a lo largo de todo el reinado de Tutankamón y quizá incluso más allá.

5

Autopsia

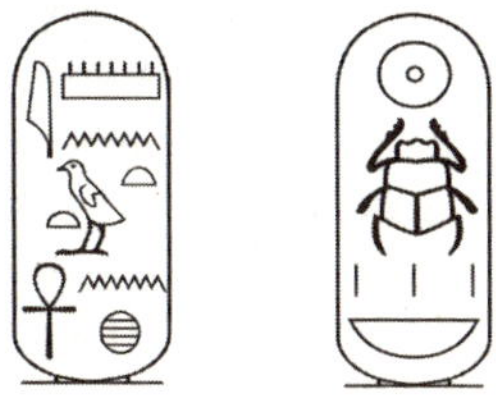

Para la mayoría de los investigadores, y sobre todo los absortos en la investigación arqueológica, hay momentos en que su trabajo se vuelve de interés trascendental, y tuvimos la buena suerte de pasar por uno de esos períodos raros y maravillosos. La época que siguió inmediatamente siempre la recordaremos con la satisfacción más profunda. Después de años de fatigas (excavar, conservar y registrar) íbamos a ver, con los ojos de la realidad, lo que sólo teníamos hasta el momento en nuestra imaginación.

Howard Carter[1]

De los muchos miles de objetos hallados en la tumba de Tutankamón, la momia del rey se podría considerar el objeto más importante. Sin embargo, quizá porque caía en una incómoda tierra de nadie entre objeto y restos humanos, curiosamente recibió poca atención por parte del equipo de excavaciones. Carter, que normalmente era tan meticuloso a la hora de preservar los detalles más triviales, parece que se sintió feliz de dejar que realizasen la autopsia otros más cualificados. El anatomista Douglas Derry, el primero en examinar el cuerpo de Tutankamón, publicó un breve resumen de su trabajo como

13. El muro norte de la Cámara de Enterramiento muestra al momificado Tutankamón sufriendo la «ceremonia de Apertura de la Boca», que llevaba a cabo Ay (derecha); Tutankamón, con forma humana, recibido por la diosa Nut (en medio) y Tutankamón y su espíritu *ka* abrazados por el rey de los muertos, Osiris (izquierda).

apéndice al segundo libro popular de Carter sobre Tutankamón (1927), pero a petición de Carter se escribió «para que fuese comprensible para los legos y el hombre de la calle».[2] Su informe mucho más largo y científico siguió sin publicar y se olvidó hasta que, en 1972, el cirujano dental F. Filce Leek reconstruyó los resultados de la autopsia original y publicó *The Human Remains from the Tomb of Tut'ankhamun.*

La momificación artificial era una respuesta práctica al deseo de conservar el cadáver para siempre. Ese deseo de conservación era en sí mismo una respuesta a la creencia egipcia única de que sólo aquellos con un cuerpo similar a la vida podían esperar vivir más allá de la muerte, ya que ese cuerpo proporcionaría un puente entre el espíritu del difunto y las ofrendas proporcionadas por los vivos. Hoy en día, aunque el egipcio no es el único pueblo que ha intentado la preservación artificial del cadáver, la momificación se ha convertido en el ritual egipcio antiguo por definición, y la momia vendada, el artefacto egipcio por definición.

La momificación era tanto una ciencia práctica como un rito religioso. Para crear una momia adecuada (un Osiris vendado e inerte que llevase todo el potencial para la vida) debían estar presentes ambos elementos. Ninguna momia, por muy bien preparadas que estuviesen sus vendas, podía esperar una restauración de la vida si no había sufrido los rituales correctos en el taller del enterrador. Aunque los aspectos rituales del proceso se han perdido casi por completo, tenemos unos conocimientos bastante completos de los aspectos prácticos, sangrientos y violentos, de la momificación, derivados de la experimentación moderna (que, naturalmente, tiene sus limitaciones), la investigación científica y de poder desenvolver de vez en cuando alguna momia antigua, y de las obras de los autores clásicos a los que encantaba registrar todo lo que podían de una práctica que contemplaban como algo realmente singular. La descripción realista de Heródoto ha demostrado ser muy útil en ese sentido, y aunque es improbable que realizase visita alguna al taller de un enterrador cuando visitó Egipto en el siglo V a. C., su relato concuerda en muchos aspectos con las observaciones modernas:

> El proceso más perfeccionado es como sigue: se extrae la cantidad máxima posible de cerebro a través de los agujeros de la nariz mediante un gancho de hierro, y lo que no alcanza el gancho, se aclara y se elimina mediante drogas; a continuación, se abre el costado con un cuchillo de pedernal y se extrae todo el contenido del abdomen; la cavidad entonces se limpia por completo y se lava primero con vino de palma y luego con una infusión de especias machacadas. Después se rellena con mirra pura pulverizada, casia y otras sustancias aromáticas con la excepción del incienso, y se cose de nuevo, después de lo cual el cuerpo se coloca en natrón y se cubre enteramente con él durante setenta días, nunca más. Cuando este período, que no se debe exceder, se acaba, se lava el cuerpo y se envuelve de pies a cabeza en tiras de lino cortadas y embadurnadas por la parte inferior con resina, que los egipcios usan comúnmente en lugar de cola. En ese estado se devuelve el cuerpo a la familia, que tiene ya un sarcófago de madera con figura humana, y se coloca allí.[3]

Carter leyó a Heródoto, e incluso citó sus escritos sobre momificación en su diario. Por tanto comprendía bien, al menos de forma básica, los procesos que habría tenido que sufrir el cuerpo de Tutankamón, y antes de que se revelase la momia, podía reconstruir con bastante precisión los acontecimientos que sucedieron inmediatamente después de la muerte del rey.

Egipto es un país cálido, infestado de moscas. Suponiendo que muriera en Egipto, habrían llevado a Tutankamón al taller del enterrador (más realista: a la tienda del enterrador) lo más rápidamente posible, antes de que apareciese la putrefacción. Tradicionalmente los enterradores trabajaban al borde del desierto, a medio camino entre la tierra de los vivos y la tierra de los muertos. De ese modo sus talleres, a los que a menudo se accedía por barco, servían como primer estadio ritual en el viaje a la vida eterna, y mantenían al mismo tiempo una distancia saludable de las viviendas. Como era un rey, Tutankamón probablemente habría tenido un taller propio, o incluso puede que fuese embalsamado en los mismos terrenos de su templo conmemorativo. Allí le desnudarían, le tenderían en una mesa de embalsamar ligeramente inclinada, y lo lavarían con una solución de natrón, una mezcla —que se da comúnmente en la naturaleza— de carbonato de sodio decahidratado y bicarbonato de sodio, usada como jabón y como conservante.

El cerebro, cuya función era desconocida, se desechaba al principio del proceso de momificación. Esto normalmente se conseguía rompiendo el hueso etmoides (el que separa la cavidad nasal de la cavidad del cráneo), introduciendo una cuchara de mango largo por el agujero de la nariz y agitando vigorosamente hasta que el cerebro se volvía lo suficientemente líquido para gotear por la nariz. La cavidad de la calavera, una vez vacía, se llenaría en parte con resina. El corazón, por el contrario, se contemplaba como el órgano esencial del razonamiento. Como tal, se necesitaría en la otra vida, cuando hubiese que testificar ante Osiris. Por tanto se dejaba en su sitio, y si se extraía accidentalmente, se volvía a coser de inmediato, aunque no siempre en su posición original.

A continuación harían una incisión en el costado izquierdo de Tutankamón y se extraerían sus entrañas (estómago, intestino, pulmones e hígado). Ésta era una parte sucia aunque fundamental de los procedimientos: como saben todos los cocineros no vegetarianos, estos órganos se estropean enseguida si se dejan dentro del cuerpo. La insistencia en extraer los órganos a través de un agujero relativamente pequeño y situado en un lugar poco conveniente (y no a través de la incisión en forma de Y utilizada en las autopsias modernas) nos indica la resistencia a dañar el cadáver o bien la adhesión a un ritual particular. El muerto Tutankamón necesitaría sus órganos internos. Conservados en natrón, se introdujeron en ataúdes antropomorfos en miniatura etiquetados con los nombres de los protectores hijos de Horus: Imseti, con cabeza humana (guardián del hígado); Hapy, con cabeza de babuino (guardián de los pulmones); Duamutef, con cabeza de perro (guardián del estómago), y Qebehsenuef, con cabeza de halcón (guardián de los intestinos). Los cuatro ataúdes se envolvieron en lino, se les aplicaron ungüentos y se almacenaron en huecos tallados en la base de un baúl canópico de calcita. Los huecos fueron taponados con cabezas regias talladas en calcita. El baúl canópico se colocó entonces en un cofre dorado custodiado por las figuras de las diosas protectoras Isis, Neftis, Serket y Neit. Durante el funeral, su templete canópico se colocaría cerca de la momia, en el Tesoro.

De vuelta en el taller del embalsamador, se enfundarían las uñas de manos y pies de Tutankamón y su cadáver se cubriría por dentro y por fuera con sal de natrón.[4] Entonces habría que dejarlo cuarenta días, hasta que se secara del todo. Ese cuerpo desecado, que sería mucho más ligero de peso y oscuro de color, habría que lavarlo, aplicarle aceites y envolverlo con paños impregnados en resina para devolverle su forma. El proceso de envolverlo sería largo y complicado, ya que los enterradores empleaban una mezcla de vendas, almohadillas de lino y sábanas para dar una apariencia de vida al cadáver, y una mezcla de dijes y amuletos distribuidos entre las capas del vendaje, para asegurar su protección. Una vez el cuerpo desecado y algo tieso, y los miembros difíciles de manejar, se requeriría mucha más habilidad de la que quizá apreciamos.[5] Finalmente, la momia enmascarada se colocaría en su ataúd interno. Setenta días después de entrar en el taller de los enterradores, Tutankamón se habría transformado en un Osiris latente, dispuesto para su funeral.

La autopsia, como la excavación, es un proceso destructivo. Una vez realizado es imposible devolver al sujeto a su estado original y sólo unos registros exhaustivos y la plena publicación pueden preservar el cuerpo, aunque de forma virtual, para las generaciones futuras. Carter comprendía muy bien la naturaleza destructiva de la arqueología, y estaba dispuesto a tomarse infinitas molestias para conservar los frágiles objetos de la tumba de Tutankamón. Sin embargo, no vio ningún motivo en absoluto por el cual la momia de Tutankamón no debiera ser desenvuelta de inmediato, aunque el proceso de desenvolverla inevitablemente causaría su destrucción. Lacau, que como director general del Servicio de Antigüedades era responsable de la conservación de todos los objetos antiguos de Egipto, incluidas las momias, no hizo nada para detener el proceso. En realidad, Lacau insistió en estar presente para observar (y quizá disfrutar) el proceso de desenvolver la momia, que iba a ser el clímax de una serie de etapas teatrales de la excavación (la apertura de la Cámara de Enterramiento y la apertura del sarcófago fueron los otros dos momentos estelares). Fue el anatomista Douglas Derry quien sintió la necesidad de justificar la autopsia, aunque su principal argumento (que la autopsia conservaría la momia de Tutankamón) no se sostiene ante un detallado escrutinio:

> Se podrían decir aquí unas palabras, como corresponde, en defensa del proceso de desenvolver y examinar a Tut-ankh-Amen. Muchas personas contemplan semejante investigación como un sacrilegio, y consideran que debería haberse dejado al rey como estaba... Se comprenderá que una vez hecho un descubrimiento semejante al de la tumba de Tut-ankh-Amen, y conocidas las noticias de la riqueza de los objetos contenidos en

> la tumba, dejar algo de valor en la tumba es atraer los problemas... El mismo argumento se aplica al hecho de desenvolver al rey, a cuya persona de ese modo se le puede ahorrar el rudo trato infligido por los ladrones, codiciosos de obtener las joyas sembradas en profusión por su cuerpo. La historia se ha visto muy enriquecida por la información que podía proporcionar el examen anatómico, que en este caso... era de considerable importancia.[6]

Carter, Lacau y sus colegas reflejaban aquí una opinión de principios del siglo XX, que veía a la momia como poco informativa y poco decorativa. No todo el mundo estaba de acuerdo con ellos, y por primera vez los egiptólogos tuvieron que enfrentarse a una reacción que se transmitió a través de la sección de cartas al director de los periódicos nacionales. El obispo de Chelmsford se sintió inspirado para escribir unas líneas:

> AL EDITOR DE *THE TIMES*
>
> Señor: Me pregunto a cuántos de nosotros, nacidos y criados en la era victoriana, nos gustaría pensar que en el año, digamos, 5923, la tumba de la reina Victoria se viera invadida por un grupo de extraños que desvalijaran su contenido, sacaran el cuerpo de la gran reina del mausoleo en el que ha sido colocada, entre el dolor de todo el pueblo, y lo exhibieran para que todos los que lo desearan sin excepción pudieran verla.
>
> Surge la pregunta de si un trato que consideramos indecoroso en el caso de la gran reina inglesa no es igualmente indecoroso en el caso del rey Tutankamón. No niego el gran valor histórico que se puede obtener del examen de la colección de jolyería [sic], muebles y, por encima de todo, papiros descubiertos en la tumba, y me doy cuenta de que un interés más amplio puede justificar su investigación completa e incluso, en casos especiales, su temporal retirada. Pero, en cualquier caso, protesto fuertemente en contra de que se saque el cuerpo del rey del lugar donde ha descansado durante miles de años. Tal movimiento bordea la indecencia, y se enfrenta a todos los sentimientos cristianos concernientes a la tristeza de los lugares de enterramiento de los muertos.
>
> J. E. Chelmsford
>
> Obispado, Chelmsford, 1 de febrero.[7]

El popular autor Rider Haggard estaba menos preocupado por la autopsia que por lo que le ocurriría al final a los restos de Tutankamón. Le desagradaba muchísimo la sala de las momias en el Museo de El Cairo y le preocupaba que pronto Tutankamón se pudiese añadir a esa morbosa colección. Al escribir en *The Times* diez días después que el obispo, propuso una solución ingeniosa:

> Les insto... a que después de examinar esos restos, fotografiarlos y modelarlos con cera, ya que se considera que su propio sepulcro no es seguro para ellos, se lleven a todos los reyes y los coloquen en una de las cámaras de la Gran Pirámide, y la sellen con cemento de tal modo que sólo la destrucción de todo el bloque de acres de piedra sólida pudiera revelarlos de nuevo a ojos de los hombres.[8]

Petrie, hablando en nombre de la comunidad egiptológica, estaba en desacuerdo; ¿por qué estropear una bonita pirámide?, preguntaba. Sir John Maxwell tampoco estuvo de acuerdo:

> Si la opinión pública en este asunto tiene razón, entonces, para ser coherente, todos los cuerpos de ricos y pobres por un igual habría que entregarlos a la tierra, y todos los museos nacionales deberían devolver sus momias a Egipto para que las volviesen a enterrar. Pero hay que recordarle a la buena gente de casa que en todos los museos, los días festivos, ¡a la multitud le gustan muchísimo sus momias![9]

A lo largo de todo el siglo XIX, los occidentales se habían preocupado por lo que ocurriría con sus propios cadáveres después de la muerte. A algunos les preocupaba que pudieran ser enterrados vivos accidentalmente, y llegaban a extremos que ahora nos parecen ridículos para asegurarse de escapar a semejante horror, diseñando ataúdes de seguridad equipados con banderas y campanas y «hospitales de espera» donde podían yacer los muertos, sin ataúd y observados atentamente, hasta que se iniciase la putrefacción más allá de toda duda razonable.[10] A otros (la inmensa mayoría) les preocupaba no ir intactos y enteros a la tumba, y de ese modo no poder responder a la trompeta que los llamaría y que anunciaría sin duda alguna la resurrección.[11] La idea de la autopsia, de diseccionar y profanar el cadáver, era aborrecible para la mayoría de la gente, y más aún dado que en Gran Bretaña, durante muchos años, era el castigo máximo y más horrible impuesto a los criminales ejecutados. Todavía calientes, incluso alguna vez con el corazón todavía latiendo, los muertos se sacaban directamente del cadalso y se llevaban a la sala de disección donde, frente a un contingente de estudiantes de medicina, artistas y curiosos morbosos, se veían sometidos a inimaginables indignidades. Al final, una vez terminada la profanación, se les negaba un entierro digno. La escasez de cuerpos de ahorcados condujo, naturalmente, a un mercado negro de ladrones de cadáveres (cuerpos frescos o casi frescos que «resucitaban» de sus tumbas) y finalmente culminó en la aprobación de la Ley de Anatomía de 1832. A partir de ese momento, fueron los pobres y los indigentes, aquéllos cuyos cuerpos nadie reclamaba, los destinados a la mesa de autopsias.

Esa preocupación por la protección y entierro adecuado del cuerpo raramente se extendía a los egipcios muertos hacía mucho tiempo. Quizá los cadáveres egipcios, sencillamente, fueran demasiado antiguos para inspirar respeto. Para muchos no se trataba de restos humanos, sino de un recurso infinito que había que desenterrar, comprar, vender, exhibir, destruir y ocasionalmente incluso consumir. A partir del siglo XV, una momia era un bien muy preciado, y se ingería en muchos casos como medicina;[12] durante el XIX, se usaba como ingrediente de la pintura «marrón momia», que se explicaba por su propio nombre. La sugerencia de que se usaran las momias también para suministrar combustible a los ferrocarriles egipcios fue sólo un rumor iniciado por el escritor Mark Twain, aunque, como descubrieron algunos ladrones de tumbas, las momias ardían excepcionalmente bien.

En 1898, Thomas Cook & Hijo podían alardear de haber escoltado a 50.000 viajeros a Egipto, proporcionando barcos espléndidos de tres pisos para el largo viaje por el Nilo.[13] Como el cálido clima de El Cairo se consideraba saludable, esas cifras fueron en aumento año tras año. Los egipcios daban la bienvenida a los turistas: tenían un efecto benéfico en la economía y en los monumentos, bastante abandonados, que el Servicio de Antigüedades ahora se veía obligado a cuidar. Pero como todos los turistas, aquéllos querían recuerdos que les rememorasen su visita. Algunos encontraban que una momia o un fragmento de momia era el recuerdo perfecto de las vacaciones perfectas, y a muchas personas respetables les parecía normal volver a casa con un cuerpo humano, una cabeza o una mano para la exhibición en su gabinete de curiosidades privado. Esas reliquias impresionaban a sus familiares y amigos y asustaban a los sirvientes y (en algunos casos) a los posibles ladrones. El ejemplo más celebrado del poder protector de una momia era el hogar del doctor James Douglas, en Phoenixville, Pennsylvania, que tenía dos momias sin vendas en sus ataúdes exhibidas notoriamente en una galería acristalada, y a quien nunca robaron, aunque las casas del vecindario sufrían robos a menudo.[14]

Tan grande era la demanda que algunos egipcios emprendedores se pusieron con entusiasmo a falsificar momias, o bien uniendo trozos de momias realmente antiguas (junto con diversos restos), o bien vendando a algunos muertos no tan antiguos, para vendérselos a los europeos crédulos. Los rumores de que algunas momias «antiguas» en realidad eran turistas desaparecidos recientemente no eran más que cuentos, y desde luego, apócrifos. El hecho de que tratar con antigüedades (y por supuesto, con cuerpos muertos) fuese ilegal, no hacía otra cosa que añadir emoción a la compra. Incluso Amelia B. Edwards, que más tarde fundaría el Fondo de Exploración de Egipto, una sociedad dedicada a conservar y registrar las antigüedades egipcias antiguas, pudo verse temporalmente seducida por el turbio mundo del comercio con momias:

> A partir de aquel momento, todos los ladrones de momias de aquel lugar nos miraban como presas legales suyas. Atraídos hacia un antro tras otro, nos mostraron todos los bienes robados de Tebas. Algunas de aquellas cosas eran muy curiosas e interesantes... Abundaban los trozos de ataúd de momia, esculturas murales y tabletas sepulcrales; y en una ocasión incluso nos llevaron ante la presencia de... una momia... Mientras tanto, intentamos en vano echar el ojo a los codiciados papiros.

> Un árabe se introdujo una o dos veces en una tumba después de caer la noche, y habló de ello vagamente con el dragomán, pero nunca llegó a decir nada concreto. Primero ofreció una momia por 100 libras. Encontrando, sin embargo, que ni le compraríamos su papiro sin verlo ni su momia a ningún precio, anduvo regateando y dudando un día o dos, evidentemente intentando que compitiéramos con algún rival o rivales desconocidos, y luego desapareció. Esos rivales, supimos después, eran los M. B. Ellos compraron tanto la momia como el papiro a un precio enorme, y luego, incapaces de soportar el aroma de su antiguo egipcio, ahogaron al querido difunto al final de la semana.[15]

Ese fenómeno no se limitaba a los europeos. Como decía a sus lectores el *Harper's Magazine* de Nueva York:

> El viajero moderno no se contenta con coleccionar cuentas y estatuillas funerarias y tales chucherías. Debe llevarse a casa un antiguo egipcio en *properia persona.* La cantidad de negocios que se han hecho estos últimos años con ese nefasto tipo de baratijas ha sido considerable. Un agente extranjero y comerciante de vinos de El Cairo me aseguraba que cuando volvió de la Segunda Catarata, en 1874, esa misma temporada «pasó» y embarcó no menos de dieciocho momias tebanas, y muchos otros agentes estaban probablemente igual de ocupados y tenían el mismo éxito.[16]

Era fácil recoger restos humanos, pero era mucho menos fácil deshacerse de ellos. A lo largo del tiempo, a medida que empezaban a descomponerse, o cuando sus propietarios morían o sencillamente pasaban a tener nuevas aficiones, muchos de esos egipcios no deseados eran enterrados (y olvidados inmediatamente) en jardines occidentales, donde yacen todavía, una posible causa de confusión para los arqueólogos del futuro. Unos pocos y selectos recibieron entierros más sofisticados. La momia medio podrida de Amenherjepshef (que a pesar de su nombre, que suena sospechosamente a ramésida, fue identificado como hijo pequeño del rey Senwosret III de la 12.ª dinastía) fue incinerada por el fiel episcopaliano George Walcott Mead. Mead enterró los restos en su parcela familiar en el cementerio del Oeste en Middlebury, Vermont, bajo una lápida que llevaba un *aj*, un pájaro *ba* y una cruz. Dejó bien clara su visión del asunto: «En tiempos fue un ser humano. Es bueno y adecuado que tenga un entierro cristiano».[17]

Más a menudo, las momias no deseadas eran donadas, a menudo despojadas de sus vendas y frecuentemente infestadas de polillas y de moho, al museo local. Allí servían como objetos de exhibición, interesantes pero poco informativos, para entretener al público en general. Pocas de las momias podían alardear de tener un nombre, procedencia o historia. Se conservaban unos hechos básicos sobre el difunto (sexo, edad, altura, color del pelo, quizá incluso la causa de la muerte), pero aparte de eso resultaban inútiles, su valor se limitaba a la joyería que en tiempos se había colocado entre sus vendas. Esas momias tenían muy poco interés para los egiptólogos profesionales, muchos de los cuales eran lingüistas y no arqueólogos ni científicos. Algunos sentían una repulsión instintiva a que se los asociase con cuerpos muertos (por su falta de interés en los restos de Tutankamón, parece que Carter formaba parte de este grupo). Otros contemplaban las momias con desagrado, ya que representaban el desafortunado aspecto «popular» de la egiptología. El público, contrariamente, se sentía fascinado, y pagaba por asistir al desenvolvimiento o desenrollado de una momia. Estos actos eran entretenimientos públicos más que investigaciones científicas propiamente dichas, aunque había algunas excepciones honrosas. El cirujano Thomas Pettigrew, por ejemplo, obtenía unos buenos ingresos comprando y desenvolviendo públicamente algunas momias, pero también tomaba notas detalladas de su trabajo, y su *History of Egyptian Mummies* de 1834 fue un gran éxito popular.

El descubrimiento de dos depósitos reales, a finales del siglo XIX, anunció un cambio de actitud. Los egiptólogos se enfrentaron de repente con un grupo de individuos bien conocidos y de procedencia bien identificada cuyos cuerpos podían hacer una auténtica contribución a la comprensión de la historia egipcia. La momia regia había cruzado la frontera entre el objeto impersonal y la persona real. Sin embargo, se consideró totalmente apropiado que esas momias sufrieran una autopsia por parte de Gaston Maspero, excelente egiptólogo y lingüista, pero que no tenía conocimientos médicos. Sus autopsias se llevaron a cabo a un ritmo acelerado: Ramsés II, uno de los faraones más importantes de Egipto, quedó desnudo en sólo quince minutos. Maspero cortó las vendas sin más, sin hacer ningún intento de desenrollarlas. Si se hubiese desenvuelto hoy en día (cosa que ya no podrá ser) se habría precisado un equipo entero de expertos y muchos meses de trabajo intensivo. Las momias reales fueron examinadas de nuevo por Smith, cuya publicación en 1912 de *The Royal Mummies* sigue siendo la autoridad habitual en este tema.

En el Museo de Manchester, en 1908, Margaret Murray, antigua alumna de Petrie, sí que tenía algunos conocimientos médicos. Murray reunió un equipo de expertos para realizar una doble autopsia a un par de momias de la 12.ª dinastía conocidas como «Los dos hermanos».[18] Se enfrentó vigorosamente a aquellos que cuestionaron no su técnica, sino su derecho a desenvolver las momias:[19]

> Para la mayoría de la gente pocas ideas son más repugnantes que perturbar a los muertos. Abrir tumbas, quitar los objetos colocados allí por manos amorosas, y desenrollar e investigar los cuerpos parece para muchas mentalidades no solamente repulsivo, sino bordeando el sacrilegio... No tengo nada que decir a esas personas. Sus objeciones, sus opiniones incluso, son una ofensa para la ciencia.[19]

El enfoque multidisciplinario de Murray ha prosperado, y hoy en día el Centro para la Egiptología Biomédica KNH de la Universidad de Manchester, encabezado por la profesora Rosalie David, está dedicado a la investigación sobre las momias. Los expertos de Manchester están embarcados en el estudio de los tipos de tejido, parásitos y enfermedades, y esperan que su trabajo no sólo explore la salud de los que llevan muertos mucho tiempo, sino que también contribuya a la erradicación de una de las más persistentes enfermedades parasitarias modernas, la esquistosomiasis (bilharziosis). Mientras, debido a un curioso vuelco del destino, el Museo de Manchester, que ya no se ocupa directamente de estudios sobre momias, se encontró en el centro de una tormenta egiptológica cuando en mayo de 2008 decidió, por cuestiones éticas, cubrir las momias desenvueltas y parcialmente envueltas que se exhibían en sus galerías. Las momias vendadas quedaron descubiertas. La abrumadora respuesta del público fue que los visitantes del museo querían ver las momias. No lo contemplaban como voyeurismo, ni como un abuso a los derechos de los egipcios muertos, y un significativo número sentía incluso que eso era lo que hubiesen querido los propios egipcios. Además, encontraban las momias envueltas siniestras y desagradables. Tras un período de experimentación y consultas, la política del Museo de Manchester se ha modificado, y sólo una de las momias desenvueltas permanece parcialmente cubierta.

Igual que la egiptología ha avanzado a lo largo del último siglo, también han avanzado las técnicas médicas. Las momias ya no se desenvuelven de una manera habitual, y sólo cuando una momia está irreparablemente dañada (se está pudriendo bajo sus vendas, por ejemplo), los egiptólogos biomédicos sacan sus escalpelos. Por el contrario, los expertos ahora confían en procedimientos no invasivos, como los rayos X en 3D y la toma de diminutas muestras de tejido para el análisis histológico del ADN.

El 31 de octubre de 1925, los envoltorios exteriores de la momia de Tutankamón, incluyendo un collar de flores, bandas de oro, un par de manos doradas que sujetaban un cayado y un mayal y un escarabeo de resina negra, fueron retirados. Las tiras grabadas de la momia (dos bandas longitudinales y cuatro transversales) sin duda se habían realizado para otra persona y no le quedaban bien. Además:

> En algunos casos se habían recortado deliberadamente algunos cartuchos, insertando oro liso en su lugar, pero en uno de los casos permanece el cartucho original, que es el de Semenj-ka-Ra. De modo que esto nos lleva a la suposición de que

> esas placas en particular eran restos del entierro de este rey utilizadas para Tutankamón.[20]

Carter intentó extraer la momia de su sarcófago interior, pero no lo consiguió. Tanto la momia como su máscara de oro seguían obstinadamente pegadas, y Carter no podía aplicar la fuerza necesaria para separarlas sin correr el riesgo de dañar gravemente la frágil momia. Esperando que el calor del sol ablandara la resina, Carter contrató a diez hombres fuertes para que sacaran el ataúd fuera de la tumba. Después de dos días recibiendo los rayos del sol, Tutankamón seguía pegado, y Carter se resignó a llevar a cabo la autopsia con el rey metido dentro de su máscara y el sarcófago interior, que a su vez seguía pegado dentro del ataúd intermedio.

El 11 de noviembre tuvo lugar la autopsia en el pasadizo exterior de la tumba de Seti II, en presencia de algunos funcionarios del Servicio de Antigüedades y diversos huéspedes egipcios y europeos, que, como revelan los diarios de Carter, pronto se aburrieron del procedimiento y se impacientaron por la necesidad de tomar frecuentes fotografías. Lo llevó a cabo Derry, profesor de anatomía en la Facultad Médica de la Universidad Egipcia, y el doctor Saleh Bey Hamdi de Alejandría, antiguo director de la Facultad de Medicina. Derry había trabajado previamente en las momias de la 11.ª dinastía recuperadas del templo-tumba de Nebepetre Montuhotep II, pero no era la persona más adecuada para dirigir la autopsia, y su elección cayó como un mazazo a su antiguo profesor, Smith, que había sido recomendado a Carnarvon por Lythgoe, del Metropolitan Museum, como «el *único* que debería tener responsabilidad en las pruebas de ese tipo». Hubo un intercambio de cartas insolentes y desagradables entre Smith y Carter, pero Carter no vaciló en su decisión. Ciertamente, que le tuviesen que llamar para realizar esa vital operación inspiró a Smith para escribir a *The Times* ya el 15 de diciembre de 1922:

> Sería una verdadera desgracia que los cuerpos envueltos [Smith esperaba que Tutankamón hubiese sido enterrado con Anjesenamón] no se estudiaran plenamente para obtener de

> ellos la valiosa información que queremos tan urgentemente los estudiosos de la historia de la momificación y del llamado «ritual de embalsamamiento», porque si se hacen registros y fotos completas del aspecto externo de la momia, será posible reemplazar los envoltorios externos después de que se haya hecho el examen. Pero estén las momias desenvueltas o no, es de la mayor importancia obtener una serie de fotografías en rayos X de ellas antes de hacer nada. Porque, aunque se lleve a cabo el proceso de desenvolverlas, las radiografías podrían proporcionar una información importante, y resultarían también una guía muy útil para el investigador durante el desenvolvimiento de la momia. Se debe llevar a cabo la preparación adecuada antes de que se abra la cámara mortuoria, para poder hacer ese examen con rayos X.

Carter se había propuesto hacer que examinaran a Tutankamón con rayos X antes de su autopsia, pero el radiógrafo había muerto y, como no disponían de sustituto alguno, se tuvo que abandonar el plan para permitir que se procediese a la autopsia tal y como se había planeado. Eso fue muy desafortunado.

Tras embadurnar las envolturas externas con cera de parafina fundida, Derry hizo una incisión justo en medio de la momia, cortando desde el borde inferior de la máscara hasta los pies, y cortando también el lienzo exterior, atado al cuerpo mediante vendas de lino que pasaban alrededor de lo que (supuestamente) eran los tobillos, rodillas, caderas y hombros. Había esperado que podría sacar a Tutankamón de su envoltura externa para que la autopsia se pudiese llevar a cabo de una manera convencional; sin embargo, cuando retiró el lino endurecido, se dio cuenta de que no sería posible:

> Habíamos esperado, eliminando una fina capa externa del vendaje de la momia, liberarla en los puntos de adhesión al ataúd para poder sacarla, pero en eso nos vimos decepcionados de nuevo. Encontramos que el lino situado debajo de la momia y el propio cuerpo estaban tan empapados con los ungüentos que se había formado una masa como la brea en el fondo del ataúd, y lo sujetaba tan firmemente incrustado que fue imposi-

> ble soltarlo, a riesgo de que sufriera grandes daños. Aun después de quitar cuidadosamente gran parte de las vendas, el material consolidado hubo que eliminarlo con un cincel por debajo de los miembros y el tronco, antes de poder quitar los restos del rey.[21]

Tutankamón se encontraba en un estado de conservación mucho peor que cualquiera de las momias de la 18.ª dinastía recuperadas de los dos depósitos reales. Éstas se habían separado de sus vendas originales sólo un siglo o así después de ser enterradas. En el caso de Tutankamón, 3.000 años de contacto con ungüentos aplicados generosamente habían tenido un efecto oxidante, quemando su piel y reduciendo sus vendas a la consistencia del hollín:

> ... los hilos que en tiempos sujetaban las manos [de oro] y los adornos en su lugar, sobre la cubierta de lino exterior, estaban podridos, y en consecuencia, las distintas partes se rompían al menor contacto... cuanto más avanzábamos, más evidente se hacía que las vendas exteriores y la momia se encontraban en un estado calamitoso. Se habían carbonizado completamente por la acción desencadenada por los ácidos grasos de los ungüentos con que las habían empapado.[22]

Lucas identificó ese proceso como una combustión lenta y espontánea. El antropólogo físico Robert Connolly está de acuerdo, y se le ha citado sugiriendo que Tutankamón quizá fuera un peligro de incendio en su propia tumba: «La resina generaba un enorme calor. Si no hubiese estado en un ataúd estanco, toda la tumba habría ardido en llamas».[23] Por el contrario, varias autoridades sugerían que la combustión del cuerpo pudo deberse al mal uso del calor por parte de Carter y Derry para separar el cuerpo de su máscara y su ataúd.[24]

Derry se vio obligado a trabajar con el cuerpo desde las piernas hacia arriba. Al cabo de cinco días, el torso y los miembros estaban expuestos y había llegado a la cabeza, que todavía seguía cubierta por la máscara. Ambas cosas fueron separadas con «cuchillos calientes», dejando la máscara todavía pegada al ataúd, vacío por lo demás. Derry extrajo el cuerpo desmembrándolo. Tutankamón fue decapitado, sus brazos separados por los hombros, codos y manos, sus piernas por las caderas, rodillas y tobillos, y el torso cortado desde la pelvis por la cresta ilíaca. Una vez completa la investigación científica, fue vuelto a montar en una bandeja de arena para los fotógrafos, y algunas partes se adhirieron con resina para dar el aspecto de un cadáver intacto. Su cabeza, envuelta en algodones, se fotografió de una manera que sugería que todavía estaba unida al cuerpo. El relato de la autopsia por parte de Carter, escrito para un público general, no hace mención alguna de este desmembramiento. Se ha convertido en objeto de acalorado debate si esto debe interpretarse como un acto de falsificación deliberada (el ocultamiento culpable de una profanación) o sencillamente como un medio respetuoso de ofrecer algo de privacidad a un rey dañado.[25]

Una anotación en el cuaderno de Carter, fechada el 1 de octubre de 1925, revela que originalmente se proponía envolver de nuevo la momia: «Este examen científico debería llevarse a cabo tan callada y respetuosamente como sea posible pero... No volveré a envolver la momia hasta que sepa si los ministros quieren inspeccionar los restos regios». Su diario del 23 de octubre de 1926 sugiere que se hizo así: «El primer ataúd externo, conteniendo la momia del rey, finalmente vuelta a vendar, fue colocado en el sarcófago esta mañana». Sin embargo, en 1968, un equipo dirigido por Ronald Harrison, profesor de Anatomía de la Universidad de Liverpool, abrió el sarcófago sellado y encontró a Tutankamón sin reconstruir y yaciendo todavía en su bandeja de arena. El equipo de Liverpool tomó una muestra de piel y, como no tenían permiso para sacar a Tutankamón de su tumba, usaron un aparato de rayos X portátil ligeramente anticuado para examinar sus restos.

Su trabajo se filmó y se emitió en la televisión británica en 1969, pero aunque se publicaron artículos de Harrison en *Buried History* y en *Antiquity*, las radiografías nunca se publicaron en la literatura médica.[26] Diez años después, un tercer examen, llevado a cabo por James E. Harris, jefe del Departamento de Ortodoncia de la Universidad de Michigan, hizo de nuevo una radiografía del rey, concentrándose en la cabeza y los dientes.[27] Tras el examen resultó obvio que Tutankamón se estaba deteriorando. Había daños en las orejas, su piel se había oscurecido y los ojos se habían hundido.

El trabajo más reciente sobre los restos de Tutankamón lo realizó —como parte de un extenso programa, todavía en marcha, de estudios de momias del Reino Nuevo— un equipo de expertos con base en El Cairo y bajo la dirección del doctor Zahi Hawass, entonces presidente del Consejo Supremo de Antigüedades. Este equipo ha tenido acceso a todo tipo de modernas técnicas de análisis, incluyendo pruebas de ADN y exploraciones por tomografía computerizada (TAC). En 2005 se escaneó a Tutankamón y se usaron más de 1.700 imágenes para reconstruir su cuerpo en 3D.[28] En 2007 fue transferido a un nuevo sarcófago de cristal con temperatura y humedad controladas. Allí descansa hoy en día; es el único rey (por lo que sabemos hasta el momento) que yace en su propia tumba en el Valle de los Reyes.

La autopsia de Derry

> *The Times, 14 de noviembre de 1923*
>
> *Luxor: 12 de noviembre. La momia del faraón Tutankamón fue extraída hoy de sus vendajes. El cuerpo fue encontrado cubierto de oro, con estrellas de oro en el corazón y los pulmones. Una daga grande de oro se encontraba con el cuerpo. Se espera que mañana se publique un comunicado oficial. Reuters*

Los pies vendados de Tutankamón habían sufrido algunos daños por frotación contra los costados de su ataúd interior. Ese daño, sin embargo, era insignificante comparado con el daño causado por la carbonización dentro de las vendas, que hacía imposible realizar una inspección plena y adecuada de las vendas. Carter estimó que los embalsamadores habían empleado dieciséis capas de vendas, y que se habían usado distintos tipos de lino, y que el mejor (usado para la capa interna y la más externa) parecía batista de la mejor calidad. Los miembros se envolvieron individualmente, igual que los dedos de pies y manos; el abdomen estaba envuelto con lienzos impregnados de resina, y la cabeza coronada por una curiosa almohadilla de lino cuya forma cónica recordó a Carter una corona. Por lo que podía ver Carter, «el modo de vendar era el practicado usualmente en las momias del Imperio Nuevo». Sin embargo, «cuando se podía discernir algún detalle del método de envoltorio, las pruebas sugerían precipitación... que es la opinión más consensuada entre los científicos presentes».[29]

Mientras Derry iba retirando las vendas pieza a pieza, empezaron a aparecer joyas, amuletos y ropa entre las diversas capas. Había más de 150 amuletos, cada uno de ellos destinado a ayudar al rey en su viaje a la otra vida. Tutankamón llevaba brazaletes en cada brazo (siete en el derecho y seis en el izquierdo), anillos en los dedos y un surtido de collares y pectorales en el pecho. Llevaba dediles de oro en los dedos de manos y pies, y unas sandalias de oro. Un delantal o falda de oro, extendida desde su cintura a las rodillas, y dos dagas, una de oro y la otra de ese metal nuevo tan interesante, hierro, iban unidas a un cinturón. Una diadema de oro hermosa pero sencilla rodeaba la cabeza de Tutankamón; debajo de ella, una banda de oro sujetaba un frágil *khet* o tocado de lino (en forma de bolsa). Bajo el tocado había varias capas de vendas, y finalmente un casquete ajustado de cuentas, sujeto por otra banda de oro. El lino del gorro se había podrido, dejando en su lugar las cuentas azules y rojas de cristal y oro. Como era demasiado frágil para quitarlo, fue consolidado con cera de parafina y lo dejaron donde estaba. Hoy en día ha desaparecido. Parece improbable que pudiera robarse (no como pieza entera, al menos), y es posible que sencillamente las cuentas se fueran cayendo de la cabeza.

El cuerpo de Tutankamón medía 1,63 m. Suponiendo que debió encogerse ligeramente durante la momificación, eso indica que mediría 1,67 m de alto: la misma altura que las dos estatuas de guardianes que custodiaban la puerta de la Cámara de Enterramiento. Tenía los brazos flexionados por el codo y doblados encima del estómago, el izquierdo por encima del derecho. Una herida de embalsamamiento «irregular», de sólo 8,6 cm de largo, estaba situada, como era de esperar, en el costado izquierdo del cuerpo, corriendo desde el ombligo hasta el hueso de la cadera. Curiosamente, no había placa alguna de embalsamamiento para cubrir y reparar mágicamente esa herida, pero en los vendajes se descubrió una placa oval de oro en el lado izquierdo del cuerpo. Examinando los genitales de Tutankamón —el escroto aplanado por el proceso de embalsamamiento y el pene (50 mm de longitud) ligado en posición erecta—, Derry no pudo ver vello púbico alguno y tampoco pudo determinar si el rey estaba circuncidado.

La piel del cuerpo del rey era de un color grisáceo, quebradiza y cuarteada; piel y carne juntas sólo ocupaban 2-3 mm de grosor y se podían separar con toda facilidad del hueso. La piel del rostro, que había quedado protegida por la máscara funeraria, era de un color más oscuro y marcada con manchas blancas de natrón. Había una lesión o cicatriz grande en la mejilla izquierda, por encima del hueso de la mandíbula, junto al oído. Tutankamón no llevaba barba (había sido enterrado con un equipo de afeitado completo, que fue robado por los saqueadores de tumbas, que dejaron sólo la etiqueta) y su cabeza afeitada estaba cubierta por una sustancia blanca que Derry identificó como ácido graso. El lóbulo de su oreja izquierda ostentaba una perforación grande, de 7,5 mm, pero estaba vacía; el lóbulo de la oreja derecha faltaba y se presume que se quedó pegado en las vendas. Sus ojos estaban medio abiertos, con las pestañas todavía en su sitio, y los labios ligeramente abiertos, revelando unos dientes delanteros prominentes que se pueden observar también en otras momias reales de la 18.ª dinastía. La nariz, aplastada por las vendas, tenía metidos unos tapones de lino impregnado con resina. A Carter, Tutankamón le pareció «de un tipo extraordinariamente refinado y culto. El rostro tenía unos rasgos bellos y bien formados. La cabeza mostraba un fuerte parecido estructural con la de Ajenatón».[30] Por Ajenatón, Carter se refería a la momia de la KV 55 con quien nos encontramos por última vez en el capítulo 2. Derry estuvo de acuerdo en que el cráneo de Tutankamón tenía la misma forma distintiva, «ancha y con la parte superior plana (platicefálica)» que la calavera de la KV 55.[31]

Derry observó que las muelas del juicio superior e inferior derecha «acababan de salir de las encías y habían alcanzado la mitad del tamaño del 2.º molar. Los del lado izquierdo no se pueden ver con facilidad, pero parecen en el mismo estadio de crecimiento».[32] Es una observación curiosa. No se podía abrir a la fuerza la boca cerrada de Tutankamón sin causarle daños graves, y sin el uso de la tecnología de los rayos X, Derry no podía haber visto las muelas traseras de Tutankamón. Eso, combinado con su afirmación de que el cráneo estaba vacío, aparte de la capa de resina (algo que no podía haber resultado aparente con los tapones de la nariz en su lugar), condujo a Leek, que era dentista y experto en la investigación de restos antiguos, a deducir que Derry debió de cortar la cabeza. Usando una técnica estándar de la autopsia, probablemente hizo una incisión por debajo de la barbilla, pasando en torno al borde interno de la mandíbula y continuando hacia arriba, hacia el paladar. Luego debieron de reparar los daños con resina.[33]

Se obtuviera como se obtuviera, esa prueba dental, combinada con el análisis de los huesos (el examen de la epífisis, o placas de crecimiento al final de los huesos grandes), indicaba que Tutankamón había muerto entre los diecisiete y los diecinueve años de edad.

Los exámenes de Harrison y Harris

De acuerdo con Derry, el equipo de Liverpool estimó que Tutankamón había muerto entre los dieciocho y los veintidós años. Esto se ha discutido ocasionalmente: Lee sugería que quizá tuviera sólo dieciséis años; Harris que quizá tuviese veintisiete, pero hoy en día se acepta ampliamente que Tutankamón tenía unos dieciocho años al morir.

La muestra de piel indica que Tutankamón y la momia de la KV 55 compartían el mismo grupo sanguíneo, relativamente raro (A2 con antígenos MN presentes); en el mismo análisis, la abuela de Ajenatón, Tuya, resultó tener también el A2N.[34] Las medidas de Harris confirmaron posteriormente la observación de Derry de una similitud próxima en morfología

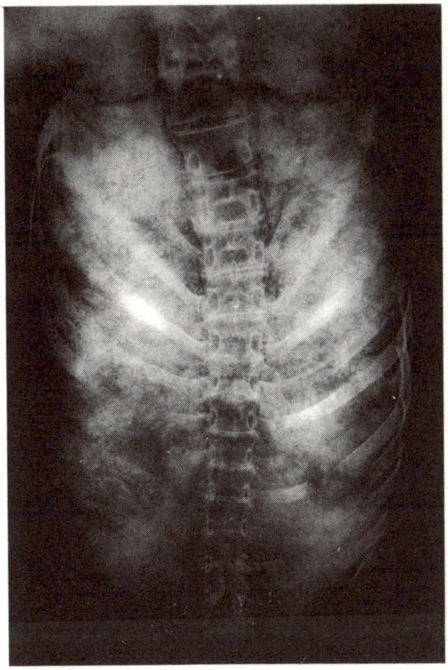

14. Radiografía del tórax de Tutankamón hecha por Harrison, que muestra las costillas cortadas en el lado derecho y las rotas en el izquierdo. La mayor parte de los fragmentos de costilla han desaparecido, junto con toda la parte frontal de tórax y el esternón. En la parte superior se ven algunas cuentas, que presumiblemente proceden de la camisa con cuentas que originalmente llevaba el cuerpo, y que quizá se usó para cubrir los daños accidentales y la destrucción del tórax entero por parte de los embalsamadores.

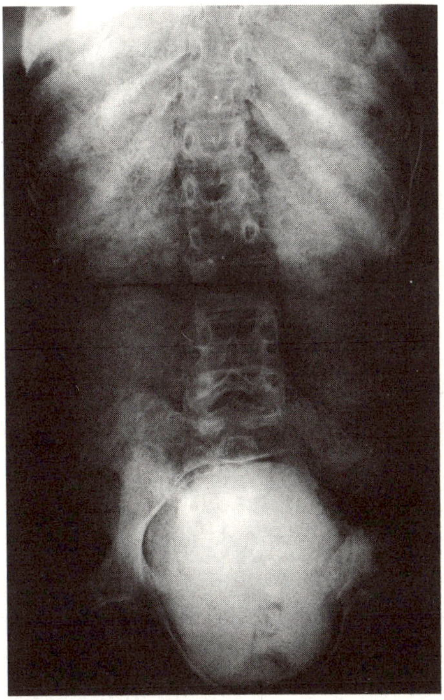

15. Radiografía de Harrison de la parte inferior del torso de Tutankamón que muestra el denso paquete en la cavidad pélvica (presumiblemente, lino empapado de resina) y la destrucción del lado izquierdo del hueso de la pelvis, del que faltan varias piezas. Posiblemente sea el resultado de un «accidente fatal». También es posible ver el relleno en la parte inferior del tórax y la zona dañada donde Derry cortó el cuerpo por la mitad.

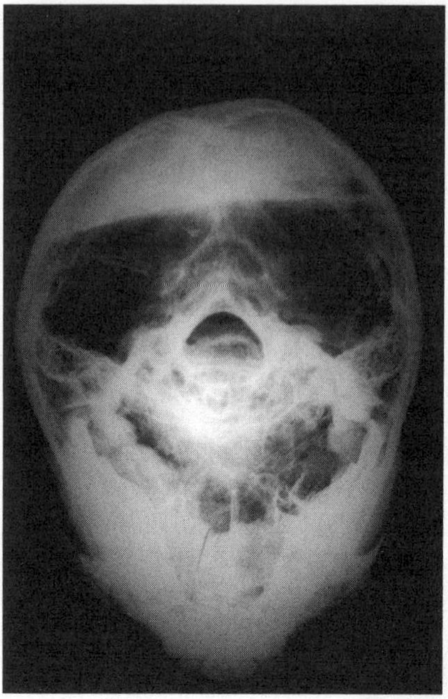

16. Radiografía de Harrison de la base del cráneo de Tutankamón; se ve la línea de resina.

craneofacial entre Tutankamón y KV 55 (y Tutmosis IV, padre de Amenhotep III). Esta similitud era lo bastante fuerte para indicar que Tutankamón y KV 55 podían ser hermanos o padre e hijo.

Los rayos X de Harrison confirmaron que la cabeza de Tutankamón había sido rellenada en parte con resina. Se podían observar dos capas de resina distintas, y como estaban en ángulo recto una con respecto a la otra, parece que una se debió de introducir cuando el cuerpo yacía supino, y la otra cuando la cabeza estaba echada hacia atrás o, menos probablemente, el cuerpo entero colgando cabeza abajo. Se identificó un pequeño trozo de hueso en la cavidad del cráneo; parece probable que fuese un fragmento del hueso etmoides destrozado, y en la película de la BBC, Harrison dio la opinión de que era un artefacto post mórtem. Sin embargo, un examen más atento con rayos X mostraba que el hueso etmoides todavía estaba intacto en 1969 (aunque sufrió algunos daños en 2005). Eso condujo a Connolly a sugerir que el cerebro de Tutankamón no se extrajo de la forma convencional, sino que se licuó y se extrajo por la nariz.[35]

Las telas endurecidas con resina que llenaban la cavidad del pecho habían impedido a Derry realizar un examen completo del torso superior. Los rayos X de Harrison, por tanto, produjeron conmoción: eran obvios los grandes daños sufridos en aquella zona, y faltaban el esternón y parte de las costillas. Estaba claro que Tutankamón no pudo nacer sin esternón. Esos daños debieron de ocurrir durante la momificación o inmediatamente antes, o quizá durante el examen de Derry. Derry, sin embargo, no hace ninguna mención de quitar trozos del pecho (resulta difícil comprender por qué podría desear hacer una cosa así) y parece que al menos algunas de las costillas ya estaban rotas en la Antigüedad, y no fueron cortadas durante la autopsia. Harrison observó también que el corazón de Tutankamón se hallaba ausente: una curiosa omisión, dado que el corazón tenía que realizar importantes funciones en la otra vida. Un escarabeo de resina negra, que llevaba inscrito el hechizo 29b del *Libro de los Muertos*, podía haberse destinado a reemplazarlo.

El corazón no era la única parte del cuerpo que faltaba. El pene de Tutankamón era claramente visible en las fotos de Burton, pero Harrison no lo encontró. Durante largo tiempo circuló el rumor de que había sido robado como macabro souvenir, probablemente durante la Segunda Guerra Mundial, cuando la tumba no estuvo bien custodiada. Eso condujo a acusaciones de graves negligencias, y a un montón de bromas desafortunadas referidas a las «joyas de la corona» perdidas, que sólo cesaron cuando en 2006 el equipo de Hawass descubrió el pene escondido en la arena de la bandeja. El doctor Eduard Egarter Vigl, experto en miembros momificados, ha podido confirmar que aunque el pene se encogió durante el proceso de momificación, y quedó algo aplastado por las vendas, el joven rey estaba «normalmente constituido».[36]

El equipo de Hawass ha confirmado que el pecho de Tutankamón sufrió graves daños antes de la momificación (o, menos probable, durante la autopsia de Derry) y que los huesos pélvicos se hallan prácticamente ausentes. También observaron que el muslo izquierdo se rompió al morir o muy cerca del momento de la muerte. Su trabajo indica que Tutankamón pudo haber sufrido una larga lista de problemas de salud, incluyendo el pie izquierdo deforme, huesos enfermos en el pie derecho, paladar hendido, escoliosis y malaria. Muchas de esas conclusiones han sido contestadas, en particular, la anormalidad congénita del pie *(Talipes equinovarus)* está cuestionada, ya que no resulta raro que esa deformidad del pie resulte ser un curvamiento causado por unos vendajes demasiado tensos.[37] ¿Era Tutankamón un rey enfermo con problemas de movilidad? Su tumba incluía 130 bastones y cañas de paseo, pero el bastón también podía ser un símbolo de autoridad, un arma o una pieza de equipo deportivo. Junto con los bastones también había una armadura, seis carros y un arsenal de arcos y flechas, bastones para arrojar, hondas, porras, espadas, escudos y dagas. Las imágenes y artefactos de su tumba muestran a Tutankamón sentado realizando tareas (disparar, por ejemplo) que se podía esperar razonablemente que realizase de pie, pero también le muestran de pie realizando hazañas heroicas: el valiente (¿o atolondrado?) Tutankamón se balancea en un frágil barco de papiro para arponear a un hipopótamo en las marismas, o bien conduce su carro a gran velocidad persiguiendo a unos avestruces por el desierto. En su Caja Pintada, de nuevo se pone de pie triunfante en su carro mientras derrota a sus enemigos sirios. Esas imágenes son convencionales en la realeza. Se atienen a una tradición de siglos que dictaba que los reyes, fuera cual fuese su aspecto real y su carácter, debían aparecer siempre físicamente perfectos y valientes. No sabemos nada del rey, aparte de esa propaganda: no podemos establecer si Tutankamón era valiente o físicamente apto. Los nuevos reyes tradicionalmente reforzaban su reclamación al trono provocando una lucha con los enemigos tradicionales

1. Los monarcas ramésidas de la 19ª dinastía recopilaban listas de reyes egipcios, omitiendo a cualquiera que no se conformase a las nociones convencionales del reinado. Este extracto de la lista del rey tomada del templo cenotafio de Abydos de Ramsés II está destinado a ser leído de derecha a izquierda. Muestra el nombre de Amenhotep III, omite a los faraones de Amarna, Ajenatón, Semenejkara, Tutankamón y Ay, y continúa con los nombres de Horemheb y el primer rey de la 19ª dinastía, Ramsés I.

2. Cabeza de una estatua colosal de Ajenatón, recuperada del templo de Karnak. Los primeros intentos de Ajenatón de cambiar la religión estatal, y la presentación monumental de la realeza, ocurrieron en Tebas. Luego abandonó la capital religiosa tradicional del Reino Nuevo y estableció una nueva ciudad dedicada al dios solar conocido como Atón, en la nueva ciudad de Amarna.

3. En este ejemplo extremo del estilo artístico de Amarna, Ajenatón exhibe una curiosa serie de rasgos que se habrían visto realzados por su alta corona: el rostro alargado, los labios gruesos, los ojos almendrados y el cuello largo. Aunque algunos egiptólogos han interpretado el nuevo aspecto andrógino de Ajenatón como prueba de alguna enfermedad, la mayoría creen que representa un nuevo estilo artístico que, de alguna manera, refleja la teología de la adoración de Atón.

4. Nefertiti, consorte de Ajenatón, representada como mujer madura. Las reinas egipcias raramente se ven como mujeres ancianas, pero tanto Nefertiti como su suegra, la reina Tiya, políticamente poderosa, se representan de esa forma.

5. La familia real de Amarna: Ajenatón, Nefertiti, Meritatón (con Ajenatón), Meketatón y Anjesenpatón (con Nefertiti). Aunque a ojos modernos esta parece una encantadora escena informal, en realidad es una presentación cuidadosamente compuesta de la familia real cuasi-divina bajo los rayos que dan vida de Atón.

6. Relieve de caliza con la cabeza de Kiya, esposa secundaria de Ajenatón, recuperado de Hermópolis Magna (moderna Ashmunein). Originalmente Kiya llevaba una peluca «estilo nubio» y unos pendientes grandes característicos. Su imagen fue vuelta a tallar, con alteraciones en la cabeza y el peinado, para que representara a la princesa mayor de Amarna, Meritatón.

7. Una estela votiva deteriorada de origen desconocido, dedicada por el soldado Pasi. Los dos reyes de Amarna sin nombre se han identificado de diversas formas, como Ajenatón y su consorte Nefertiti, Ajenatón y su hijo o amante Semenejkara, y Ajenatón y su padre Amenhotep III. Los cartuchos que podrían haber dado nombre a la pareja están vacíos.

8. Un rey y una reina de Amarna: de nuevo sin nombre, aunque se les suele identificar como Semenejkara y Meritatón. ¿Lleva el rey un cetro que denota su autoridad real, o bien es cojo y usa un bastón para andar?

9. Cabeza muy dañada de un ataúd antropomorfo recuperado de la tumba KV 55. El rostro ha sido arrancado, pero la barba y el ureo (una serpiente erguida en la frente) todavía siguen intactos. Esas pruebas sugieren con gran probabilidad que el ataúd anónimo fue usado para un entierro real.

10. Esta estatua del dios Amón, en el templo de Karnak, tiene los rasgos de Tutankamón. Es un ejemplo visualmente extraordinario de la forma en que Tutankamón volvió a asociar su reinado con la religión tradicional de Tebas basada en Amón.

11. El dios Amón y su consorte Mut en el templo de Luxor. A la pareja se le han conferido los rasgos faciales distintivos de Tutankamón y su consorte Anjesenamón: el nexo entre la realeza y la teología tradicional por tanto resulta obvio para todos aquellos que los ven. Aunque los reyes ramésidas no aprobaban a Tutankamón (véase la ilustración 1), esta imagen debió de ser considerada aceptable, ya que fue re-inscrita por Ramsés II.

12. Se puede ver algún reflejo del estilo artístico de Amarna en el trabajo de construcción emprendido por los reyes de finales de la 18ª dinastía en Tebas. Esta imagen de Tutankamón fue usurpada posteriormente por Horemheb. La corona de guerra azul del rey obviamente fue vuelta a tallar, y no es necesariamente la corona que llevaba originalmente Tutankamón: esta corona sería mucho más apropiada para Horemheb y sus sucesores militaristas ramésidas.

13. Cabeza de caliza sin etiquetar, recuperada de Amarna, y que muchos creen que representa a Tutankamón.

14. Las diosas Isis (izquierda, oeste) y Serket (sur) están de pie con los brazos tendidos para proteger el baúl canópico dorado que contiene los órganos internos de Tutankamón. Las diosas Neftis (este) y Neith (norte) protegen los otros dos lados.

15. Tutankamón, llevando la Corona Blanca del sur de Egipto, y con el cayado y el mayal que denotan su autoridad real, está de pie en la espalda de un leopardo (que representa el sur). Esta estatua es una de las dos que representan el control del rey sobre el mundo natural: dos piezas que la acompañaban muestran a Tutankamón tocado con la corona roja y arponeando en un bote (representando las marismas del delta).

16. El rostro dorado de Tutankamón se ha convertido para muchos en la imagen definitoria del antiguo Egipto.

de Egipto, los nubios por el sur y los asiáticos por el nordeste. Referencias fragmentarias de los templos de Karnak, Luxor y Medamud sugieren que las tropas de Tutankamón hicieron campaña contra ambos enemigos, mientras las imágenes de la tumba del general Horemheb en Menfis muestran a asiáticos y libios haciendo un llamamiento por la paz. Sin embargo, el simple hecho de que los primeros reyes ramésidas de la 19.ª dinastía se vieran obligados a pasar muchos años restaurando la frontera norte de Egipto sugiere que, a pesar de lo que su propaganda nos quiera hacer creer, y por muchas campañas que llevasen a cabo, Tutankamón y sus sucesores, Ay y Horemheb, no fueron grandes generales que disfrutasen de múltiples victorias.

Para gran desilusión de Carter, Derry fue incapaz de determinar cómo había muerto Tutankamón. Algunas causas de muerte (como la viruela, que había dejado obvias señales en el cuerpo) se podían excluir, pero eso apenas conseguía limitar el campo. Durante muchos años se aceptó (sin motivo aparente) que Tutankamón había muerto de tuberculosis. Finalmente, la tuberculosis se descartó como causa de la muerte porque las radiografías que hizo Harrison de la espalda del rey muerto indicaron que las placas epifisiarias seguían en su sitio.

Ya en 1923 Mace había propuesto una situación más dramática. Tutankamón, demasiado joven para haber muerto de muerte natural, quizá fue asesinado por su sucesor, Ay:

> El resto es pura conjetura... Tenemos motivos para creer que era poco más que un niño cuando murió, y que su sucesor, Eye [Ay], fue quien apoyó su candidatura al trono y actuó como consejero suyo durante su breve reinado. Fue Eye además quien arregló las ceremonias funerarias, y quizá fuera él quien preparó también su muerte, juzgando que ya había llegado el momento de asumir las riendas del gobierno por sí mismo.[38]

En teoría es una idea sostenible. Algunos reyes fueron realmente asesinados por sus súbditos. Sus muertes no fueron obra de fanáticos políticos o de locos que actuaban al azar, sino el resultado de sofisticadas conspiraciones tramadas en el harén real, donde madres ambiciosas y sus hijos igualmente ambiciosos conspiraban para desviar la sucesión del heredero designado. El complot más conocido de todos ellos tuvo como resultado la muerte de Ramsés III, de la 20.ª dinastía, y siguió a ella un juicio que supuso la ejecución o suicidio forzado de todos los implicados. Una conspiración anterior, bastante bien documentada, supuso el asesinato del fundador de la 12.ª dinastía, Amenemhat I. El regicidio, por tanto, no se puede descartar automáticamente. Pero resulta difícil de entender por qué iba a querer alguien matar a Tutankamón. Su reinado estaba corrigiendo despacio, pero con mano segura, el caos de la época de Amarna, y no existe señal obvia alguna de que estuviera haciendo algo que preocupase a alguien. Más aún, aquellos cercanos al rey (la gente que es más probable que lo pudiera matar) tuvieron la oportunidad de impedir su elevación al trono cuando lo heredó, de niño. ¿Por qué esperar a que el niño se convirtiera en hombre?

La teoría del crimen probablemente habría muerto de muerte natural de no ser por la «prueba» proporcionada por la radiografía del cráneo que hizo Harrison en 1968 y la publicación de su artículo en *Buried History:*

> Mientras examinábamos las radiografías del cráneo de Tutankamón, descubrí un pequeño fragmento de hueso situado en el lado izquierdo de la cavidad del cráneo. Éste podría haber formado parte del hueso etmoides, y se habría desplazado de la parte superior de la nariz cuando se metió un instrumento en la cavidad craneal durante el proceso de embalsamamiento. Por otra parte, los rayos X sugieren que ese fragmento de hueso está fusionado con el cráneo que lo recubre y podría ser indicativo de una factura depresiva, que hubiese curado. Eso podía significar que quizá Tutankamón murió de hemorragia cerebral causada por un golpe en el cráneo con un instrumento romo.[39]

El fragmento de hueso (en realidad son dos, y ambos en el lado derecho del cráneo, y no en el izquierdo) es una pista falsa, un objeto post mórtem que pudo crearse cuando Derry entró en la cavidad craneal.[40] De mucho mayor interés era una zona oscura en la base del cráneo, donde éste se une con el cuello. Se ha sugerido que puede suponer una hemorragia causada por un golpe en la parte de atrás de la cabeza. ¿Pudo ser atacado Tutankamón por detrás mientras dormía?[41] Una zona emborronada en la zona oscura puede indicar, o quizá no, una membrana calcificada formada por encima de un coágulo de sangre. Si es una membrana, complica el tema sugiriendo que pudo sobrevivir al menos dos meses después del golpe que recibió en la cabeza.

Los que han desarrollado la teoría del asesinato con golpe en la cabeza tuvieron que centrarse en la única radiografía publicada. Un nuevo examen más reciente de todas las radiografías de Harrison ha mostrado que la «membrana calcificada» es simplemente un lado de la pared posterior de la fosa, que se proyecta sobre el otro:

> Todos los hallazgos anormales que se han relatado antes se pueden considerar situaciones post mórtem y falta de comprensión de la anatomía normal de la base del cráneo... Actualmente, las teorías que proponían el asesinato como posible causa de muerte de Tutankamón no se ven apoyadas por ningún examen crítico de las radiografías del joven faraón.[42]

Ese diagnóstico se ve confirmado por el reciente examen egipcio de la momia, que no ha descubierto pruebas de golpe alguno en la cabeza de la momia.

Si no fue asesinado mediante un golpe en la cabeza, ¿cómo murió Tutankamón? Inicialmente, el equipo de Hawass sugirió que su pierna izquierda rota podía haber desencadenado una infección fatal o una embolia grasa, o que Tutankamón, sencillamente, se desangró hasta morir. Más tarde sugirieron que quizá muriera por los efectos de la malaria en un cuerpo constitucionalmente debilitado. Desde entonces, varios expertos han expresado la opinión de que esto es muy improbable ya que, aunque la malaria puede resultar muy grave y ofrecer riesgo de muerte para los niños pequeños, los adultos normalmente desarrollan inmunidad a la enfermedad. Otros han propuesto una anemia drepanocítica, o una enfermedad metabólica de los huesos llamada hipofosfatasia. Por supuesto, no hay necesidad alguna de buscar enfermedades exóticas o inusuales; en tiempos de Tutankamón, una simple diarrea era mortal.

Las pruebas estadísticas extraídas de nuestra propia sociedad reacia a los riesgos confirman lo que nos dice el sentido común. Los accidentes son mucho más comunes que los asesinatos, y los accidentes son la mayor causa de muerte involuntaria entre los varones jóvenes. Los daños sufridos en el pecho por Tutankamón y su pierna rota apoyan la hipótesis de la muerte por accidente. ¿Podría haberlo matado, como ha sugerido recientemente Benson Harer, un hipopótamo?[43] El hecho de que no fuese momificado de una forma demasiado eficiente y de que falte el corazón (¿quizá estaba ya podrido?), sugiere que hubo un retraso en la entrega de su cuerpo a los embalsamadores. Suponiendo que no fuese sencillamente el resultado de daños post mórtem en el taller del enterrador, puede también ser prueba de muerte en un campo de batalla extranjero.

Existe otra posibilidad. El abanico dorado con plumas de avestruz es un objeto autorreferencial bellamente realizado. El mango, cubierto por una lámina de metal, nos dice que las cuarenta y dos plumas, alternando marrón y blanco, que en tiempos adornaron la parte superior del abanico, se habían tomado de unos avestruces capturados por el propio rey mientras cazaba en el desierto del este de Heliópolis (junto a la moderna El Cairo). La escena grabada en la parte superior semicircular del abanico muestra, en una cara, a Tutankamón saliendo en su carro a cazar avestruces, y en el reverso, el rey triunfante que volvía con su presa. Los avestruces eran unas aves muy importantes; sus plumas y sus huevos se consideraban artículos de lujo. Cazar avestruces (un deporte regio de la época del Reino Nuevo, desarrollado tras la introducción del coche y el caballo en el Segundo Período Intermedio) era el ideal para que un rey demostrase su control sobre las fuerzas indisciplinadas de

17. El abanico de oro con plumas de avestruz de Tutankamón (las plumas se pudrieron hace mucho tiempo), un objeto autorreferencial.

la naturaleza. Era un sustitutivo de la batalla, y como tal, una ocupación peligrosa. Ese abanico fue recuperado entre las paredes de la tercera y cuarta capilla de la Cámara de Enterramiento, junto al cuerpo del rey. ¿Podría tener una relación particular con su muerte?

6

Familia

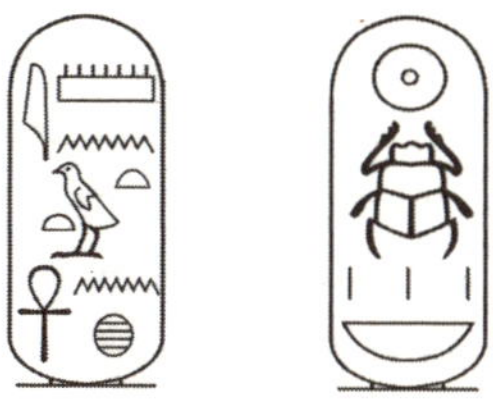

Muy poco se sabe del origen de este rey… los egiptólogos tempranos, Wilkinson, Leemans, Rougé, Mariette, creían que era un hijo menor de aquel faraón [Ajenatón], probablemente de una concubina… Como iluminación para este asunto podemos añadir que Juniatonu [Ajenatón] entregó de buena gana a sus hijas a maridos que no tenían conexión alguna con su familia, o sólo muy ligera: Toutânkhamanou puede que no tuviera lazos de sangre con él, igual que Aya. Fuera cual fuese su origen, llegó al trono bajo el nombre de Touatânkhatonou, a través del matrimonio. La hija con la que se casó, Ankhousnepatonou, era la tercera en orden de nacimiento, pero realmente no tenemos forma de saber si el acontecimiento tuvo lugar durante la vida de su padre o de su cuñado, Sâkerîya, o si, habiendo usurpado el poder después de la muerte o deposición de Sâkerîya, legitimó su usurpación mediante esa alianza.

GASTON MASPERO[1]

Maspero, que escribía en 1912, se confundía en cuanto al lugar exacto que ocupaba Tutankamón en la familia real. Como he escrito ya, casi un siglo después de Maspero los egiptólogos estaban más confusos aún con cada nueva prueba que parecía contradecir lo que se había encontrado antes. Sin embargo, se pueden usar las pruebas proporcionadas por su tumba, combinadas con la información espigada en Tebas y Amarna, para reconstruir una familia (o más bien una serie completa de familias posibles) para Tutankamón.

Un elemento clave en este trabajo son las pruebas genéticas o análisis de ADN. En un mundo ideal, esto habría permitido colocar a la momia directamente en el hueco correspondiente de su árbol genealógico. Sin embargo, como ocurre siempre en la egiptología, las cosas no son tan sencillas. El ADN antiguo no se conserva demasiado bien en los climas cálidos; puede que sencillamente resulte imposible obtener una muestra válida para su análisis. La contaminación supone un auténtico problema. Tutankamón, por ejemplo, yació expuesto en el taller del embalsamador durante más de cuarenta días, antes de que se le aplicaran las vendas; 3.000 años después, de nuevo quedó expuesto mientras trabajaba el equipo de Carter, que sudaba, perdía células de la piel e incluso fumaba a su alrededor. Eso condujo directamente a un tercer problema. Aunque indudablemente tenemos las momias de muchos de los miembros de las familias reales de las dinastías 18, 19 y 20, no podemos estar absolutamente seguros de haber identificado correctamente esas momias, y el hecho de que casi todos los enterrados en el Valle muy posiblemente estuvieran emparentados entre sí, no hace más que aumentar la confusión. Sin comprender de una manera precisa quién es quién, los resultados del ADN, por muy precisos que sean, se quedan sin sentido, en esencia.

Sabemos que Tutankamón es Tutankamón (o, para ser más exactos, sabemos que aquellos que le enterraron creían que era Tutankamón) porque fue descubierto dentro de sus sarcófagos sellados. De forma similar, confiamos en que Yuya y Tuya sean quienes dicen que son. Pero todas las demás momias reales fueron desenvueltas y vueltas a envolver en la Antigüedad, y su identificación se basa en las etiquetas garabateadas por los funcionarios de la necrópolis, cientos de años después de su muerte. Algunas de esas etiquetas se pueden aceptar sin vacilar. La momia etiquetada como Ramsés II, por ejemplo, es la de un hombre extraordinariamente viejo, y eso parece razonable, ya que la historia nos dice que Ramsés gobernó el Egipto de la 19.ª dinastía durante más de sesenta años. Otras etiquetas son menos convincentes. En particular, la momia identificada como el veterano guerrero de la 18.ª dinastía Tutmosis I parece ser de un joven de veintipocos años, y eso resulta claramente incompatible con lo que conocemos de su historia.[2] De más relevancia para nuestro estudio de Tutankamón, la momia muy deteriorada identificada como Amenhotep III, que debería ser la del padre de Ajenatón y abuelo de Anjesenamón, ha recibido un escrutinio muy detallado porque exhibe una técnica de envoltorio muy anacrónica y es posible, por tanto, que no pertenezca al final de la 18.ª dinastía.[3]

De forma inversa, nuestra fascinación con la familia real de Amarna y nuestra familiaridad con determinados individuos nos ha llevado a concentrarnos en ese período, ignorando otros. La Dama Joven (KV 35 YL), descubierta en la cámara lateral de la tumba depósito de Amenhotep II, es un ejemplo excelente de este hecho. Aunque superficialmente hay poco que sugiera que se trata de un cuerpo de Amarna, todas las investigaciones de la década pasada han empezado suponiendo que lo es. Por tanto, resulta curioso que, mientras la Dama Mayor (KV 35 EL) y la Dama Joven se han sometido a intenso escrutinio, el «príncipe» anónimo que se encuentra entre ellas ha quedado virtualmente ignorado. Si esos tres cuerpos son, realmente, de Amarna, el del joven ¿podría ser el del hermano de Ajenatón muerto prematuramente, Tutmosis? ¿O el del hijo de Ajenatón cuyo nombre ignoramos? ¿O incluso del marido de la segunda princesa de Amarna, Meketatón?

A primera vista, todo esto parece muy negativo y descorazonador. Pero no debemos tomárnoslo así. Se trata simplemente de una explicación de por qué no podemos analizar sencillamente el ADN de Tutankamón y colocarlo en el hueco adecuado en su familia. La prueba no es tan definitiva como podría hacernos creer la prensa popular, y hay que tener en cuenta otros muchos factores. Entre ellos se incluyen los datos anatómicos y dentales que se obtienen más tradicionalmente y, por supuesto, las pruebas históricas y arqueológicas.[4]

Un asunto que se puede resolver de inmediato es el de la

edad de la muerte de Tutankamón, y a partir de ahí, la edad de su ascenso al trono. Siempre se supo que Tutankamón había disfrutado de un reinado relativamente breve. Antes de 1922 hubo algunas especulaciones sobre si fue un cortesano de edad que, en ausencia de heredero varón al trono, se convirtió en rey a través del matrimonio con la única princesa superviviente de Amarna, Anjesenamón, y luego murió de vejez. Esto ahora se ve firmemente descartado, ya que su cuerpo es innegablemente el de un joven que murió entre los diecisiete y los veintidós años de edad. Como la edad que se cita más comúnmente son los dieciocho, es la edad que usaremos para nuestra discusión. El último año de reinado de Tutankamón, indiscutible porque se confirma en una jarra de vino sellada descubierta en su tumba, es el año 9. Se encontró también un sello del «año 10»; es probable que se refiera a Tutankamón, pero el nombre real, que resultaría crucial, se omite y, por tanto, podría referirse a otro rey distinto. Un sello del «año 31» que pertenece a otro rey anónimo probablemente se refiera a un vino viejo sellado durante el reinado de Amenhotep III.

Combinando estas pruebas, podemos deducir que Tutankamón llegó al trono de niño, con unos ocho años, y que murió en el año décimo de su reinado, con dieciocho. Esto se ve apoyado considerando su guardarropa, que incluye al menos un traje de medida pequeña decorado con su cartucho: los cartuchos sólo los usaban los reyes y reinas. Su edad parece probar que se convirtió en rey por derecho —es decir, que nació en la familia real— y no por fuerza. Resulta difícil imaginar que alguien apoyase a un candidato al trono de ocho años de edad que no procediese de una línea de sucesión directa.

El apoyo adicional al nacimiento real de Tutankamón viene del hecho de que, siendo todavía un niño, se casó con la tercera hija de Ajenatón y Nefertiti. Las princesas de la 18.ª dinastía no se casaban fuera de la familia real. Se casaban con sus hermanos y medio hermanos, y muy ocasionalmente con sus padres, o no se casaban con nadie. El argumento de que Tutankamón debió de casarse con Anjesenamón porque era una heredera real que transmitía el derecho a reinar a su marido es totalmente erróneo: podemos ver, considerando los matrimonios de Amenhotep III y Tiya, y Ajenatón y Nefertiti, que los reyes no tenían necesidad alguna de casarse con «herederas».

El padre de Tutankamón: ¿Ajenatón?

Fuera de su tumba, Tutankamón parece confirmar su propio pedigrí real. Muchos de los bloques de piedra usados para construir los templos de Amarna fueron reciclados en los posteriores edificios de la ciudad vecina de Hermópolis Magna (la moderna Ashmunein). Un bloque con una inscripción semejante, aislado de sus compañeros y muy dañado, menciona al «hijo corporal del rey, su amado Tutankatón», ya que Tutankatón fue el nombre que usó el joven Tutankamón mientras residió en Amarna. Parece probable que formara parte de una escena más grande, y que originalmente Tutankamón estuviese situado frente a una princesa cuyo nombre está representado por el elemento «Atón».[5]

¿Quién es ese «padre corporal»? Dado que Tutankamón no podía tener más de ocho años de edad cuando se grabó esa escena, hay sólo tres posibilidades: Amenhotep III, Ajenatón y Semenejkara. En circunstancias normales se podría esperar que un rey fuese hijo del rey anterior. Sin embargo, en este caso no estamos demasiado seguros de quién fue el rey anterior: ¿disfrutó Semenejkara de un breve reinado independiente de unos dos años, o murió como corregente de Ajenatón y su propio reinado quedó subsumido enteramente dentro del de Ajenatón? Sin el cuerpo de Semenejkara, no podemos asegurar si vivió lo bastante para dejar un hijo de ocho años que le sucediera en el trono. Sin embargo, si suponemos que Semenejkara estaba en la línea directa de sucesión (hijo de Ajenatón y Nefertiti, o de Ajenatón y otra mujer, nacido dos años antes que la hija mayor, Meritatón) habría tenido aproximadamente unos catorce años cuando nació Tutankamón. Si Semenejkara era un hijo nacido de Amenhotep III y Tiya (o Amenhotep III y otra reina distinta), habría sido mucho mayor al nacer Tutankamón.

Tutankamón parece establecer por sí mismo el asunto. Los «Leones Prudhoe» son un par de estatuas de granito rojo de la 18.ª dinastía cuyas múltiples inscripciones reflejan su complicada historia. Creadas para custodiar el templo de Amenhotep III en Soleb, en Nubia, en el siglo III a. C., fueron transferidas a la ciudad nubia de Gebel Barkel por el rey nubio Amanislo. Finalmente se transfirieron al British Museum. Un texto grabado en nombre de Tutankamón (que fue luego usurpado por Amanislo) anuncia en términos bastante inequívocos que Amenhotep III es su padre:

> Aquel que renovó el monumento de su padre, el rey del Alto y Bajo Egipto, Señor de las Dos Tierras, Nebmaatre, imagen de Ra, Hijo de Ra, Amenhotep, gobernante de Tebas.[6]

Esto se ve reforzado por la dedicatoria, tallada en el mango de un instrumento astronómico de madera, que se guarda en el Museo del Instituto Oriental, de Chicago, al «padre de su padre», Tutmosis IV.

Desgraciadamente, no podemos tomarnos todas esas declaraciones al pie de la letra. La palabra «padre», en lengua egipcia, podía usarse también para describir al abuelo, al bisabuclo o a cualquicr antcpasado en general, mientras que «hijo» podía significar también yerno o nieto. El hecho de que Ajenatón reinase durante diecisiete años (la duración de su reinado confirmada por dos etiquetas de vasijas) sugiere que Amenhotep III murió diecisiete años antes que Ajenatón. Sólo podía haber dejado un hijo de ocho años que gobernase después de Ajenatón si él mismo hubiese compartido primero una regencia de nueve años con Ajenatón, usando cada rey sus propias fechas, de modo que el año 1 de Ajenatón fuese el año 29 de Amenhotep. Si debemos insertar además el breve reinado de Semenejkara, o el enigmático Neferneferuatón, o ambos, entre los reinados de Ajenatón y Tutankamón, la corregencia tendría que haber sido más larga aún. Aunque no es enteramente imposible, parece bastante improbable que una regencia de tantos años pudiera pasar sin mención alguna en los registros históricos.[7]

Parece mucho más probable que Tutankamón fuera hijo o bien de Ajenatón o de Semenejkara. No hay señal alguna de un hijo real en la corte de Amarna, pero eso no significa que no hubiese un hijo: en ese caso, la ausencia de pruebas no se puede tomar definitivamente como prueba de ausencia. Las muchas imágenes de la familia real de Amarna no se pueden tomar como el equivalente antiguo de los retratos familiares, y mucho menos pueden interpretarse como fotos casuales de la vida de la familia real. Mientras las hijas reales siempre serían parte de su familia de nacimiento, y se las representaría ofreciendo su continuo apoyo femenino a su padre, los hijos eran posibles reyes, herederos y, hasta cierto punto, rivales de su padre. Se los excluía de los grupos familiares, que deben ser tomados, en el mejor de los casos, como una ilustración del rey y sus partidarios más devotos; una combinación de su madre, su consorte y sus hijas. Esto se ilustra muy bien en la propia familia de nacimiento de Ajenatón. Sabemos que su madre, Tiya, dio a luz al menos a seis hijos: dos varones (Tutmosis y Amenhotep) y cuatro mujeres (Sitamen, Henut-Taneb, Isis y Nebetah). Sin embargo, los dos príncipes quedaron completamente eclipsados por sus hermanas, que aparecen regularmente junto a sus padres en el arte formal. Esto ofrece el curioso efecto de Ajenatón apareciendo de la nada al subir al trono de su padre, y ha conducido a teorías ingeniosas, aunque erróneas, de por qué llevó una niñez «oculta».

Un posible fallo en la teoría de Ajenatón como padre es la suposición habitual de que Ajenatón no podía engendrar hijos porque sufría de una patología genética. Esta suposición no cuadra con el hecho de que Ajenatón se considerase a sí mismo padre de las seis hijas de Nefertiti, más otros hijos nacidos en el harén real, y plantea entonces la cuestión de la paternidad de Semenejkara. Aquí, por supuesto, debemos suponer que Nefertiti y las otras damas del harén no eran reiterada y unánimemente infieles a Ajenatón.

La teoría de la infertilidad no se basa en pruebas médicas, sino en obras de arte de Ajenatón. Durante más de mil años las normas de representación artística decretaban que los egipcios de élite debían aparecer como físicamente perfectos, sin defecto ni imperfección alguna. Los hombres debían ser eternamente jóvenes, con cuerpos firmes y la piel bronceada, o maduros estadistas con pechos colgantes y blandos rollos de grasa. Las mujeres debían ser bellas, esbeltas, pálidas y jóvenes (y presumiblemente fértiles), aunque muy de vez en cuando aparecía alguna mujer anciana presentada como sabia. Al principio Ajenatón se adhirió a esa tradición, y sus primeros retratos le muestran como un monarca convencional de la 18.ª dinastía, aunque ligeramente regordete. A finales del año 5, sin embargo, apareció llamativamente distinto a todos los faraones anteriores. Su estrecha cabeza se había alargado más aún, su longitud acentuada por su preferencia por los tocados altos y la tradicional falsa barba. Su rostro mostraba unos ojos almendrados, lóbulos de las orejas carnosos, mandíbula colgante, la nariz larga, las mejillas hundidas, los pómulos pronunciados y los labios gruesos. Sus hombros, pecho, brazos y parte inferior de las piernas eran enclenques y poco desarrollados, y sus clavículas excesivamente prominentes, y sin embargo tenía las caderas anchas, los muslos gruesos, los pechos redondeados, la cintura estrecha y el estómago también curvado. Muchos egiptólogos tempranos quisieron interpretar esa imagen altamente feminizada como una verdadera representación del rey mismo. Esto condujo a la suposición de que Ajenatón debía padecer una enfermedad grave: entre las muchas sugerencias que se hicieron, aparecieron la enfermedad de Marfan, el síndrome de Fröhlich, el síndrome de retraso mental de Wilson-Turner ligado al cromosoma X y el síndrome de Klinefelter.[8] Algunas de esas enfermedades, aunque no todas, habrían hecho que Ajenatón fuese estéril.

Diagnosticar una enfermedad a través de una obra de arte es un proceso muy peligroso: ya hemos visto que la cabeza malformada de Anjesenamón, citada en tiempos como prueba de la práctica del vendado de la cabeza de los bebés, fue «corregida» en las obras de arte de su marido. Hoy en día, aunque la teoría de la enfermedad de Ajenatón sigue siendo popular en las historias alternativas, la mayoría de los egiptólogos están de acuerdo en que el arte de Ajenatón no se puede tomar demasiado literalmente, y que sus artistas buscaron representar la esencia de su rey, más que su aspecto externo. Además, este arte «nuevo» no es algo que surgiera de repente. Ajenatón no hizo otra cosa que acelerar y exagerar una evolución artística que ya estaba en marcha y que se había iniciado durante el reinado de su padre. Su nueva imagen se podía basar a grandes rasgos en su propio aspecto (realmente, los trajes de Tutankamón sugieren una tendencia familiar a acumular peso en las caderas) pero es muy probable que se hubiese exagerado para reflejar su interés por una deidad autocreadora, sin género.

El padre/hermano de Tutankamón: KV 55 revisitada

La mohosa y descompuesta momia que Davis descubrió en KV 55, y que rápidamente redujo al esqueleto, hoy en día se alberga en el Museo de El Cairo. A pesar de la convicción de Davis de que eran los restos de la reina Tiya, se acepta universalmente que los restos son masculinos, y que son los de alguien relacionado estrechamente con Tutankamón. Sin embargo, eso es lo único en que hay consenso. Los expertos ni siquiera se ponen de acuerdo en el estado de los huesos, que algunos han clasificado como muy malo, otros como bueno, mientras que la forma del cráneo se ha descrito como ancha y plana, y larga. Tan asombrosas son las discrepancias que resulta tentador suponer que los expertos no siempre han examinado el mismo cuerpo.[9]

La tumba KV 55 aportó unos objetos que tenían su origen en la tumba real de Amarna. Originalmente se selló con el sello de Tutankamón: eso sugiere que Tutankamón fue el responsable de vaciar la tumba de Amarna y transferir su contenido a Tebas. Como Tutankamón fue el responsable del abandono de Amarna, esto tiene sentido. Pero el mismo Tutankamón murió aproximadamente a los dieciocho años, y no pudo haber enterrado a un hijo adulto suyo. La momia de la KV 55, por tanto, es probable que sea la de su padre (Ajenatón o Semenejkara, o algún otro individuo real) o su hermano (Semenejkara, un individuo real desconocido o, como posibilidad muy remota, Ajenatón). Está claro que la edad en el momento de la muerte es el factor crucial en este caso. Cuanto más avanzada sea, más probable es que se trate de Ajenatón; cuanto más joven, más probable es que se trate de Semenejkara. Desgraciadamente es un tema de continuo debate por parte de los expertos. Smith estimó inicialmente una edad de la muerte a los veinticinco o veintiséis años. Se mostró muy categórico en ese sentido:

> ... la edad estimada de veinticinco o veintiséis años podría, en algún individuo dado, ser disminuida o aumentada en dos o tres años, si su crecimiento fuera precoz o retardado, respectivamente.
>
> Los arqueólogos me han planteado este asunto: «¿Es posible que estos huesos sean los de un hombre de veintiocho o treinta años de edad?». Ningún anatomista podría negar justificadamente que ese individuo podía tener veintiocho años, pero es altamente improbable que tuviese treinta años, siempre que fuese normal.[10]

Smith, sin embargo, se veía influido por su creencia inamovible de que los restos pertenecían a Ajenatón. Está claro que Ajenatón se suponía generalmente que había vivido al menos treinta años, y probablemente más aún, pero si llegó al trono de niño, a los nueve o diez años, y si hubiera tenido una corregencia larga, no era imposible que fuese bastante joven al morir. Esto, sin embargo, suscita preguntas sobre el nacimiento de Meritatón, que nació antes del final del año 1 de su reinado. Smith entonces reconsideró su conclusión:

> No creo que ningún estudioso sin prejuicios que estudie solo las pruebas arqueológicas pueda albergar duda alguna de la identidad de esta momia, si no fuera por el hecho de que es difícil, sólo con las pruebas anatómicas, asignar una edad suficiente a ese esqueleto como para satisfacer las exigencias de la mayoría de los historiadores, que quieren al menos 30 años en los cuales amontonar todos los acontecimientos del reinado de Khouniatonou [Ajenatón], muy ajetreado... Si, con pruebas arqueológicas claras que indiquen que éstos son los restos de Khouniatonou, el historiador puede aportar datos irrefutables que demuestren que el rey herético pudo tener 27 o incluso 30 años de edad, estaría dispuesto a admitir que el peso de las pruebas anatómicas, en oposición a ese hecho, es demasiado ligero para considerarlo absolutamente prohibitivo.[11]

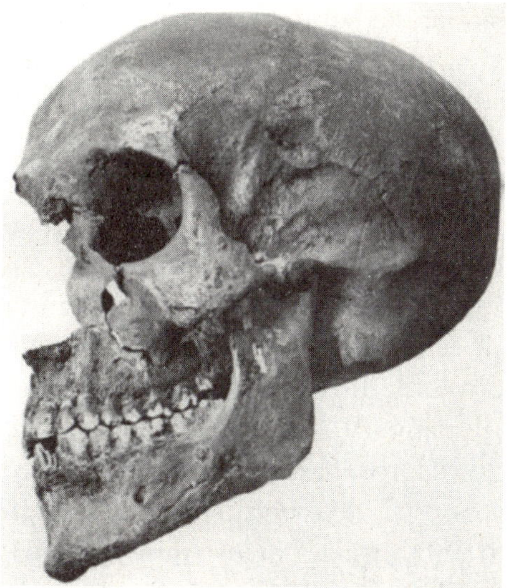

18. Cráneo de la momia de la KV 55: Ajenatón para algunos, Semenejkara para otros.

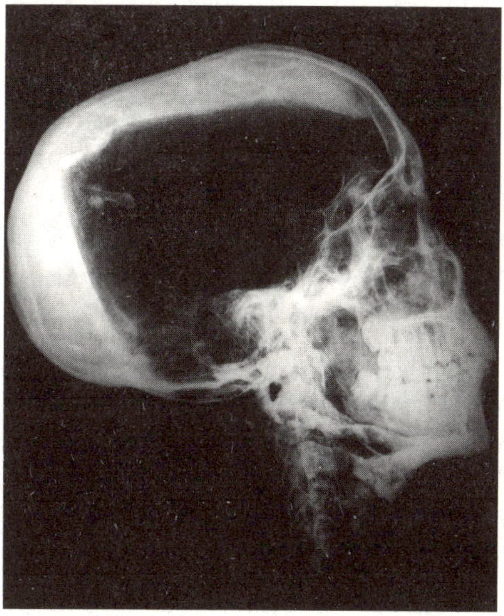

19. La radiografía que hizo Harrison de la momia de Tutankamón: las dos capas de resina en el interior del cráneo son claramente visibles.

Derry restauró el cráneo roto y realizó un examen anatómico completo de los restos, deduciendo que el modelo de las epífisis fusionadas y sin fusionar, las suturas craneales sagitales, mal desarrolladas, y un tercer molar superior derecho aún no aparecido indicaban que su propietario no podía tener más de veinticinco años de edad al morir.[12] Harrison estaba de acuerdo: KV 55 había muerto con menos de veinticinco años de edad y, en realidad, «si se utilizan determinados criterios anatómicos variables, es posible afirmar de una manera más definida que la muerte ocurrió a los veinte años».[13] La anatomista Joyce Filer también está de acuerdo: «[las pruebas esqueléticas] apuntan a alguien de veintitantos años; ciertamente, por los dientes, incluso más joven aún».[14]

Como contraste, Wente y Harris, basando sus análisis sobre todo en la cabeza y los dientes, están de acuerdo con Smith, sugiriendo una edad de entre treinta y treinta y cinco años.[15] El análisis más reciente, hecho por el equipo del Consejo Supremo de Antigüedades, va más allá aún, y estima la edad de la muerte desde los treinta y cinco o cuarenta y cinco años hasta los sesenta, mucho más improbables.[16] Como han observado algunos comentaristas, si Ajenatón murió a los sesenta años, realmente habría sido varios años más viejo que su propia madre, Tiya (identificada por el mismo equipo como KV 35 EL), que murió aparentemente a los cuarenta años, no más de diez años antes de la muerte de Ajenatón. Citando pruebas de ADN, el equipo egipcio ha identificado la momia de KV 55 como padre de Tutankamón e hijo de Amenhotep III y Tiya: esto podría indicar que es Ajenatón, o bien el hermano mayor de Ajenatón, Tutmosis, o bien otro hermano desconocido, que podría ser Semenejkara, por supuesto. Su conclusión es que «lo más probable es que sea Ajenatón». Esta identificación, que parece contradecir las pruebas que ofrecen los huesos, ha provocado un amplio debate, y muchos todavía identifican a la KV 55 como el relativamente joven Semenejkara. El nexo con la momia conocida como Amenhotep III es curioso, ya que parece altamente probable que esta momia se haya etiquetado mal, como ya hemos visto.

En 2010, un dedo del pie de la momia KV 55 fue devuelto de la Universidad de Liverpool a Egipto pasando por Suiza. El dedo, que tomó prestado con permiso el equipo de Harrison en 1968, fue usado por Robert Connolly para determinar el grupo sanguíneo de la momia (A2, con antígenos M y N; el mismo que Tutankamón).

La madre de Tutankamón: ¿Nefertiti?

Si el padre de Tutankamón era Ajenatón, la elección obvia para su madre era Nefertiti, madre de Anjesenamón.[17] Como era consorte de Ajenatón, o reina principal, el hijo de Nefertiti sería el primero en la línea para heredar el trono de Ajenatón. Sólo si ella no conseguía tener un heredero se podía esperar que Ajenatón buscase en otro lugar su sucesor.

Como la reina Tiya antes que ella, Nefertiti no era una mujer de sangre real. Sin embargo, tampoco carecía de conexiones. Una hermana menor suya, Mutnodjmet, aparece en las escenas cortesanas de Amarna, donde a menudo se la ve acompañada por enanos. Mucho más interesante es la Dama Tiye, cuyos títulos incluyen «Favorita del Buen Dios; Niñera de la Gran Esposa del Rey, Nefertiti; Niñera de las Diosas; Ornamento del Rey».[18]

En su tumba compartida de Amarna, Tiye y Ay están de pie juntos recibiendo unos collares de oro como regalo de su rey y reina. Para una esposa, ser honrada de esa forma carece de precedentes; está claro que Tiye era una dama de la mayor importancia. ¿Podía ser que no se tratase simplemente de la niñera de Nefertiti, sino de su madrastra? Por otra parte, las pruebas circunstanciales sugieren que su marido Ay pudo ser el segundo hijo de Yuya y Tuya. Si esto es correcto, era hermano de la reina Tiya, y Nefertiti era la prima carnal de Ajenatón. El constante uso de Ay del título de Yuya, «Padre de Dios», apoya la idea de que él también fuese suegro del rey.

Nefertiti tuvo seis hijas que sobrevivieron, bien documentadas, las tres mayores nacidas en Tebas y las tres menores en Amarna. Podemos estimar sus años de nacimiento refiriéndonos a su aparición en el arte de su padre. No es un sistema infalible, ni mucho menos (pueden faltar hijas aun cuando sospechemos que estaban vivas, y puede haber algún lapso de tiempo sin representar a alguna hija hasta que se hubiese destetado), pero no es probable que aparezca ninguna hija antes de haber nacido. Esa prueba sugiere el siguiente calendario familiar:

- Meritatón (Amada de Atón): nacida no más tarde del año 1, muy probablemente antes de que su padre subiera al trono.
- Meketatón (Protegida por Atón): probablemente nacida en el año 4.
- Anjesenpatón (Viviendo a través de Atón): nacida antes de finales del año 7, muy probablemente antes del año 6.
- Neferneferuatón-la-Joven (Exquisita Belleza del Disco Solar): probablemente nacida en el año 8.
- Neferneferura (Exquisita Belleza de Ra): nacida antes del año 10.
- Setepenra (Elegida de Ra): nacida antes del año 10.

Nada hace suponer que Nefertiti tuviera un hijo. Eso no significa, sin embargo, que no lo hiciera; en realidad pudo tener muchos hijos varones. Nefertiti no tenía una hija cada año, y pudo haber estado casada con Ajenatón varios años antes de que naciera Meritatón. ¿Los «huecos» que hay podrían ser los años en los que dio a luz varones? Por supuesto, podrían ser simplemente huecos naturales (tiempos, quizá, en que Ajenatón estaba distraído con las reinas de su harén) o años en que los bebés nacieron y murieron.

No se menciona la muerte de Nefertiti, pero eso no es nada inusual: las muertes de las reinas raramente se mencionan. Su momia no fue descubierta, y lo único que tenemos es un *shabti*, recuperado en dos trozos, y que lleva la inscripción:

> La Heredera, alta y poderosa en palacio, en la que confió el Rey del Alto y Bajo Egipto, Neferjeperura Waenra, Hijo de Ra, Grande en vida, la Esposa Principal del Rey, Neferneferuatón-Nefertiti, Viviente para siempre.[19]

No hay forma de saber si ese *shabti* fue usado en el entierro de Nefertiti o, como sugiere Cyril Aldred, fue grabado durante el período de embalsamamiento, de modo que sus palabras indicarían que murió y fue enterrada en Amarna durante el reinado de su marido, probablemente en el año 14.[20] Sin embargo, igual que la prematura muerte de Tutankamón había atraído muchas y variadas teorías de asesinato, del mismo modo cuesta aceptar en general que Nefertiti o bien murió de muerte natural durante el reinado de su marido, o simplemente se retiró de la vida pública. En realidad, en los mundos alternativos de la egiptología se resisten a aceptar que murió, a secas.[21] Mientras ella se desvanece de los registros arqueológicos no mucho después del año 12 de Ajenatón, la negación de su muerte o retirada va de la mano con la suposición de que cambió de identidad y sigue presente en los registros arqueológicos, pero no podemos verla porque está disfrazada. Esto no es tan descabellado como podría parecer a primera vista: la corte real de Amarna era muy dada a cambiarse los nombres oficiales para reflejar sus creencias.

Los nombres reales Anjjeperura Semenejkara y Anjjeperura Neferneferuatón (o su contrapartida femenina, Anjetjeperura Neferneferuatón) se descubrieron en contextos arqueológicos sólidos en asociación con el nombre de Ajenatón; algunos de los nombres de Neferneferuatón llevaban el epíteto «efectiva para su marido».[22] Esos nombres podían referirse a una persona o dos (o menos probablemente, a tres).[23] La versión de Semenejkara fue descubierta junto al nombre de Ajenatón en una jarra de calcita recuperada de la tumba de Tutankamón; ambos nombres fueron borrados en la Antigüedad. La versión de Neferneferuatón se encontró junto al nombre de Ajenatón en un fragmento de una estela de Amarna, y en una caja de la tumba de Tutankamón, que también da a Meritatón el nombre de «Gran Reina».

En los años setenta, John Harris usó estas pruebas filológicas para sugerir que Nefertiti no murió durante el reinado de su marido, sino que se quedó en Amarna donde, bajo una sucesión de nombres, gobernó primero como corregente y luego como sucesora de Ajenatón.[24] Demuestra de una manera bastante convincente que durante la primera parte del reinado de Ajenatón, el nombre de Nefertiti evolucionó desde el simple Nefertiti, usado en el momento del matrimonio, a Neferneferuatón Nefertiti (adoptado a finales del año 5). Al mismo tiempo, ella empezó a usar el doble cartucho (prerrogativa de los reyes) y una forma ampliada del título de consorte, «Gran Esposa del Rey», que ponía el énfasis en su estatus único. Mucho más especulativa es la evolución subsiguiente hacia el final del reinado de Ajenatón, cuando Neferneferuatón Nefertiti desaparece, al uso de un prenomen y nomen de rey que permite a Neferneferuatón Nefertiti convertirse en la cogobernante de Ajenatón, Anjjeperura Neferneferuatón (o en femenino, Anjetjeperura Neferneferuatón). Tras la muerte de Ajenatón, Anjjeperura Neferneferuatón gobierna sola entonces como Anjjeperura Semenejkara, promoviendo a su hija mayor Meritatón (ya casada con Semenejkara) al papel necesario de reina consorte. Cuando murió, fue sucedida por Tutankamón. En una variante de esta teoría, Neferneferuatón Nefertiti sirve como corregente femenina de Ajenatón, Anjjeperura Neferneferuatón; a la pareja luego sucede el rey Anjjeperura Semenejkara (varón) y su consorte Meketatón.

Un grafito garabateado en una tumba tebana (TT 139) por el dibujante Pawah resulta interesante aquí. Pawah dirige una plegaria no a Atón, sino al dios tradicional de Tebas, Amón. Data sus escritos en el año 3 del rey «Anjjeperura, amado por Atón, el hijo del [dios del sol] Ra: Neferneferuatón amada de Waenra [Ajenatón]».[25] Pawah menciona un edificio tebano conocido como la «Mansión de Anjjeperura»: está claro que Anjjeperura Neferneferuatón está financiando construcciones fuera de Amarna. Esto se puede contrastar con una jarra de vino etiquetada como de la «casa de Semenejkara», que lleva la fecha real de año 1. ¿Son reinados en solitario e independientes, o bien es una corregencia que corre junto a los propios años de Ajenatón?

Por muy atractiva que sea la teoría de Nefertiti como Anjjeperura Neferneferuatón, hay un par de obstáculos bastante obvios. Primero, aunque ella indudablemente era una consorte poderosa (hay escenas únicas en las que aparece golpeando a los enemigos de Egipto, por ejemplo, una acción normalmente reservada para el rey), no existe prueba directa alguna que indique que Nefertiti gobernó Egipto, ya fuera como corregente o como reina en solitario, y muchos antecedentes sugieren que este movimiento se habría considerado imposible. Ningún rey de Egipto habría promovido nunca a una esposa suya, y mucho menos una esposa que no era de sangre real, al papel de cogobernante. Ajenatón no era famoso por su observancia fanática de la tradición, pero todas sus innovaciones tuvieron el efecto de reforzar su propia posición, y no disminuirla.

En segundo lugar (y ésta es una reacción instintiva y visceral) parece extrañamente complicado e innecesario. ¿Por qué, teniendo a Tutankamón para sucederle (ya fuera como hijo o como nieto), iba Ajenatón a considerar siquiera emprender la ruta difícil y tortuosa de nombrar a una corregente femenina? ¿Se habría aceptado tal cosa? ¿Por qué, primero como corregente y luego como rey, Nefertiti habría tenido la necesidad de seguir cambiándose el nombre?

La madre de Tutankamón: ¿Sitamen?

La princesa Sitamen era la hija mayor y más importante de Amenhotep III y Tiya.[26] Tiene pocos monumentos propios, sin embargo, y es más conocida por los muebles suyos que se dedicaron al enterramiento de sus abuelos, Yuya y Tuya. Allí, en el respaldo de un trono muy adornado, aparecen dos imágenes de Sitamen en simetría especular. Sitamen está sentada en un trono. Lleva una corona con un alto capullo de loto, ornamentada con dos cabezas de gacela en lugar de ureo, y sujeta unas cuentas *menyt* y un *sistrum*, objetos femeninos que la ligan con el culto de la diosa Hathor.[27]

Hacia el final del reinado de su padre, Sitamen empezó a usar el título de Gran Esposa del Rey, aunque nunca tomó la precedencia sobre su madre, Tiya. Esto implica, obviamente, que Sitamen debió de casarse con Amenhotep III. Los matrimonios padre-hija eran muy raros, sin embargo, incluso en la incestuosa familia real, y queda la posibilidad de que se casara con uno de sus hermanos, un hermano que, quizá, sirviese como corregente junto a Amenhotep III. ¿Podría ser ella la madre de Tutankamón? El fallo aquí es su aparente matrimonio con Amenhotep III; como ya hemos visto, es muy improbable que éste fuese el padre de Tutankamón. Resulta difícil imaginarla casándose con Ajenatón después de la muerte de Amenhotep, ya que las reinas viudas, en la dinastía 18.ª, no se volvían a casar. Sitamen, por tanto, sólo habría podido ser la madre de Tutankamón si, en lugar de Amenhotep, se hubiese casado originalmente con su hermano (corregente de Amenhotep) Ajenatón. Es improbable que quedase sin registrar semejante matrimonio.

La momia de Sitamen no ha sido identificada nunca.

La madre de Tutankamón: ¿una desconocida reina del harén?

Aunque el padre de Tutankamón debió de ser un importante miembro de la realeza, su madre pudo haber sido una anónima reina del harén. Ésta era una situación bastante habitual, ya que, mientras Ajenatón mismo era hijo de una reina consorte (Tiya), su padre Amenhotep era hijo de una reina del harén no real (Mutemwia), y su abuelo Tutmosis IV también (Tia). Si hubiera sido el caso, no podemos esperar saber mucho de la madre de Tutankamón durante el reinado de su marido, cuando sería simplemente una más entre muchas, pero quizá hubiera sido de esperar que Tutankamón la hubiese mencionado en sus propios monumentos: la inesperada muerte del rey quizá impidió que fuera así.

Se puede establecer un paralelo aquí con Mutemwia, una mujer de sangre no real, sin perfil público alguno antes de la ascensión de su hijo al trono.[28] Resulta tentador especular que Mutemwia nació en la poderosa familia de Yuya de Ajmim (y que Yuya quizá fuese su hermano) y que ella tramara el matrimonio de su hijo con su prima Tiya, aunque no existe prueba alguna de ello. Amenhotep se sintió muy feliz de promover a su madre durante su reinado, en el que representó un importante (y necesario) elemento en la leyenda de su propio nacimiento. Al hacerlo restableció la tradición de la 18.ª dinastía de respetar a las mujeres fuertes y que ofrecían apoyo (madres, esposas y hermanas) y que continuaría hasta el final de su linaje familiar. Amenhotep incluyó la estatua de su madre en su templo conmemorativo, y ella figura a una escala más pequeña junto a la pierna izquierda de las enormes estatuas sedentes de Amenhotep conocidas hoy en día como los Colosos de Memnón, que todavía siguen en su posición original junto a la puerta de su templo conmemorativo, ya desaparecido. Acompañando a Mutemwia se encuentran Tiya y una de sus cuatro hijas; de ese modo, Amenhotep hace hincapié en sus relaciones con tres generaciones de mujeres reales, una madre de rey, una esposa de rey y una hermana de rey; sólo una de ellas nació con sangre real.

La madre de Tutankamón: ¿Tadujepa de Mitanni?

Incluidas entre las reinas del harén se encontraban esposas extranjeras de alto rango adquiridas mediante matrimonios diplomáticos que cimentaban las alianzas políticas de Oriente Próximo. Las esposas viajaban en una sola dirección. Como Amenhotep III tuvo que explicar a Kadashman-Enlil I de Babilonia, los reyes egipcios no permitían que sus hijas se casaran con extranjeros. Kadashman-Enlil discutió, luego suplicó (incluso pidió a una mujer egipcia a la que pudiera hacer pasar por princesa), pero no sirvió de nada.[29] El todopoderoso rey de Egipto podía imponer las normas que quisiera. Aunque sabemos poco del harén de Ajenatón, ahora sabemos que su padre se casó con dos princesas de Babilonia (sur de Irak), dos de Siria, una de Arzawa (sudoeste de Anatolia) y dos de Mitanni (norte de Siria/norte de Irak).

Incluida en el harén de Ajenatón estaba Tadujepa, hija del rey Tushratta de Mitanni. Tadujepa estaba destinada a casarse con el anciano Amenhotep III, pero el novio murió mientras ella viajaba a Egipto, y el matrimonio no se llegó a consumar. En lugar de volver a casa con su espléndida dote, rompiendo los lazos diplomáticos, Tadujepa se casó con el nuevo rey, Ajenatón. Por tanto, en teoría, podía ser la madre de Tutankamón. Sin embargo, se puede debatir si un hijo medio mitanniano, cuyos parientes extranjeros podían verse tentados a reclamar su herencia egipcia, habría sido considerado un candidato satisfactorio para el trono.

La madre de Tutankamón: ¿Kiya?

Una candidata más firme para el papel de madre de Tutankamón pudo ser la importante reina del harén Kiya, con quien nos encontramos por última vez en KV 55.[30] No tenemos ninguna escultura confirmada de Kiya, pero su imagen bidimensional ha sobrevivido en bloques de Amarna, permitiéndonos reconocer su rostro, que aparece mucho más suave y redondo que el de Nefertiti, más anguloso. Kiya lleva una peluca con peinado a lo paje y pendientes redondos, de modo que existe la tentación de considerar que cualquier mujer de Amarna con pendientes grandes es Kiya (lámina 6).

Kiya, como Nefertiti, es una mujer de origen oscuro. Es enteramente comprensible, aunque frustrante: si ninguna de las dos era de sangre real, ambas se habrían definido por su relación con el rey, y no habría valido la pena consignar nada más. Si alguna de las dos era de sangre real, hija de un rey por ejemplo, podíamos haber esperado que nos lo contaran, ya que ese título tan importante no se habría olvidado. Kiya es un nombre algo inusual; quizá fuese una contracción de un nombre egipcio más largo, o quizá era una versión adaptada al egipcio de un nombre extranjero impronunciable. Que Tadujepa se convirtiese en Kiya, la amada de Ajenatón, es una teoría atractiva y popular (propia de la ficción romántica), pero carece por completo de pruebas.

Kiya nunca ostentó el título de consorte «esposa del rey» (ni tampoco el título familiar «hija del rey») y nunca llevó el ureo real en la frente, pero se le permitió representar un papel especial en los rituales de la adoración de Atón, que hasta aquel momento se habían confiado a Ajenatón y Nefertiti. Kiya no sólo tenía su propio templo «sombrilla» (un templo o capilla femenina asociada con el culto de Atón) que habría tenido su propia concesión de tierras y por tanto sus propios ingresos, sino que también estaba autorizada a oficiar junto a Ajenatón y, más sorprendente aún, sola.[31] Esto tendría que haber sido imposible: la teología tradicional enseñaba que los reyes eran los únicos mortales capaces de comunicarse con los dioses. Sin embargo, imágenes recuperadas de Tebas muestran que Nefertiti también pudo realizar ofrendas a Atón. En el caso de Nefertiti, iba acompañada por su hija mayor, Meritatón (o más raramente con Meketatón o Anjesenpatón), que representaba el papel fundamental de consorte.

Hay buenas pruebas circunstanciales que sugieren que Kiya dio a Ajenatón al menos una hija: dos bloques muy estropeados, recuperados de Hermópolis Magna, nombran una hija del rey (cuyo nombre se ha perdido) en asociación con el nombre y el título de Kiya, mientras que las imágenes de Kiya con una hija fueron alteradas más tarde para mostrar a Meritatón con una hija.[32] La tumba real de Amarna ofrece más pruebas circunstanciales de que al menos dio un hijo a Ajenatón: o bien la misma hija anónima o bien otro.

La tumba de Ajenatón estaba tallada en el *Wadi* real (un lecho de río seco que pasaba entre los acantilados que formaban la frontera oriental de su capital). Aquélla, igual que la tumba tebana de su padre, era una estructura grande, diseñada para acoger a múltiples ocupantes. Las pruebas arqueológicas (fragmentos de artículos funerarios y pinturas murales) sugieren que, aunque nunca se terminó, fue usada para varios enterramientos. Desgraciadamente, cuando se descubrió en la década de 1880, la tumba había sido saqueada en la Antigüedad y en tiempos recientes, y no quedaban enterramientos intactos. De nuevo, Rider Haggard se sintió inspirado para escribir en *The Times:*

> Hacia el año 1886 o 1887, el difunto Rev. W. J. Loftie nos dijo al difunto Mr. Andrew Lang y a mí mismo que cuando estaba pasando el invierno anterior en Alejandría, como era su costumbre, algunos árabes que habían descubierto las tumbas

> de la reina Thi y su nuera, la reina Nefertiti, la esposa de Khuenaten (presumiblemente en Tel el-Amarna), le habían llevado los ornamentos de oro que encontraron con aquellos cuerpos. Él añadió que creía que habían roto los cuerpos y los habían destruido después de saquearlos. El señor Loftie dijo que compró todos los ornamentos excepto las mortajas de oro y dos anillos de oro privados o personales, cada uno de ellos arrancado a la momia de cada reina. Éstos los dejó porque no llevaba más dinero consigo para pagarlos.[33]

Haggard nos cuenta que Loftie finalmente volvió para comprar los anillos, y que Lang compró el anillo de «Thi» (que llevaba una representación de Bes) mientras que Haggard compró el de Nefertiti (que llevaba inscritas las palabras «Bes la viviente, la viviente Bes». El resto de la colección fue vendido por el reverendo Loftie, y finalmente entró en las colecciones del Museo de Edimburgo.

Las paredes enyesadas y decoradas de la tumba sufrieron grandes daños, pero gran parte de las escenas supervivientes muestran al rey y su familia bendecidos por los rayos de Atón. En la habitación Alfa, Muro F, sin embargo, vemos imágenes que serían extraordinarias en cualquier contexto del Antiguo Egipto.[34] Es posible presumir dos registros, uno encima del otro, que cuentan una historia continua. En la primera escena, que está situada en palacio, vemos a Ajenatón y Nefertiti con el brazo derecho levantado hasta la cabeza, como señal de dolor. Están de pie ante algo o alguien que, desgraciadamente, ha desaparecido. Fuera de la habitación se encuentra una mujer que lleva a un bebé en brazos, mientras un ayudante tiende un abanico, símbolo de la realeza, por encima del bebé. Frente a ellos, unas mujeres del séquito se lamentan y un grupo de dignatarios varones levantan los brazos, afligidos. En la segunda escena vemos el cuerpo rígido de una mujer en un ataúd. Ajenatón y Nefertiti de nuevo muestran actitud de duelo, y Ajenatón levanta el brazo para coger el de su mujer, en un gesto conmovedor que nos habla desde los siglos. No hay señal de ningún bebé, pero las mujeres del séquito lloran también, y a una de ellas, vencida por el dolor, la sostienen dos hombres.

Parece que ha muerto una madre dando a luz a un hijo,

una tragedia muy común en el Antiguo Egipto, pero una escena raramente representada en una Cámara de Enterramiento, que es un lugar de renacimiento. Es posible que en realidad el bebé fuera la propia difunta, renacida después de la muerte. O bien, si separamos al bebé de la escena de la muerte, puede ser que estemos presenciando la muerte de una o dos de las princesas más jóvenes.[35]

Sin embargo, si leemos la escena en el sentido más literal, vemos a una madre que muere de parto en presencia del rey y la reina. Como podemos identificar a Nefertiti por su exclusiva corona con la parte superior plana, sabemos que no es ella la muerta. Es posible que la madre muerta fuese una de las esposas reales, pero parece improbable, ya que la muerte de Meketatón está representada por todas partes en la misma tumba mientras que Meritatón y Anjesenpatón, las únicas hijas lo suficientemente mayores como para tener hijos durante el reinado de su padre, parece que sobrevivieron a sus padres. Es mucho más probable que la dama del lecho sea Kiya, muriendo al dar a luz a uno de los hijos de Ajenatón.

Kiya se desvanece (presumiblemente muere) a finales del año 12 de Ajenatón, aunque una solitaria etiqueta de vino apunta a que podía estar viva en el año 16.[36] Su momia nunca se ha identificado, pero como hemos visto, algunos de sus artículos funerarios estaban incluidos entre los objetos de la KV 55, donde se mezclaron con los de Ajenatón y Tiya. Esto seguramente confirma que a ella se le concedió un enterramiento acorde con una mujer de mayor estatus. Y en el Antiguo Egipto, el mayor estatus que podía conseguir una mujer de linaje no real era el de madre de un rey. ¿Dio a luz ella al heredero o herederos varones de Ajenatón? De nuevo, existe un impedimento. Nadie podía saber que Kiya iba a convertirse en madre de un rey hasta después de que hubiese muerto Ajenatón y su hijo o hijos le sucediesen efectivamente en el trono. Hasta ese momento ella, como Mutemwia antes que ella, sólo era una de las (suponemos) muchas reinas fértiles del harén. De modo que ¿es Kiya una pista falsa?

Después de su muerte, los escultores se pusieron a trabajar y quitaron el nombre y los títulos de Kiya y, en muchos casos, los reemplazaron con el nombre de la princesa de mayor edad, Meritatón. La imagen tridimensional de Kiya fue alterada, con bastante torpeza, de modo que su liso peinado a lo paje se convirtió en un juvenil mechón lateral sobre una infantil cabeza calva antinaturalmente alargada. Esa reescritura de la historia pudo ser sencillamente una respuesta práctica a alguna crisis: por ejemplo, si hubiera sido necesario un reemplazo inmediato para la continuación del culto de Kiya orientado a lo femenino, fuera cual fuese: no comprendemos en realidad cuál era el papel religioso de Kiya en Amarna. O bien, mucho menos probable, podría ser una señal de que Kiya murió en desgracia. Fuera cual fuese el motivo, causó muchísima confusión cuando los egiptólogos, reconociendo que se había sobreimpuesto el nombre de Meritatón sobre otro de una mujer real, supusieron que había reemplazado a su madre, Nefertiti. A partir de ese error nacieron un montón de teorías insostenibles en el sentido de que Nefertiti había sido desterrada o había caído en desgracia de alguna manera.[37]

La madre de Tutankamón: ¿Meketatón?

Ya hemos considerado la escena de la muerte en la Tumba Real de Amarna, habitación Alfa. En una escena muy similar en la habitación Gamma, Muro A, vemos de nuevo a Ajenatón y Nefertiti llorando a los pies de un ataúd, con dos mujeres jóvenes (Meritatón y Anjesenamón, quizá, o sirvientas), lamentándose también a su cabecera.[38] De nuevo se halla presente un bebé anónimo. Esta vez, sin embargo, sabemos quién es la muerta. La inscripción encima del ataúd, que está ahora muy erosionada, originalmente decía: «La Hija corporal del Rey, su amada Meketatón, nacida de la Gran Esposa Real Nefertiti, que viva para siempre y eternamente». Una escena de la pared siguiente (Muro C) muestra a Meketatón, o quizá su estatua, erguida en el pabellón de un jardín cuyas columnas de papiro se hallan rodeadas de correhuelas y flores de loto. Meketatón lleva un vestido largo, peluca corta y un cono de perfume. Está situada frente a sus padres y tres de sus hermanas, que elevan los brazos en señal de luto. Neferneferura y Setepenra se hallan ausentes del grupo, y quizá hubieran muerto ya. Más allá de los dolientes hay mesas cargadas con comida, bebida y flores. La enramada de Meketatón recuerda a los ramos usados por las mujeres de parto, y añade más peso a la sugerencia de que murió de parto. Sin embargo, los pabellones con comida y bebida formaban parte del ritual funerario de Menfis, y por tanto la conexión con el alumbramiento puede ser mucho más sutil, y la simbólica enramada de Meketatón significar su propio renacimiento.

Nuestra interpretación de la escena depende mucho de la fecha. Sabemos que Meketatón nació en Tebas, probablemente durante el cuarto año de reinado de su padre, y ciertamente antes del año 7, cuando nació Anjesenpatón. Si la escena data del año 13, ella no habría tenido más que nueve años de edad, y es muy improbable que concibiera un hijo; si data de finales del año diecisiete del reinado de su padre (pero ¿cómo explicar entonces la presencia de Nefertiti en la escena, que se había desvanecido ya?) habría tenido trece años, y probablemente era lo bastante mayor para morir en el parto. No sabemos cuál era la edad promedio de la menarquia durante la 18.ª dinastía, pero no existe motivo alguno para suponer que fuera sustancialmente distinta a la edad promedio de la menarquia a mediados del siglo XX, que se estima entre los doce y los catorce años.[39] Se podría establecer quizá un paralelo con la inglesa lady Margaret Beaufort, que en 1457 d.C. dio a luz a Enrique VII a los trece años, siendo ya viuda. Las complicaciones, causadas por el pequeño tamaño de la madre y su cuerpo inmaduro, hicieron que tanto la madre como el hijo casi murieran en el parto, y Margaret no pudo tener más hijos.

La madre de Tutankamón: ¿Meritatón?

La señora Maia o Mayet, «niñera del rey, educadora del cuerpo del dios y grande del harén», fue enterrada en una tumba muy ornamentada tallada en la roca del cementerio de Saqqara. Entre otras escenas convencionales, las paredes de su tumba muestran a Tutankamón sentado en el regazo de Maia, y a Maia de pie ante Tutankamón. Esa aparente cercanía, combinada con el inusual nombre de la dama, llevó al egiptólogo Alain Zivie a sugerir que Maia podía ser la princesa de mayor edad de Amarna, Meritatón, y que podría ser en realidad la madre de Tutankamón, en lugar de su niñera o madre adoptiva.[40] Es una teoría interesante, pero no ha conseguido demasiada aceptación. Su punto más débil es que si en realidad Maia era hija del rey, esposa del rey y madre del rey, seguramente ese hecho se habría mencionado en las paredes de su tumba.

Aunque el vínculo entre Maia y Meritatón esté roto, ¿podría ser Meritatón la madre de Tutankamón? Meritatón está omnipresente en el reinado de Ajenatón como hija real precoz, pero en la tumba de Amarna de Meryre II aparece como mujer madura.[41] En el muro sur de la cámara principal vemos a Ajenatón, Nefertiti y cinco de las seis princesas de pie en el balcón de palacio conocido como «Ventana de la Aparición», tendiendo collares de oro a un Meryre en miniatura. Setepenre no está, presumiblemente porque es demasiado joven para tomar parte en la ceremonia. En el muro este de la misma cámara vemos a la pareja real, ya con las seis princesas, disfrutando del festival internacional del «durbar» que ahora sabemos que tuvo lugar en Amarna el segundo mes del año 12 de Ajenatón. Es la última vez que vemos juntas a las siete mujeres. Se puede argumentar que éste es el último acontecimiento fechado con seguridad antes de la ascensión al trono de Tutankamón.[42]

El muro norte de la tumba de Meryre es muy distinto. La imagen está inconclusa y estropeada, pero muestra claramente a un rey y una reina de pie bajo los rayos de Atón. La pareja real está representada con el típico estilo de Amarna, y podrían ser con toda facilidad Ajenatón y Nefertiti. Los cartuchos que acompañaban a éstos eran, cuando la tumba se registró a finales del siglo XIX, los del «Rey del Alto y Bajo Egipto, Anjjeperura, hijo de Ra, Semenejkara Jeserjeperura» y la «Gran Esposa del Rey» Meritatón.

Meritatón, por consiguiente, fue tanto esposa de Semenejkara como reina de Egipto. Tenía al menos dieciséis años cuando murió Ajenatón, y pudo haber tenido uno o más hijos que sobrevivieran: dos desconocidas princesas de Amarna, Meritatón la joven y Anjesenpatón la joven, quizá fuesen hijas suyas. No sabemos cuándo murió Semenejkara, pero si murió dos años después de Ajenatón, Meritatón podía tener un hijo de ocho años ya dispuesto a sucederle. Si fue ése el caso, se podría haber esperado verla guiando a su hijo pequeño en los primeros años de su reinado. ¿Podría ser ella, más que Nefertiti, la enigmática mujer Neferneferuatón?[43]

La madre de Tutankamón: ¿la Dama Joven?

La Dama Joven (KV 35 YL), recuperada en una cámara lateral del depósito de la tumba de Amenhotep II, tiene una historia reciente algo confusa. Loret, quizá engañado por la cabeza calva de la momia, inicialmente la identificó como un hombre joven. Poco después, se reconoció que el «muchacho» era una mujer. Marianne Luban fue la primera en proponer, basándose en la forma del cráneo, la estructura ósea, la cabeza afeitada y las pruebas de perforación de las orejas, que aquella momia podía ser Nefertiti.[44] Pero cuando un equipo de la Universidad de York llevó a cabo un examen no invasivo de la momia, y llegó a la misma conclusión, la situación se complicó casi de inmediato por la publicación de un informe del Consejo Supremo de Antigüedades de Egipto que establecía, en base a los análisis del ADN, que la «Dama Joven» era un varón.[45] Ahora parece que este análisis pudo haberse realizado sobre un brazo separado encontrado en la misma cámara, ya que una prueba más reciente ha confirmado que la momia es, en efecto, femenina.

Los análisis más recientes de ADN realizados por el equipo de investigación del Consejo Supremo de Antigüedades han sugerido que la Dama Joven podría ser tanto la madre de Tutankamón como una hermana antes desconocida de KV 55/Ajenatón, aunque un miembro del equipo citado por la prensa alemana ha establecido que igualmente podría ser nieta de Tiya (aquí identificada como Dama Mayor: KV 35 EL) más que

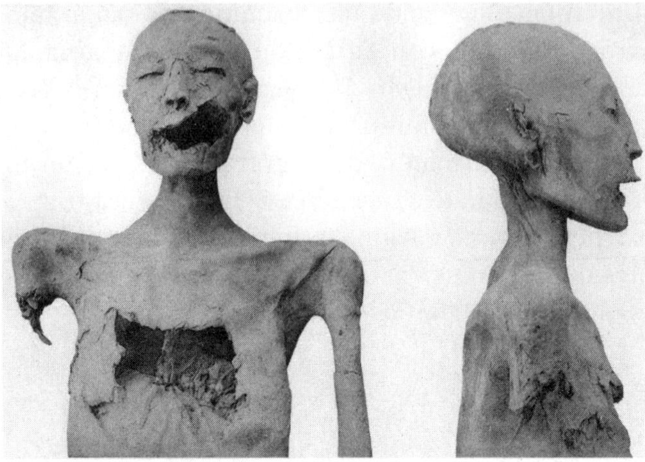

20. La «Dama Joven» descubierta en el depósito de momias reales de Amenhotep II.

su hija.[46] Finalmente sugiere que la Dama Joven murió por un fuerte golpe en el rostro, aunque otros creen que los innegables daños en el rostro ocurrieron post mórtem. Esa identificación ha provocado un debate intenso; resulta difícil imaginar, ciertamente, las circunstancias por las cuales una mujer tan importante pudo quedar sin mencionar en los registros de Amarna. Si es una hermana de Ajenatón, ¿podría ser Sitamen? O si KV 55 de hecho no es Ajenatón, ¿podría ser la Dama Joven o bien Meritatón o bien Anjesenamón?

¿Las hijas de Tutankamón?

En el Tesoro de Tutankamón se encontró una caja sencilla y sin pretensiones que albergaba dos ataúdes antropomorfos en miniatura uno junto al otro, invertidos, uno que medía 49,5 cm y el otro 57,7 cm de longitud. Los ataúdes se habían atado para cerrarlos con cintas de lino en torno al cuello, cintura y tobillos, y sellado con el sello de la necrópolis. Ambos ataúdes estaban hechos de madera, ambos pintados con resina, y ambos llevaban unas inscripciones convencionales que nombraban a los difuntos sencillamente como «Osiris». Apenas cabían en la caja, y reflejando lo que había ocurrido al propio sarcófago de Tutankamón, hubo que recortar los pies del ataúd de mayor tamaño para poder cerrar la tapa. Esa tapa, que originalmente estaba atada y sellada, se desplazó en la Antigüedad. Cada ataúd contenía otro interno cubierto de pan de oro, y cada uno de ellos contenía una momia diminuta perfectamente vendada.

La primera momia llevaba una máscara funeraria de cartón demasiado grande para su cabeza. Carter la desenvolvió, luego Derry hizo la autopsia, e identificó el cadáver como el de una niña prematura que medía 25,75 cm desde el vértice craneal hasta los talones.[47] Aunque no había señal alguna de incisión abdominal, y por tanto no se sabía cómo se había logrado la preservación, estaba en buen estado, aunque la piel grisácea era algo quebradiza. La habían envuelto con los brazos totalmente extendidos y las manos descansando ante los muslos. No tenía ni pestañas ni cejas, pero sí que tenía un fino pelo en la cabeza, que Derry pensaba que probablemente serían restos de lanugo (cabello muy fino de los bebés). Llevaba unida todavía una parte del cordón umbilical. Derry estimó que aquel bebé había muerto a los cinco meses de gestación.

La segunda momia estaba también muy bien vendada, pero carecía de máscara de oro. Parece probable que la máscara en miniatura, recuperada por Davis en su excavación de 1907 de los restos del embalsamamiento de Tutankamón (KV 54) y ahora recogida en el Museo de El Cairo (JE 39711), procediese originalmente de esta momia, aunque es un poco pequeña para haber encajado perfectamente en la cabeza vendada.[48] Derry desenvolvió esta momia él mismo. Descubrió una segunda niña que medía 36,10 cm desde el vértice craneal hasta los talones. Aunque se veía obviamente una incisión de embalsamamiento, y aunque el cuerpo y la cavidad del cráneo estaban llenos de lino impregnado de resina, estaba peor conservada que la otra momia. Sus brazos extendidos se encontraban colocados junto a los muslos. Tenía cejas y pestañas, y los ojos totalmente abiertos. Aunque tenía poco pelo en la cabeza, Derry pensó que se podía haber caído con las vendas. No había cordón umbilical, pero Derry pensaba, por el estado del ombligo, que éste fue cortado, en lugar de caerse y secarse de forma natural, sugiriendo que nació muerta aproximadamente a los siete meses de gestación. Harrison, que examinó radiográficamente el cuerpo, creía que la niña había nacido muerta a los ocho o nueve meses de gestación. Sugirió que sufría la deformidad de Sprengal en la clavícula, junto con espina bífida y escoliosis lumbar.[49] Más controvertida es la sugerencia que se ha hecho de que las dos niñas nacieron como gemelas, y su diferencia de tamaño se podía atribuir a una diferencia en el crecimiento intrauterino resultante del síndrome de transfusión feto-fetal.[50]

No tenemos explicación alguna para esos cuerpos y, como no hay ninguna otra tumba real intacta, no hay paralelo que podamos considerar. Pero aunque es enteramente posible que fueran hijas no nacidas de Tutankamón, o incluso que se introdujeran en la tumba más como objetos rituales que como miembros de la familia, resulta difícil escapar a la sensación visceral de que esas dos niñas nacidas muertas eran hijas de Tutankamón y Anjesenamón. No tenemos el cuerpo de Anjesenamón, pero recientes análisis genéticos llevados a cabo por el Consejo Supremo de Antigüedades han indicado que podrían ser hijas de Tutankamón y de otra momia no identificada de la 18.ª dinastía (KV 21A), recuperada de una tumba privada del Valle de los Reyes.[51] Es algo extraño, a menos que identifiquemos a KV 21A, que previamente se suponía que pertenecía a la dinastía 18.ª, más temprana, con la única mujer conocida de Tutankamón, Anjesenamón. Pero ése no puede ser el caso, ya que un examen más detallado de los datos genéticos, publicado por el equipo egipcio, indica que los fetos no pueden ser hijos de Tutankamón más alguna hija engendrada por KV 55, a quien identifican como Ajenatón.[52] O bien Tutankamón tenía una o más esposas desconocidas que eran las madres de los fetos, o KV 55 no es Ajenatón, padre de Anjesenamón, que a su vez es madre de los fetos, o los fetos no son miembros de la familia inmediata.

¿Tuvo algún otro hijo Tutankamón? Se han usado sólo dos pruebas separadas, circunstanciales y bastante débiles para demostrar que pudo haberlos tenido.[53] La primera es una carta escrita por el rey babilonio Burnaburiash, en la cual usa un saludo estándar y formal para dirigirse «... a tu casa, tus esposas, tus hijos...». Es imposible juzgar la importancia de lo que pudo ser un simple desliz del estilo cuneiforme. La segunda es una ilustración de un baúl de marfil, recuperado de su tumba, que muestra al rey y la reina en un jardín con dos niños anónimos cerca. Esos dos niños podrían en realidad ser hijos de Tutankamón y Anjesenamón; sin embargo, podrían ser igualmente el propio rey y la reina.

A Tutankamón lo sucedió Ay. Esa extraña elección de heredero (con unos sesenta años de edad, Ay era realmente anciano, y seguramente no sería más que un rey provisional) indica claramente que Tutankamón no tenía hijos vivos que le sucedieran. Se podía haber esperado que Horemheb, el sucesor posterior de Ay, mucho más joven, se adelantara en ese momento; su título de regente sugiere que quizá ésa fue la intención de Tutankamón. Pero parece (sin que se pueda probar en absoluto) que en el año 9 o 10 las tropas de Tutankamón no consiguieron tomar la ciudad siria de Kadesh, que acabó cayendo bajo la influencia del rey hitita Supiluliumas.[54] Tenemos pocos detalles concretos de esa campaña, pero unas escenas grabadas recuperadas de Luxor (probables restos de un templo conmemorativo de Tutankamón), más algunas escenas de tributos talladas en el templo de Karnak, y escenas de los muros de la tumba menfita de Horemheb, sugieren que los egipcios se enfrentaron a una coalición de fuerzas sirio-palestinas más que hititas. Horemheb no desempeñó papel alguno en las disposiciones funerarias de Tutankamón; presumiblemente estaba luchando en Siria y no pudo volver a Tebas a tiempo. Pero posteriormente decoraría los muros de su templo conmemorativo con escenas de las campañas asiáticas que (si ocurrieron realmente) probablemente fueron llevadas a cabo por entero durante el reinado de Tutankamón.

La confirmación de la falta de hijos reales viene de una carta recuperada de los archivos reales de la capital hitita, Boghaskoy (Anatolia). La carta está escrita en caracteres cuneiformes, la escritura habitual de la correspondencia diplomática usada en la 18.ª dinastía:

> Pero cuando el pueblo de Egipto hubo oído lo del ataque de Amka, sintieron miedo. Y como, además, su señor Nibkhururriya había muerto, por tanto la reina de Egipto, que era Dahamunzu, envió a un mensajero a mi padre y le escribió de esta manera: «Mi marido ha muerto. Yo no tengo ningún hijo. Pero para vos los hijos son muchos. Si queréis darme a uno de vuestros hijos, se convertiría en mi marido. Nunca elegiré a un sirviente mío y lo convertiré en mi marido... Tengo miedo». Cuando mi padre oyó esto, convocó a los Grandes al consejo diciendo: «¡Tal cosa nunca me ha ocurrido en toda mi vida!». Así ocurrió que mi padre envió a Egipto a Hattusaziti, el chambelán (con esta orden): «Id y traedme las palabras verdaderas de vuelta. Quizá me engañen. Quizá (de hecho) sí que tenga un hijo de su señor. Traedme la palabra verdadera».[55]

A primera vista es un relato sencillo y conmovedor. Una reina viuda de Egipto ha escrito a Supiluliumas pidiéndole que le mande a uno de sus hijos como novio. El nombre del rey, Nibkhururriya, parece ser una versión hitita del primer nombre de Tutankamón, Nebjeperura. El nombre de la escritora de la carta, «Dahamunzu», es una versión fonética del título habitual de las reinas egipcias, *ta hemet nesu* (esposa del rey).[56] Como Anjesenamón era la única esposa prominente de Tutankamón, parece que tuvo que ser ella la escritora de esa carta solitaria. Pero aquí nos asaltan algunas dudas. Como sabía muy bien Supiluliumas, las princesas egipcias no se casaban con extranjeros, y las reinas viudas no se volvían a casar. Anjesenamón, como última princesa superviviente de Amarna, habría sido la siguiente en la línea sucesoria del trono por derecho propio, y como probó la faraón mujer de la 18.ª dinastía Hatsepsut, las reinas podían gobernar sin casarse. Además, los hititas y los egipcios no eran precisamente buenos amigos. Anjesenamón, sin embargo, necesitaba un marido si quería tener un heredero para el trono, y quizá desease poner fin a las prolongadas y caras hostilidades con los hititas. Más que el simple ruego de una mujer indefensa, ¿no sería un intento inteligente de encontrar una solución diplomática para dos problemas de Egipto?

El astuto Supiluliumas envió a su chambelán para hacer más averiguaciones en Egipto. El calendario debió de ser apurado: llevaría muchos días hacer el largo viaje desde Boghaskoy a Menfis y luego volver, y mientras tanto, en Egipto esperaban que un rey enterrase a Tutankamón. Muchas semanas después, Hatusaziti volvió. Había interrogado a la reina y ella a su vez había enviado un mensaje lacónico con su propio enviado, Hani:

> ¿Por qué decís «ellos me engañan» de esa manera? Si yo hubiera tenido un hijo, ¿habría escrito sobre mi propia vergüenza y la de mi país a una tierra extranjera? Vos no me creísteis y me hablasteis de esa manera. Aquel que era mi marido murió. No tengo hijos. Nunca tomaré a un sirviente y lo convertiré en marido. No he escrito a ningún otro país. Sólo a vos he escrito. Dicen que vuestros hijos son muchos, así que dadme a uno de ellos. Para mí será marido, pero en Egipto será rey.[57]

El optimismo superó a la experiencia y Supiluliumas envió a su hijo Zananza, que murió de camino hacia su boda. No está claro si la muerte fue natural o no, pero ciertamente causó un distanciamiento en la relación ya tibia entre Egipto y los hititas. Cuando los artistas pintaron las escenas del muro de su Cámara de Enterramiento, el sucesor ya estaba decidido y Ay era rey de Egipto.

Se ha sugerido que Anjesenamón podría haber estado desesperada por conseguir un marido de sangre real, aunque fuera extranjero, porque se sentía horrorizada ante la idea de verse obligada a casarse con el anciano Ay, que probablemente era su abuelo, para reforzar su derecho al trono. Esta teoría, persistente en la literatura popular, se basa en la teoría totalmente errónea de la «heredera real», y sólo la apoya una prueba bastante endeble: un anillo de vidrio azul que tiene grabados los nombres de Ay y Anjesenamón.[58] Llegado el momento, Ay subió al trono con su esposa de siempre, Tiye, como consorte. No volveremos a ver nunca a Anjesenamón y su cuerpo no ha sido identificado.

7

Restauración

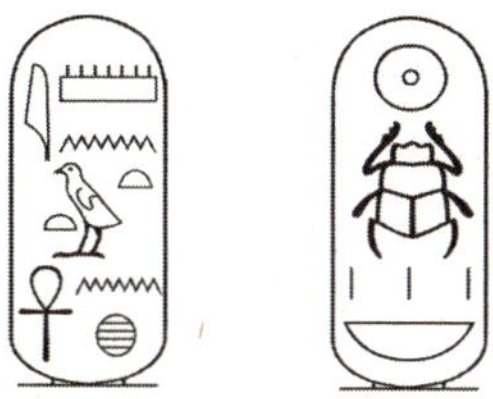

Hay, nos sentimos tentados de creer, ciertas características que se vuelven innatas en el hombre en aquella época oscura que apenas ha tocado levemente la investigación arqueológica. Hay atavismos que relampaguean y de los que apenas somos conscientes, y puede que éstos nos despierten la simpatía por el joven Tut-ank-Amen, por su reina y por la vida que sugerían sus muebles funerarios. Puede que esos instintos nos hagan anhelar que se desvele el misterio de esas oscuras intrigas políticas por las cuales sospechamos que se vio acosado, incluso cuando seguía a sus perros slughi por pantanos y desiertos, o disparando a los patos entre los juncos con su sonriente reina. El misterio de su vida se nos escapa... las sombras se mueven, pero la oscuridad nunca acaba de levantarse del todo.

HOWARD CARTER[1]

No es posible contar la historia completa y precisa de la vida y la muerte de Tutankamón. Existen todavía demasiadas preguntas sin responder; demasiadas zonas en blanco. Puede ser que algún espectacular descubrimiento futuro (un diario perdido, quizá) acabe por permitirnos comprenderlo todo, pero esto parece altamente improbable: en el Antiguo Egipto nadie, que nosotros sepamos, llevaba diarios personales. Lo que es mucho más probable que suceda es que una cantidad pequeña pero constante de nuevos descubrimientos —derivados del nuevo análisis de objetos ya examinados, otras pruebas científicas hechas al cuerpo de Tutankamón, el descubrimiento de un nuevo texto o fragmento de estatua— continuará aumentando nuestros conocimientos. Para mí, como para otros muchos egiptólogos, eso no importa en realidad; es el viaje hacia la historia completa, ir extrayendo trabajosamente los detalles y conectar entre sí hechos que parecen dispares lo que resulta fascinante. Probablemente no es ninguna coincidencia que muchos egiptólogos, tanto profesionales como aficionados, sientan un gran interés, a veces incluso productivo, por la ficción detectivesca.[2]

Mientras tanto, cualquiera que asegure poder escribir una biografía de Tutankamón «con todas sus imperfecciones», o bien escatima la verdad, o bien es un ingenuo, o quizá trabaje en la televisión: la resistencia de los productores televisivos a aceptar que la egiptología es una disciplina en desarrollo, con pocas respuestas concluyentes y sin matices, hace que los egiptólogos profesionales rechinen los dientes, irritados, cuando tienen que soportar un «documental» más que simplifica temas enormemente complejos hasta niveles básicos y elementales.

Todo el que intente hacer una biografía de Tutankamón escribirá una historia distinta. Lo que sigue no es el relato definitivo de su vida, sino simplemente el que, en mi opinión, más se adapta a las pruebas (biológicas, históricas y arqueológicas) hasta la fecha. En algunos puntos, estas distintas pruebas se contradicen, y por tanto, aunque he intentado que el relato se base en las pruebas, he tenido que hacer algunas suposiciones. Las más importantes son:

- Que no hubo una corregencia larga entre Amenhotep III y su hijo Ajenatón.
- Que la corte de Amarna siguió la tradición de incluir a las mujeres reales en el arte oficial, excluyendo a los varones reales.

21. Tutankamón: una reconstrucción moderna por el artista J. Fox-Davies.

- Que los anatomistas tradicionales tenían razón y los huesos de la KV 55 son de un joven entre los veinte y los veinticinco años de edad.

Allí donde hay una duda, he seguido el principio de la navaja de Occam: no hay que multiplicar los objetos más allá de lo necesario (a menudo parafraseado como: «siendo todo lo demás igual, la explicación más sencilla es habitualmente la correcta»). Como ésta es mi interpretación de las pruebas ya presentadas en este libro, he evitado el uso de notas al pie.

Nebmaatre Amenhotep III, hijo de Tutmosis IV, nació de la reina del harén Mutemwia. Como Tutmosis tenía otras esposas más importantes, era improbable que el joven príncipe accediera alguna vez al trono de su padre. Pero los dioses sonrieron a Amenhotep y a su madre y, quizá a los diez años de edad, heredó el reino más rico y más poderoso de todo el Mediterráneo.

Los reyes de Egipto no podían gobernar sin una reina a su lado. La consorte de Amenhotep, Tiya, se convertiría en una de las reinas más influyentes y notorias de todo Egipto. Su nombre y su imagen se incluirían junto a los de su marido en los monumentos oficiales y en muchos objetos personales, y aparecería junto a él en las estatuas, e incluso se la mencionaría en la correspondencia diplomática que unía a los grandes Estados nororientales de la Edad del Bronce Final. Tiya era una reina fértil, y dio muchos hijos a su marido, incluyendo cuatro hijas y dos hijos.

Después de treinta años muy prósperos en el trono, Amenhotep celebró un jubileo o *heb sed*, un festival de renovación y rejuvenecimiento que se vio marcado por un programa impresionante de construcciones y jolgorio en todo el reino. A partir de esa época, el rey empezó a interesarse por su propia naturaleza divina, una divinidad que él expresaba a través del arte y la arquitectura. La teología tradicional decretaba que sólo en la muerte los reyes semimortales de Egipto podían volverse plenamente divinos. Sin embargo, conservada ya para la eternidad en los muros del templo de Luxor, la leyenda del nacimiento de Amenhotep apuntaba a una divinidad más temprana y terrenal. En la lejana Nubia llevó las cosas un poco más lejos aún, dedicando un templo a sí mismo como el ser divino «Amenhotep, Señor de Nubia», mientras un templo subsidiario en la cercana Sedeinga celebraba a su consorte igualmente divina, Tiya. Ese interés por la divinidad personal iba de la mano con un creciente interés por la religión solar. Aunque los cultos estatales tradicionales nunca quedaron descuidados, Amenhotep prestaba particular atención a un antiguo y hasta la fecha olvidado dios del sol llamado Atón. Atón, que no tiene género, resulta difícil de clasificar, pero parece representar la luz del sol, más que al sol mismo.

Siguieron dos jubileos más y luego, después de treinta y ocho años de gobierno, Amenhotep murió y fue enterrado en una enorme tumba bellamente decorada en el Valle Occidental. No quiso yacer solo; sus arquitectos habían proporcionado alojamiento adicional con habitaciones para sus parientes femeninas más cercanas y para la reina Tiya. Su templo conmemorativo, muy llamativo, el mayor templo real que se había construido jamás, estaba situado al borde del desierto. Lleno de estatuas colosales del rey como dios, con sus avenidas llenas de imágenes de chacales y esfinges y más de 770 estatuas asombrosas de la diosa Sejmet, era un lugar que sobrecogía. Hoy en día lo único que queda de toda aquella magnificencia son los Colosos de Memnón, dos figuras sedentes espléndidamente aisladas junto a la carretera polvorienta y moderna.

Como su hijo mayor, Tutmosis, había muerto antes que el padre, fue el segundo hijo de Tiya el que le sucedió en el trono como Neferjeperura Waenra (las transformaciones de Ra son perfectas, el único de Ra) Amenhotep IV. El nuevo rey ya estaba casado con su prima Nefertiti, hija de un hermano de Tiya llamado Ay. Ella, como su tía, resultó una reina muy fértil, que dio a su marido seis hijas que sobrevivieron y un número de hijos varones que no consta.

Amenhotep IV empezó su reinado como rey típico (aunque extraordinariamente rico) de la dinastía 18.ª, coronado por el dios Amón y gobernando desde Tebas y Menfis. Cuando los trabajadores empezaron a preparar su tumba en el Valle Occidental, se fundó una nueva ciudad en Nubia, con un templo dedicado a Amón. Mientras tanto, continuaron las obras de edificación en el templo de Karnak y a su alrededor, donde Amenhotep preservaba el *maat* (el estado ideal de las cosas) completando los proyectos sin acabar de su padre. En el año 2, sin embargo, se produjo un cambio inesperado. Se iba a celebrar un *heb sed*, no después de los tradicionales treinta años de reinado, sino en el tercer aniversario de la subida al trono de Amenhotep. El festival requería nuevos edificios. Heliópolis, Menfis y Nubia se beneficiaron de nuevos templos solares mientras Tebas (corazón del culto del gran dios estatal Amón) recibía una serie de capillas y templos dedicados a la adoración de Atón. Esta arquitectura sería desmantelada y reciclada poco después de la muerte de Amenhotep, de modo que, en lugar de una colección de impresionantes templos solares, hoy en día nos enfrentamos a un rompecabezas gigantesco hecho con miles de bloques de arenisca tallados y pintados. Las escenas conservadas en esos bloques dejan bien claro que el panteón tradicional, Amón incluido, se dejó deliberadamente a un lado en las festividades de Amenhotep. Atón, por el contrario, representó un papel muy visible en las celebraciones.

A finales del año 5, Atón se había convertido en el dios estatal dominante de Egipto. Las copiosas ofrendas que en tiempos se habían presentado en los templos de Amón, ahora se habían desviado a los templos de Atón, de modo que el culto de Atón se iba haciendo más rico, mientras el culto de Amón se hacía más pobre. Pronto los viejos templos quedaron cerrados y se tomó la decisión de volver a situar la corte en la ciudad de Ajetatón, construida a propósito, en Egipto Medio (Ajetatón significa Horizonte de Atón; hoy en día la ciudad se conoce con el nombre árabe de Amarna). Rechazando el nombre personal que le ligaba con el despreciado Amón, Amenhotep (Amón está satisfecho) adoptó una nueva identidad. A partir de aquel momento se llamaría Ajenatón (espíritu viviente de Atón).

Ajenatón ser distanció de sus obligaciones heredadas sin ningún remordimiento, volviendo la espalda a los dioses estatales. Era un rechazo flagrante del aspecto más importante de su reinado: su deber de mantener el *maat.* Desafiando al statu quo, se embarcaba por un camino difícil, lleno de peligros para él mismo y para Egipto. La gente corriente quizá no se sintiese demasiado preocupada por todo aquello: siempre habían estado excluidos de la religión estatal, y las pocas pruebas que hay sugieren que simplemente seguían reverenciando una mezcla ecléctica de semidioses, antepasados y deidades locales que se venían adorando desde hacía muchas generaciones. Pero la élite (los cortesanos que rodeaban a Ajenatón y que se vieron forzados a seguirle a Amarna) debió de encontrar muy difícil todo aquello, ya que se les requería que aceptasen públicamente el nuevo régimen. El nuevo dios, un disco sin cara y sin cuerpo, brillaba solo sobre la familia real. Mientras Ajenatón, Nefertiti y sus hijos adoraban a Atón, la élite adoraba a través de Ajenatón y su familia, ayudaba en sus devociones privadas mediante estelas que llevaban imágenes del rey y de la reina. A medida que la familia real fue reemplazando de forma efectiva a los antiguos dioses, asumieron los papeles que antes representaba el dios sol creador Atum (ahora Atón) y sus hijos gemelos Shu (la atmósfera: Ajenatón) y Tefnut (la humedad: Nefertiti). Sus hijas, en número creciente, eran representadas junto con la pareja real; ofrecían su apoyo femenino a su rey y su dios, sirviendo al mismo tiempo de recordatorios vivos de la fertilidad de sus padres.

Aquello era inusual, pero quizá no habría sido demasiado malo. Lo que realmente haría daño era el hecho de que, junto con muchos de los antiguos dioses, Osiris y su reino de los muertos hubiesen desaparecido. Al negárseles el acceso a la otra vida en el Campo de Juncos, los cortesanos de Ajenatón estaban condenados a morar en sus tumbas hasta el fin de los tiempos. Esa nueva teología queda reflejada en las tumbas que tallaron en la parte alta de los acantilados al este de la ciudad. Tradicionalmente, las tumbas de la 18.ª dinastía se decoraban con imágenes del propietario de la tumba dedicado a sus labores cotidianas. En Amarna, sin embargo, los propietarios de tumbas eran simples espectadores, o en el mejor de los casos actores secundarios, en las vidas de la familia real. Incluso Ay y

Tiye, los cortesanos más importantes de Ajenatón, eran relativamente insignificantes en su propia tumba.

La nueva capital de Egipto se encontraba en la orilla este del Nilo, casi equidistante de la capital del sur, Tebas, y la del norte, Menfis. La construcción empezó durante el año 5 y progresó rápido; a finales de aquel año, el rey se alojaba en unas dependencias temporales mientras inspeccionaba el progreso de su palacio. Hacia el año 9, Amarna estaba en pleno funcionamiento y se había importado una población al efecto. La ciudad ofrecía todo tipo de instalaciones: templos del sol de piedra, palacios de ladrillo, villas espaciosas, talleres y despachos. Fuera del núcleo central de la ciudad, un pueblo de trabajadores alojaba a los artesanos que trabajaban en las tumbas de élite y en la tumba real de múltiples cámaras, escondida en el *Wadi* real. Desafiando la tradición establecida de que el rey debía viajar mucho y exhibirse constantemente ante el pueblo de su país largo y estrecho, Ajenatón muy rara vez salía de su nueva ciudad (no mostraba interés alguno en participar en las ocasionales campañas militares, por ejemplo) y todos sus hijos menores nacieron allí. Por tanto, fue en Amarna, en el año 12, donde ocurrió el acontecimiento más importante de su reinado. Un festival grande y único, el «durbar», reunió a una gran cantidad de embajadores y vasallos convocados de Nubia, Libia, las islas mediterráneas y Oriente Próximo. Hubo festines, congratulaciones, muchas horas pasadas de pie al sol, y se recibió una enorme cantidad de tributos que incluían caballos, carros, mujeres y oro. Era una época de peste en Oriente Próximo; por tanto, quizá no fuese una coincidencia que Tiya y las tres princesas más jóvenes muriesen poco después de la celebración.

Al cabo de un par de años, Nefertiti también murió, y fue enterrada en la tumba real de Amarna. También fue enterrada allí Kiya, la más notoria de las reinas del harén de Ajenatón y madre de varios de sus hijos, incluido Tutankamón. Con la súbita pérdida de casi todas sus parientes femeninas, Ajenatón necesitaba una consorte (una esposa real o teórica) que pudiese llevar a cabo los ritos femeninos que apoyarían su reinado. Resolvió el problema elevando al hijo de mayor edad que había tenido con Nefertiti, Semenejkara, a la posición de corregente, con Meritatón a su lado como Gran Reina. Ahora, Meritatón podía asumir los papeles religiosos y políticos desempeñados por Tiya, Nefertiti y Kiya. Ella lo hizo con suma facilidad; como Tiya, pero a diferencia de Nefertiti, su nombre fue mencionado en la correspondencia diplomática, y su fama se extendió por todo Oriente Próximo.

Ajenatón murió en el otoño del año 17 de su reinado, y fue sucedido, tal y como él había planeado, por su corregente Semenejkara, con Meritatón a su lado. Pero apenas Semenejkara había enterrado a su padre en la tumba de Amarna cuando él mismo murió también. Semenejkara fue sucedido por su medio hermano menor, Tutankamón, cuya elevación al trono fue apoyada por su medio hermana, la reina viuda Meritatón y su abuelo Ay. Meritatón enterró a su marido en su tumba en el *Wadi* real (el propio Valle de los Reyes de Amarna) y luego gobernó Egipto como regente en nombre del joven rey. Cuando Meritatón murió, aproximadamente dos años después de su marido, ella también recibió un entierro adecuado en Amarna. Tutankatón, que sólo tenía ocho años, se casó con su medio hermana (poco mayor que él) Anjesenpatón, la única princesa superviviente, y empezó a gobernar (en teoría) solo.

Por supuesto, un niño de ocho años no puede gobernar sin ayuda. Tutankamón heredó un grupo de consejeros que eran muy conscientes de los problemas que acosaban tanto a la monarquía como al país. Los más importantes entre los consejeros eran Ay y Maya, y los dos visires, Pentu y Usermont. Amenhotep-Huy era el virrey de Kush (Nubia), y su esposa, Taemwadjsi, la jefa del harén, y el generalísimo Horemheb era comandante en jefe del ejército. Horemheb es un personaje curiosamente opaco que consiguió la hazaña casi imposible de mantener un perfil relativamente discreto a lo largo del período de Amarna y al mismo tiempo conservar algo de autoridad. No sólo era un soldado de rango elevado, sino que era «sustituto del rey en todo el reino», y «Noble del Alto y Bajo Egipto», títulos que sugieren que era el heredero al que había designado Tutankamón. Si es correcta la interpretación literal de sus títulos, debió de ser una simple formalidad, ya que nadie podía esperar razonablemente que el joven Tutankamón muriese antes que Horemheb ni tampoco que muriese sin haber engendrado un hijo.

Tutankatón había nacido durante el reinado de Ajenatón. Pasó toda su breve vida en el interior de las fronteras de Amarna, donde había sido educado para que adorase a Atón a través de su propia familia. No conocía otra forma de existencia ni otro dios, pero sus consejeros sí, y ellos podían ver el daño que habían provocado las políticas de Ajenatón. Diecisiete años de realeza mirándose el ombligo habían dejado a Egipto débil y vulnerable, su política exterior hecha trizas y su economía interna corrompida. Con Semenejkara y Meritatón ya muertos y enterrados, era hora ya de iniciar una ruptura decisiva con el pasado. Tutankatón era lo bastante joven para poder convertirlo a las formas antiguas, ya probadas y consolidadas. Sería un monarca tradicional del Reino Nuevo; una combinación ideal de valiente guerrero, sabio administrador y sacerdote consciente. Recalcando su propia ortodoxia personal, devolviendo el *maat* al caos, sin identificar realmente a su padre Ajenatón como fuente de ese caos, el nuevo rey demostraría su valor y Egipto se vería renovado.

El nuevo rey inauguró una nueva era. Superficialmente, fue capaz de cumplir gran parte de lo que se proponía. Pero los veinte años de gobierno de Ajenatón no podían olvidarse fácilmente. La influencia insistente de Amarna se detecta de una manera más obvia en el arte oficial, que conserva muchos de los rasgos de Amarna, pero también hay una sutil alteración en las relaciones entre el rey, los dioses y la gente, que se refleja en el arte funerario de las élites, donde el entronizado dios Osiris ahora desplaza al rey en las escenas que decoran las paredes.

La disolución de los templos del Estado por parte de Ajenatón había golpeado el corazón de la prosperidad de Egipto. Los templos tradicionales manejaban una amplia gama de asuntos, que incluían tierras, barcos, canteras y trabajo campesino. Efectivamente, y con poco escándalo, habían servido como mecanismos de producción, almacenamiento y distribución, sus sacerdotes actuaban como contables altamente cualificados, y sus almacenes llenos de grano eran una especie de banco estatal al que se podía recurrir en una crisis. Tutankatón recibiría el mérito de restablecer los dioses tradicionales del Estado, abriendo de nuevo sus templos, volviendo a dedicar sus estatuas y restableciendo sus sacerdocios. Como primer paso en el largo camino del politeísmo se cambió el nombre a Tutankamón (Imagen Viva de Amón), gobernador del sur de Heliópolis [Tebas], mientras su consorte Anjesenpatón se convirtió en Anjesenamón (Ella Vive por Amón).

Maya, ahora jefe del tesoro, se embarcó en una campaña para recaudar impuestos. Visitando los templos más importantes desde el Delta a Asuán, se aseguró de que los recursos que se habían derivado al culto de Atón fueran recibidos ahora por el Estado. Empezó la demolición de los edificios de piedra de Ajenatón tanto en Tebas como en Amarna (los bloques se reutilizaron ahorrativamente en las propias obras de construcción de Tutankamón) y asumió la responsabilidad de la restauración de los monumentos de Amón saqueados. Los picapedreros tebanos cogieron sus cinceles y se añadió la imagen de Tutankamón al tercer pylon (puerta de entrada) del templo de Karnak; completando aquel pylon, iniciado originalmente por Amenhotep III, Tutankamón pudo hacer una afirmación pública de su relación con uno de los reyes más gloriosos de Egipto. Por razones similares, Tutankamón completó y decoró la columnata de entrada de Amenhotep en el templo de Luxor. En Karnak de nuevo, se creó una avenida de esfinges con cabeza de carnero que iba entre el décimo pylon y el templo de Mut, y las esfinges se reciclaron hábilmente a partir de las esfinges que se habían hecho originalmente para los templos de Ajenatón en Karnak. Tutankamón fue representado en forma colosal (o bien como sí mismo o como un dios que llevaba su rostro) en los templos de Karnak y Luxor, y en su propio templo conmemorativo, que se estaba construyendo en la orilla occidental. Las escenas de Tutankamón dirigiéndose en su carro hacia la batalla con enemigos asiáticos, y haciendo campaña contra los nubios, decoraban los muros de su templo conmemorativo; es discutible si esas escenas se deben interpretar literalmente o no. Mientras tanto, escondida en el Valle Occidental, se estaba excavando su tumba. Como «Capataz de Obras en el Lugar de la Eternidad» y «Capataz de Obras en Occidente», el multititulado Maya probablemente asumió también esa responsabilidad.

Similares restauraciones y mejoras ocurrieron por todo Egipto, aunque tristemente no hay pruebas de ello. Menfis, cuyo estatus como capital administrativa de Egipto se ve atestiguado por un marcado incremento en el número de tumbas pertenecientes a burócratas, tiene un par de dinteles que llevan inscrito el nombre de Tutankamón. Murió un buey Apis y, por tercera vez, se le dio un entierro pleno y formal en Saqqara. Otras informaciones son más nebulosas: hay referencias a una «casa de reposo» construida por Tutankamón junto a la Gran Esfinge, y el funcionario del norte, Maya, menciona una misteriosa «Casa de Nebjeperura [Tutankamón]». Nubia se benefició de importantes reconstrucciones de templos en Kawa y en el templo de Soleb de Amenhotep III, y Amenhotep-Huy elevó un nuevo templo en Faras, en la Baja Nubia.

Una serie de objetos recuperados de Amarna (anillos de porcelana y un bloque que muestra a Tutankamón, mientras era todavía Tutankatón, haciendo ofrendas a Amón y Tut) atestiguan los inicios de su reinado en Amarna. Las obras abandonadas en el *Wadi* real quizá fueran el principio de su tumba original. Sin embargo, Amarna no era un buen sitio para una capital; era remoto y estaba demasiado asociado con el culto a Atón. Al cabo de cuatro años de su subida al trono, los consejeros de Tutankamón habían tomado una decisión importante. Tebas serviría una vez más como capital religiosa de Egipto, mientras que la administración tendría su base en Menfis. Inicialmente se dejó en Amarna una población significativa, pero cuando quedó claro que la corte no volvería nunca, el número fue menguando, y la ciudad de ladrillo se fue desmoronando. Sólo sobrevivió el pueblecito de los trabajadores, que se ocupó e incluso se expandió antes de ser abandonado durante el reinado de Horemheb.

Abandonar Amarna significaba abandonar los cementerios de Amarna. La mayor parte de las tumbas de la élite de Amarna quedaron sin concluir, y parece que sólo una, la tumba de Huya, administrador de Tiya, fue usada realmente. Sin embargo, el *Wadi* real sí que fue usado, y la tumba real, más quizá las tumbas vecinas usadas para Semenejkara y Meritatón y las princesas menores, albergaban a un número importante de familiares de la extensa familia de Tutankamón, y sus valiosos ajuares funerarios. Todo el mundo sabía lo que significaba aquello. El *Wadi* debía ser custodiado día y noche, y aun así, no había garantía de que no sería saqueado. ¿Quién iba a guardar a los guardianes? Las cosas llegaron a una crisis cuando se rompió la seguridad de la tumba, se robaron algunos objetos, se rompieron sarcófagos, pintarrajearon las paredes de la tumba y algunas momias sufrieron daños. Se tomó la decisión de trasladar los restos reales a la seguridad del Valle de los Reyes lo más rápidamente posible. Maya, en su papel de supervisor de las obras del Valle de los Reyes, probablemente asumió la responsabilidad de llevarlo a cabo.

Las tumbas reales de Amarna fueron abiertas de nuevo y su contenido, incluyendo los restos de Tiya, Ajenatón, Nefertiti, Kiya, Semenejkara, Meritatón, Meketatón, el marido de Meketatón (¿un hermano menor de Semenejkara?) y las tres princesas más jóvenes, fue transferido a unos talleres de la necrópolis tebana, siendo uno de ellos la inacabada tumba privada KV 55. Los dos depósitos del Reino Nuevo, creados durante el Tercer Período Intermedio, sugieren que los enterramientos de Amarna fueron despojados inmediatamente de sus objetos de valor. Éstos habrían sido una contribución valiosa a los cofres de Tutankamón y, en algunos casos, a sus propios preparativos funerarios. Las momias fueron trasladadas entonces a unos lugares de descanso más adecuados, y algunas de ellas acabaron en los dos depósitos del Reino Nuevo. Se volvió a sepultar a Tiya, así como a Semenejkara (aunque en el ataúd «restaurado» de Kiya), y durante un tiempo ambos yacieron uno junto al otro en la KV 55. Luego, al principio del reinado de Ay, la tumba fue abierta de nuevo, se saquearon de nuevo los bienes funerarios y Tiya (hermana de Ay) recibió un entierro más apropiado junto a su marido, en el Valle Occidental. Su capilla, muy voluminosa y difícil de trasladar incluso desmantelada, sencillamente se dejó abandonada en la KV 55. Semenejkara (que quizá se pensara que era Ajenatón) recibió una farsa de enterramiento real con los objetos sobrantes que nadie quería. Se volvió a sellar su tumba y poco después ésta quedó oculta bajo una capa de restos de la inundación. Como Ay estaba muerto y no quedaba nadie que llorase a la corte de Amarna, sencillamente se olvidaron de ellos.

Tutankamón y Anjesenamón no tuvieron ningún hijo vivo. Eso no suponía un problema grave; el rey era todavía joven y tenía un harén lleno de hermosas mujeres para tentarlo. Sin embargo, se convirtió en un problema cuando Tutankamón murió inesperadamente en un accidente de caza en el año 10 de su reinado. La tradición funeraria dictaba que Tutankamón debía ser enterrado por su sucesor, ya que «quien entierra, hereda». Eso no sólo procuraría a Tutankamón la mejor vida eterna posible, sino que demostraría a los dioses y al pueblo que su sucesor realmente estaba facultado para subir al trono. Pero su heredero designado, Horemheb, estaba ausente, llevando a cabo una infructuosa campaña en Oriente Próximo. Bajo esas circunstancias altamente inusuales, se podría haber esperado que Anjesenamón, la descendiente más importante de Ajenatón que quedaba con vida, hija de un rey y esposa de un rey, diese un paso al frente. Este hecho no carecía de precedentes: en la 12.ª dinastía, Sobeknofru gobernó como faraón femenino en unas circunstancias similares, y su reinado fue aceptado por todos. Por el contrario, encontramos a Anjesenamón escribiendo al rey de los hititas y pidiéndole un hijo para que se convierta en su marido. Al menos esto sugiere un retraso atípico entre la muerte de Tutankamón y su entierro: un retraso que permitió a Anjesenamón esperar una respuesta, recibir al enviado hitita, devolverlo a casa y esperar a su novio. Un retraso que presumiblemente concedió a Horemheb tiempo más que suficiente para volver a casa. Ya no volveremos a ver a Anjesenamón.

Los ministros de Tutankamón establecieron la sucesión a su propia satisfacción. El anciano Ay (un candidato de compromiso) enterró a su nieto en su propia tumba, un gesto piadoso que aseguraba que Tutankamón estuviese adecuadamente provisto, mientras permitía al propio Ay apoderarse de la tumba de Tutankamón, mucho más grande. Las dos hijas nacidas muertas a Anjesenamón fueron enterradas con su padre, para que lo ayudasen y protegiesen toda la eternidad. Cuatro años después de su subida al trono, Ay murió también y fue enterrado en la tumba destinada originalmente a Tutankamón. Como su heredero, su hijo o nieto Najtmin, había muerto antes que él, fue sucedido por el generalísimo Horemheb. Horemheb borró el nombre de Tutankamón de la Estela de la Restauración (el manifiesto de Tutankamón) e insertó el suyo propio en su lugar. La Edad de Amarna había concluido de verdad.

Parte II

TUTANKAMÓN: VIDA DESPUÉS DE LA MUERTE

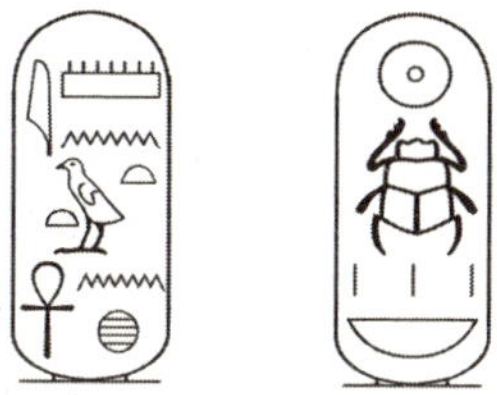

Como seres humanos, tenemos una habilidad innata para sacar algo de la nada. Vemos formas en las nubes y un hombre en la luna; los jugadores están convencidos de que tienen «rachas de suerte»; tomamos un disco de heavy-metal alegre y animado, lo reproducimos hacia atrás y oímos mensajes ocultos sobre Satán. Nuestra capacidad de ver modelos es lo que nos permite dar sentido al mundo, pero a veces, en nuestra ansiedad, nos mostramos demasiado susceptibles, a la que salta, y vemos erróneamente modelos donde no los hay.

Ben Goldacre[1]

Teoría de la conspiración

La atribución de actuación deliberada a algo que más probablemente sea accidental o no deliberado.

Aaronovitch[2]

Ley de Tyldesley

Cualquier teoría sobre la conducta, creencias y capacidades de los antiguos egipcios, no importa lo improbable que sea, será aceptada como cierta por alguien.

Tyldesley[3]

8

La maldición de Tutankamón

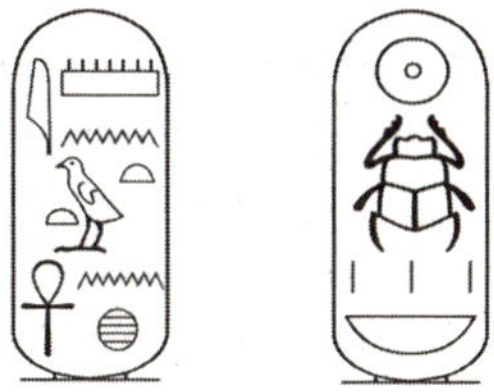

En 1923, Carter escribió un artículo para *Pearson's Magazine.* «La tumba del pájaro» habla de los acontecimientos extraños, casi sobrenaturales, que tuvieron lugar justo antes de la apertura de la tumba de Tutankamón.[1]

Estamos en el principio de la temporada 1922-1923. Carter compró un pájaro enjaulado, que cantaba de una manera muy hermosa cada mañana. Para diversión de sus sofisticados amigos de la ciudad, se llevó el ave a Luxor, donde pretendía que fuese el compañero de su soledad en el desierto. Los trabajadores estaban encantados con el recién llegado y creían que era un ave de la buena suerte. No pasó mucho tiempo antes de que se revelasen los primeros escalones que conducen a la tumba de Tutankamón:

> «¡Ah —exclamó el líder del grupo de trabajo—, ese pájaro es realmente *Bakh heit* (trae suerte), y las notas que canta son mágicas!» Pero aunque trabajamos febrilmente con la carga que había que quitar de encima, el significado auténtico de nuestro descubrimiento no quedó claro hasta después de varios días de trabajo...
>
> Pero se preguntarán qué tiene que ver esto con el pájaro.

Bueno, un día, cuando ya habíamos quitado bastante cantidad de restos, arena y cieno, y llegó un mensajero a mi investigación de las escaleras, de repente observé que todo estaba extrañamente silencioso y deprimido... una depresión mucho más notable aún cuando di órdenes de que cesara el trabajo hasta que yo pudiera estar presente por la mañana...

[Una vez descubierta la puerta sellada] decidí no dar ningún paso más hasta que llegase lord Carnarvon. Le envié un telegrama a Londres anunciándole las noticias, y la entrada de la tumba se volvió a cubrir. Pero al volver a casa por la noche (estaba casi oscuro, sólo se veía un ligero resplandor de luz desfalleciente en el cielo) me quedé asombrado al oír al pájaro que cantaba tardíamente, pero con maravillosa energía y encanto.

Bueno, a su debido tiempo llegó lord Carnarvon. Se reiniciaron los trabajos. Paso a paso se desnudaron los peldaños, hasta que se revelaron los diecisiete, y dejamos el trabajo para la noche. La emoción de todos nosotros era intensa, y excepto por los sirvientes, la renovada depresión del pájaro, aunque me la hicieron notar, apenas fue observada.

Se abrió la puerta de la tumba y se eliminó el relleno del pasadizo que reveló la segunda puerta sellada.

Pero justo en ese momento, cuando los nervios de todos nosotros estaban en una tensión extrema, el mensajero me trajo noticias de la tragedia. El hombre, que casi venía sin aliento, me dijo que una cobra había entrado en la casa, atravesado el pasillo y llegado hasta la habitación en la que ahora estamos sentados, se había subido por la pata de aquella mesa en la cual descansaba la jaula ¡y había matado a mi pájaro!

Y así, al darme cuenta de lo que había ocurrido, el significado que acompaña a una conmovedora y extraña coincidencia se hizo notar incluso a través de la emoción abrumadora del momento, porque el rayo de luz de nuestra vela reveló el contenido de la Antecámara de la tumba, y brilló en la cabeza del rey que llevaba en la frente el ureo —el símbolo de la realeza y la protección—, ¡la cobra!

Los *reises* (capataces) estaban sobrecogidos: ¡ante ellos se encontraba la imagen de la serpiente que había matado al ave de la suerte!

Primero se hicieron preguntas. ¿Qué desdichado, se preguntaban, habría arrojado mal de ojo al dulce pájaro que tan querido les había llegado a ser, ese pájaro que traía la buena suerte, el amado de Alá?

Luego, a su manera, se dieron cuenta del significado de las Claves de Protección y, abatidos, vieron en la muerte del pájaro un presagio de mala suerte, a pesar de los tesoros que se encontraban ante ellos. ¿Qué era lo que amenazaba? ¿Acaso el Jinn que había protegido la tumba durante 3.000 años se había puesto furioso y hostil? «¡Que se aleje el mal presagio!», murmuraron.

Hubo que tranquilizarlos. El pájaro, les dijimos, volverá... el ave afortunada cuya canción nos ha animado y guiado hasta estos tesoros ocultos.

Bueno, pues enviamos un telegrama a lady Evelyn Herbert, que trajo de El Cairo el canario al que ahora se oye cantar en la habitación de al lado. Con la llegada del ave, la animación volvió al personal, que lo convirtió en auténtico poseedor de la tumba: *Bab-el-Asfour*, la Tumba del Pájaro.

Un relato mucho más realista, recogido en una carta privada escrita por Herbert Winlock, del Metropolitan Museum, confirma la esencia de esta historia tan repetida. En realidad, Carter tenía un ave canora muy admirada, que guardaba en una jaula en su casa del Valle. Mientras Carter estaba fuera de casa, reuniéndose con Carnarvon en El Cairo antes de la apertura de la tumba, Callender encontró una cobra en la jaula, «en el preciso acto de engullir el canario».[2]

Al ser hijo de Samuel John Carter, celebrado pintor de animales victoriano que a su vez era hijo de un guardabosques, Carter había sido educado con un pequeño zoo de animales de compañía que los niños de la familia, todos ellos artistas de talento por derecho propio, usaban para practicar sus dibujos. Carter siguió con esa tradición en Egipto, donde se permitía a los animales de compañía que anduvieran en libertad por su jardín. Los pájaros en particular le proporcionaban un gran placer; en sus libretas menciona horas tranquilas pasadas flotando en un barquito pequeño en las crecidas del Nilo, contemplando a los pelícanos. Sin embargo, la vida en el Valle, para los animalitos de Carter, seguramente era brutal y corta. Un par de jóvenes gacelas murieron «de una forma demasiado triste para repetirla», un burrito joven fue mordido en el morro por una cobra y expiró después de tres horas de sufrimiento.[3] La historia de un canario devorado por una serpiente es algo alarmante (¿cómo pudo introducirse la cobra en la casa?) pero no totalmente inusual, y Carter reemplazó rápidamente a su mascota perdida.

Lo que hace inusual la historia es la alusión a algo sobrenatural, que el pragmático Carter estuvo dispuesto a introducir en un artículo destinado a un público popular. Puede ser que, sencillamente, como egiptólogo por cuenta propia, que se enfrentaba a un futuro incierto, quisiera vender una buena historia que animase a los lectores del *Pearson's Magazine* a comprar su libro. Quizá sintió la necesidad de competir con los otros cuentos igualmente morbosos con detalles sobrenaturales que ya circulaban. Puede ser también (como se sugirió más tarde) que permitiera la difusión de la historia para asustar a los posibles ladrones y ahuyentarlos de una tumba que estaba bajo alguna forma de protección espiritual. Fuera cual fuese su motivación, la historia tuvo el efecto, totalmente previsible, de ligar la tumba con lo oculto a través de las pruebas irreprochables de su excavador.

La creencia de que los egipcios dinásticos estaban en posesión de unos conocimientos esotéricos perdidos hace tiempo se remonta ya a las antiguas Grecia y Roma. Las escrituras jeroglíficas, misteriosas, ilegibles y seguramente mágicas, hacían muy fácil esa suposición, que al mismo tiempo resultaba muy atractiva. En 1822, cuando Jean-François Champollion publicó su clave para descodificar la escritura jeroglífica, la idea de Egipto como poderoso origen de conocimientos alternativos de todos los aspectos de la vida y la religión estaba ya profundamente arraigada en la cultura popular. Los textos jeroglíficos ya no eran secretos: cualquiera podía comprar una traducción y leer las palabras inscritas en las paredes de tumbas y templos.

Sin embargo, existe un abismo entre leer y comprender, y abundaban las ideas falsas sobre la naturaleza de la teología egipcia. Mientras, Europa occidental estaba perdiendo rápidamente el firme consuelo de la incuestionable fe cristiana. La Biblia ya no era la palabra de Dios revelada; la gente descendía del mono; luz y voces viajaban a través de alambres; los hombres navegaban por los aires en gigantescos pájaros de metal. El mundo se había convertido en un lugar mucho más científico y, sin embargo, la vida parecía mucho más incierta a medida que las cosas que antes sólo eran fantasías, de pronto se convertían en realidad.

En la Primera Guerra Mundial (1914-1918) murieron más de 16 millones de personas. Eso incluía a casi una generación entera de jóvenes cuyos cuerpos quedaron enterrados en campos extranjeros. De 50 a 100 millones más en todo el mundo (se estima que unos 250.000 en Gran Bretaña) murieron en la devastadora epidemia de gripe que siguió (1918-1920). Esas tragedias naturalmente condujeron a un interés renovado por lo oculto, ya que los vivos deseaban comunicarse con sus muertos. Las sesiones de espiritismo, la escritura automática y los tableros ouija (vendidos originalmente como juego de mesa, y no como un modo de comunicarse con el «más allá») adquirieron más popularidad aún, y la religión egipcia, con sus siniestros ritos funerarios, empezó a tener una gran fascinación para aquellos que creían que eran capaces de conectarse con una sabiduría perdida sencillamente tocando o mirando objetos antiguos. Los Teósofos (una secta que intentaba obtener iluminación espiritual a través de la intuición y la comunicación directa) no fueron los únicos que creyeron que los egipcios habían disfrutado de grandes poderes mágicos que los estudiantes de lo oculto podían despertar de nuevo algún día. Mientras tanto, los lazos de Tutankamón con el «herético» Ajenatón le convirtieron en un objeto de estudio particularmente adecuado para los interesados en el desarrollo de la religión y la magia.

Una enorme biblioteca de cuentos de terror basados en las momias aseguraba que el público de Carter estaba predispuesto a aceptar a la momia como una entidad malévola.[4] Un cadáver, tan reconociblemente humano miles de años después de la muerte que lleva la promesa de la resurrección, es realmente una figura terrorífica. Aunque muchas de las historias de momias publicadas tenían pocas cosas que las distinguieran de otras historias de horror normales y corrientes, algunas estaban hábilmente escritas y salpicadas con hechos egiptológicos, nombres y ubicaciones de una cierta precisión, que permitían al lector suspender la incredulidad. Era inevitable que algunos lectores aceptaran esa ficción tan bien disfrazada como si fuera real.

El primer relato sobre una momia escrito en inglés (y titulado adecuadamente *La momia*) fue publicado anónimamente por Jane Webb (posteriormente experta en jardines con el nombre de Jane Loudon) en 1827. Al parecer Webb había recibido influencias tanto de la obra de la Comisión de Napoleón como, más directamente, de la publicación y el éxito popular en 1818 del *Frankenstein* de Mary Shelley (entonces Mary Godwin). Su momia, Cheops, es una criatura agradable y relativamente inofensiva y su libro, situado en la Inglaterra de 2126, más afín a la ciencia ficción que al horror gótico: entre los elementos exóticos incluye damas que llevan tocados de llamas y, ¡oh maravilla!, pantalones. Su héroe, Edric, confiesa su sueño de resucitar un cadáver utilizando una «batería galvánica». Aunque vive tres siglos más tarde que la autora, Edric tiene un concepto de la muerte que es del siglo XIX, y sabe que la única forma de estar absolutamente seguro de que un cuerpo está muerto en realidad es observar los signos de putrefacción. Es demasiado aprensivo para hacerlo. Parece que su experimento está condenado al fracaso antes de empezar, a menos que...

> —Si pudiera vencer la resistencia infantil a hacer un experimento con un cadáver —dijo el padre Morris—, sus dudas quedarían resueltas. Porque sería usted capaz de reanimar un cuerpo muerto que llevase mucho tiempo en la tumba, para que pudiera disfrutar de su capacidad de raciocinio con plena perfección...
>
> —Pero ¿dónde encuentro ese cuerpo, uno que lleve muerto el tiempo suficiente para evitar la posibilidad de que sólo sea un trance y que, sin embargo, no haya empezado a des-

componerse? Porque aunque pudiera vencer la repugnancia que siento al pensar en tocar una masa semejante de fría mortalidad, tal como se me ha aparecido en sueños, según su propia teoría, los órganos deben encontrarse en perfecto estado, o si no el experimento no será completo.

La historia satírica corta de Edgar Allan Poe «Algunas palabras con una momia» (1845) se hace eco de la fascinación de Shelley y Webb por la electricidad, que muchos sospechaban que se podría usar para devolver a los muertos a la vida.

Y quitando el papiro, encontramos la carne en un excelente estado de conservación, sin hedor perceptible. El color era rojizo. La piel era dura, suave y brillante. Los dientes y el pelo estaban en buen estado. Los ojos (al parecer) los habían eliminado, y se habían sustituido por unos de cristal, muy bonitos y con un aspecto maravillosamente vivo, con la excepción de una mirada demasiado fija. Los dedos de manos y pies eran dorados y brillaban.

El señor Gliddon opinaba, por lo rojo de la epidermis, que el embalsamamiento se había efectuado en conjunto con asfalto, pero después de rascar la superficie con un instrumento de acero y arrojar al fuego el polvo que obtuvimos, se hizo evidente el olor a alcanfor y a otras gomas de aroma dulce.

Examinamos el cuerpo muy cuidadosamente en busca de las habituales aberturas por las que se extraían las entrañas, pero para nuestra sorpresa no pudimos descubrir ninguna. En aquel momento, ningún miembro del equipo era consciente de que resulta frecuente encontrar momias enteras, sin abrir. El cerebro era costumbre retirarlo por la nariz; los intestinos, a través de una incisión en el costado, y entonces afeitaban el cuerpo, lo lavaban y salaban y lo dejaban así durante varias semanas, y luego empezaba la operación de embalsamamiento propiamente dicha.

Como no se encontró señal alguna de abertura, el doctor Ponnonner preparó sus instrumentos para la disección, cuando yo observé que eran ya más de las dos. Entonces decidimos posponer el examen interno hasta la noche siguiente, y estábamos a punto de separarnos ya cuando alguien sugirió un experimento o dos con la pila voltaica.

> La aplicación de electricidad a una momia de hace tres o cuatro mil años como mínimo era una idea, si no muy sensata, al menos lo suficientemente original, y todos nos dejamos cautivar por ella de inmediato. Una décima parte en serio y las nueve partes restantes en broma, preparamos una batería en el estudio del doctor y transportamos allí al egipcio.

La novela de una momia de Théophile Gautier (1858) es más realista, al menos superficialmente. Cuenta la historia del descubrimiento de una tumba intacta en el Valle de los Reyes por parte del inglés lord Evandale y el arqueólogo al que había contratado, el doctor Rumphius, e introduce la idea de que una momia puede seguir siendo bella (e incluso objeto de deseo) por debajo de sus vendajes.

> Como norma general, las momias que habían sido rellenadas con bitumen y natrón parecían simulacros ennegrecidos, tallados de ébano; la podredumbre no podía atacarlas, pero la apariencia de vida estaba totalmente ausente; los cuerpos no habían vuelto al polvo del que procedían, sino que habían quedado petrificados en una forma espantosa, que sólo se podía contemplar con el mayor desagrado y terror. En este caso, el cuerpo, cuidadosamente preparado mediante procesos más seguros, largos y mucho más costosos, había conservado la elasticidad de la carne, la textura de la piel y casi su color natural. La piel, de un suave color moreno, tenía el tinte dorado de un nuevo bronce florentino, y el tono ámbar y cálido que se admira en las pinturas de Giorgione y Tiziano cubierto con un barniz ahumado no era muy distinto del que debía de haber tenido la tez de la joven egipcia durante su vida. Ella parecía dormida, más que muerta. Los párpados, todavía adornados con sus largas pestañas, permitían brillar a unos ojos lustrosos con el húmedo reflejo de la vida entre las dos líneas de antimonio. Uno habría jurado que estaban a punto de sacudirse, como saliendo de una siesta ligera, su sueño de treinta siglos. La nariz, delicada y fina, conservaba su línea pura. No había depresión alguna en sus mejillas, que estaban tan redondeadas como un jarrón; la boca, coloreada con un ligero rubor, había conservado sus líneas imperceptibles, y en los labios, voluptuosamente moldeados, flotaba una sonrisa melancólica y misteriosa, llena de gen-

> tileza, tristeza y encanto... esa sonrisa tierna y resignada que confiere un encantador mohín a los labios de las adorables cabezas que rematan los vasos canópicos del Louvre.

En 1869, Louisa May Alcott, más famosa como autora de *Mujercitas,* publicó «Perdidos en la pirámide, o la maldición de la momia». En su siniestro cuento, una momia femenina (una hechicera) causa la muerte en vida de una novia inocente pero curiosa, que debe sufrir por los actos de su marido:

> —¡Evelyn, querida mía! Despierta y respóndeme. ¿Llevabas hoy esa extraña flor? —susurró Forsyth, apartando el sutil velo.
>
> No hubo necesidad de respuesta alguna porque allí, resplandeciendo espectralmente en su pecho, se encontraba la flor maligna, con sus blancos pétalos manchados ahora con motas escarlata, tan vivas como manchas de sangre recién derramada.
>
> Pero el desgraciado novio apenas la vio, porque el rostro que estaba por encima le dejó consternado por su absoluta vaciedad. Demacrado y pálido, como si hubiese sufrido una enfermedad consuntiva, el joven rostro, tan encantador hacía sólo una hora, yacía ante él envejecido y marchito por la nefasta influencia de la planta que había absorbido su vida. No había reconocimiento en sus ojos, ni palabras en sus labios, ni movimiento alguno en sus manos: sólo el débil aliento, el pulso apenas imperceptible y los ojos abiertos de par en par traicionaban que estaba viva.
>
> ¡Ah, la joven desposada! El temor supersticioso con el cual sonreía había demostrado ser cierto: la maldición había tardado siglos en actuar, pero al fin se había cumplido, y su propia mano fue la que marchitó su felicidad para siempre. La muerte en vida era su condena, y durante años, Forsyth se recluyó para cuidar con patética devoción a aquel pálido fantasma, que nunca, ni con palabras ni con miradas, pudo darle las gracias por el amor que sobrevivió incluso a un destino como ése.

Bram Stoker usó en su historia de momias un horror más atractivo y realista. *La joya de las siete estrellas,* una historia de momias similar en estilo y trama al ya famoso *Drácula,* fue publicada en 1903. Cuenta la historia de la reina Tera, cuyo desenvolvimiento y resurrección en una solitaria casa de Cornualles condujo a un horrible final para todos los implicados. De hecho, ese final se consideró tan horrible que su editor le obligó a reescribir el capítulo final para la edición revisada de 1912. Sin que nadie lo supiera, resultaba que Tera era una maga muy hábil:

> La reina Tera pertenecía a la undécima dinastía tebana de los reyes egipcios que reinaron entre el siglo veintinueve y veinticinco antes de Cristo. Sucedió a su padre Antef como hija única suya. Debió de ser una mujer de un carácter extraordinario, y de gran habilidad también, porque era muy joven todavía cuando murió su padre. Su juventud y sexo animaron a los ambiciosos sacerdotes, que habían conseguido un poder inmenso. Mediante sus riquezas, su número y sus conocimientos dominaban todo Egipto, y más especialmente el Alto Egipto. Estaban preparados, en secreto, para hacer un esfuerzo y conseguir sus atrevidos designios, que llevaban mucho tiempo considerando, de transferir el poder del gobierno del reino a una Jerarquía. Pero el rey Antef sospechaba un movimiento semejante y tomó la precaución de asegurar a su hija la lealtad del ejército. También le enseñó el arte de gobernar e hizo que la adiestraran en las tradiciones de los mismos sacerdotes. Él ya había usado a aquellos de un culto contra el otro, y cada uno tenía la esperanza de conseguir alguna ventaja hacia su bando mediante la influencia del rey, o alguna ventaja final ejerciendo su propia influencia sobre su hija. Así fue como la princesa fue educada entre escribas, y ella misma era una gran artista. Muchas de esas cosas se contaban en los muros, en pinturas o en escritura jeroglífica de gran belleza, y llegamos a la conclusión de que no pocos de ellos los pintó la propia princesa. No sin motivos se la había inscrito en la Estela como «Protectora de las Artes».
>
> Pero el rey había llegado más lejos aún, y había enseñado a su hija la magia, por la cual tenía poder sobre el Sueño y la Voluntad. Era magia real, magia «negra», no la magia de los templos, que parece ser que era del tipo inofensivo o «blanca» y estaba destinada a impresionar, más que a tener efecto. Ella había demostrado ser una estudiante ejemplar y llegó mucho más lejos aún que sus propios maestros. Su poder y sus recursos le dieron grandes oportunidades, de las cuales se valió por

> completo. Conoció secretos de la naturaleza de extrañas formas, e incluso llegó a bajar ella misma a la tumba, habiendo sido vendada, introducida en un sarcófago y dada por muerta durante un mes entero. Los sacerdotes intentaron hacer creer que la princesa Tera murió en el experimento y que la sustituyó otra joven, pero ella probó de manera concluyente su error...

Era una lástima, aunque quizá predecible, que, dado que el acceso a la tumba de Tutankamón estaba restringido y pocos egiptólogos estaban dispuestos a conceder el tipo de entrevistas especulativas que anhelaba la prensa, los autores populares especializados en ese tipo de relatos ocultistas fueran aceptados como expertos en todos los aspectos de la religión y los rituales egipcios. Incluidos entre el grupo de «expertos» populares estaba sir Arthur Conan Doyle, creador de Sherlock Holmes y autor de dos relatos populares sobre el Antiguo Egipto, «El anillo de Thot» (1890) y «El lote n.º 249» (1892), y sir Henry Rider Haggard, autor de *Ella* (1887) y *Cleopatra* (1889), y cuyo «Smith y los Faraones» se vendió por entregas en el *Strand Magazine* en 1910. La más importante de todas fue Marie Corelli, una novelista inmensamente popular, personaje extraordinario cuyas obras góticas eran consideradas por algunos como simples paparruchas, pero por muchos más como verdaderos y emocionantes atisbos hacia mundos ya perdidos. En la cima de su éxito, Corelli era la autora más leída de Gran Bretaña, y sus opiniones eran muy apreciadas por sus seguidores, si no por sus críticos. Como explica delicadamente su biografía, publicada en vida de la autora:

> Marie Corelli es atrevida, quizá sea la escritora más osada que ha vivido jamás. Lo que cree lo dice, con una intrepidez tan brillante que deja a un lado las discusiones por cosas sin importancia en sus pasos de gigante hacia el objetivo que tiene previsto. Ella no acepta medias tintas. Sus obras, reunidas bajo una sola y vasta cobertura, podrían ser impresas y publicadas como una edición ampliada del Decálogo [los Diez Mandamientos].
>
> No resulta de extrañar, pues, que no se haya ganado la aprobación de esos críticos que son incapaces de captar la naturaleza formidable de su programa. Ellos, ateniéndose siempre a determinados cánones, y encontrando en ella esos cáno-

nes brutalmente descartados, replican mediante la condena absoluta de temas que juzgan literariamente heterodoxos, pero cuya simplicidad pura y dura en realidad les resulta totalmente incomprensible.[5]

La idea de que la tumba de Tutankamón pudiera encontrarse bajo algún tipo de protección remota surgió en cuanto se informó de la enfermedad de Carnarvon en la prensa de Londres. El 24 de marzo de 1923 (el día en que *The Times* informaba de una mejoría en el estado del enfermo), el *Daily Express* informaba de la preocupación de Corelli por su seguridad:

> No puedo dejar de pensar que se ha corrido algún riesgo al perturbar el descanso final de un rey de Egipto cuya tumba estaba especial y solemnemente custodiada, y robarle sus posesiones.
>
> Según un libro muy valioso que poseo, que no está en el British Museum, titulado *Historia egipcia de las pirámides* (traducido del árabe original por Vortier, profesor de árabe de Luis XVI de Francia), el más estricto castigo persigue a cualquier osado que se introduce en una tumba sellada.
>
> Ese libro da una lista larga y minuciosa de los «tesoros» enterrados con varios de los reyes, y entre ellos se encuentran «diversos venenos secretos encerrados en cajas de un modo tan astuto que aquellos que las tocan no saben cómo les ha llegado el sufrimiento».
>
> Y por eso pregunto: ¿fue una picadura de mosquito lo que ha infectado tan gravemente a lord Carnarvon?

Cuando, sólo unos días más tarde, Carnarvon sucumbió a su enfermedad, Corelli fue considerada clarividente. Otros médiums, de una forma menos imponente, publicaron sus predicciones de muerte basada en la tumba inmediatamente después de este hecho. «Velma» al parecer había advertido a Carnarvon del peligro que suponía reemprender sus trabajos en el Valle; «Cheiro» había recibido una advertencia transmitida por una de las hijas de Ajenatón, y se la había comunicado al conde.

Carnarvon murió a los cincuenta y siete años en una época en que el promedio de esperanza de vida de los varones a su nacimiento, en el Reino Unido, estaba justo por debajo de los cincuenta y siete años; en 1866, el año de su nacimiento, un trabajador industrial varón habría tenido muchísima suerte de alcanzar los cuarenta y cinco años de edad.[6] Como miembro de la élite bien alimentada y ociosa, se podría haber esperado que Carnarvon viviese más que el promedio, pero su salud se había visto gravemente debilitada por un accidente de coche casi mortal en 1901. Su hermana, lady Winifred Burghclere, nos relata el accidente y proporciona un tributo bastante curioso, pero ameno y afectuoso, a su hermano, como introducción a la publicación de Tutankamón por parte de Carter y Mace en 1923. Ahí nos enteramos de que Carnarvon iba conduciendo a gran velocidad por una carretera recta y aparentemente vacía en Alemania cuando, tras remontar una colina, se encontró en un badén oculto, la carretera totalmente bloqueada por dos carretas de bueyes. No pudo parar y el coche se salió de la carretera y fue recto hacia un montón de piedras. Los neumáticos estallaron, el ligero coche volcó y aterrizó encima del conductor. El chófer, Edward Trotman, salió disparado y quedó protegido por su grueso abrigo, pero Carnarvon se quedó atrapado. Trotman pudo apartar el vehículo y liberar a su patrón, y luego, cogiendo un cubo de agua de un hombre que trabajaba en un campo cercano, lo arrojó sobre su cuerpo inconsciente. Según lady Burghclere, la conmoción del agua hizo que su corazón volviera a latir. Carnarvon se recuperó de aquella dura experiencia, pero nunca volvería a ser el mismo: «No se ahorró ni entonces ni más tarde nada que la habilidad o los cuidados pudieran prestarle, pero durante el resto de su vida tuvo que sufrir intervenciones recurrentes y enfermedades peligrosas continuamente».[7]

El accidente dejó a Carnarvon débil, bajo de peso y vulnerable a las infecciones del pecho. Sus médicos, preocupados por los efectos del húmedo invierno británico, le recomendaron que visitara Egipto, y así nació una nueva pasión. Que su familia inmediata aceptó su muerte como algo enteramente natural lo deja bien claro lady Burghclere:

> En su testamento, él expresaba el deseo de ser enterrado en Beacon Hill. Por tanto, fue en la cumbre de la gran colina que se alzaba junto al hogar que amaba tan apasionadamente donde se le entregó al descanso... Órgano, música, coro, no hubo nada de eso en su entierro. El bonito funeral, entregando «el cuerpo de nuestro querido hermano a la tierra con segura y cierta esperanza», tenía la grandeza severa de un funeral en el mar. Pero en el aire resonaba la canción primaveral de las alondras. Las aves cantaban delirantes, con un éxtasis apasionado que nunca olvidaremos los que oímos aquella canción. Y así le dejamos, sintiendo que aquel final estaba en armonía con la vida.[8]

Finalmente, la prensa mundial tenía una historia que podía publicar sin someterse a *The Times*, una tragedia humana mucho más atractiva que los acontecimientos de la tumba, de una decepcionante lentitud. Igual que ocurre con las muertes de todos los famosos, la historia rápidamente fue adquiriendo impulso. Pronto se informó de siniestras implicaciones. En el mismo momento de la muerte de Carnarvon, todas las luces de El Cairo se apagaron misteriosamente, y en Highclere, la perra de Carnarvon, *Susie*, lanzó un enorme aullido y murió. Que todas las luces de El Cairo se apagasen, o según otras historias todas las luces del hotel (o equivocadamente, el hospital) donde había muerto fallasen está tan lejos de ser notable que no vale la pena ni mencionarlo. Todavía hoy en día el suministro eléctrico de El Cairo es bastante voluble, y nadie puede explicar nunca por qué la luz se va y vuelve. Lo de la muerte de la perra procede del hijo de Carnarvon, el 6.º conde, un hombre que sentía un intenso temor a la maldición de Tutankamón: entrevistado por la NBC en Nueva York en julio de 1977, al parecer contó a su entrevistador que «no aceptaría ni un millón de libras por entrar en la tumba de Tutankamón en el Valle de los Reyes».[9] En este caso, como estaba en Egipto cuando murió su padre, no pudo ser testigo de los hechos en Highclere. Es bastante improbable que hubiera algún testigo en realidad, ya que *Susie* murió a primera hora de la mañana:

> Mi padre murió poco antes de las dos de la tarde, hora de El Cairo. Como supe después, ocurrió algo muy extraño en Highclere más o menos al mismo tiempo, poco antes de las cuatro de la mañana, hora de Londres. Nuestra perrita fox terrier, que había perdido la pata delantera en un accidente en 1919 y a quien mi padre quería muchísimo, empezó a aullar de repente, se sentó sobre los cuartos traseros y cayó muerta.[10]

El certificado de defunción de lord Carnarvon confirma que murió en El Cairo poco antes de las dos de la mañana. En 1923 había un desfase de dos horas entre los dos países, pero Inglaterra, al ser el país más occidental, iba dos horas por detrás de Egipto. En lugar de sufrir una muerte simultánea, *Susie* en realidad murió cuatro horas después que su amo.

Marie Corelli fue la primera en mencionar la antigua maldición: «La muerte alada se abate sobre aquel que entra en la tumba de un faraón». Pronto se aceptó como un hecho que esa maldición, o una ligera variante, «la muerte llega con rápidas alas a aquel que toca la tumba del faraón», estaba grabada encima de la entrada de la tumba de Tutankamón, o grabada encima de la Cámara de Enterramiento, o inscrita en una tablilla de arcilla encontrada o bien en la Antecámara o bien en la Cámara de Enterramiento. Naturalmente, no se podía permitir que una maldición tan potente manchase la excavación:

> Ni Carter ni Gardiner [el presunto traductor de la maldición] ni ninguno de los otros estudiosos presentes temieron la maldición entonces ni se la tomaron en serio. Pero les preocupaba que los trabajadores egipcios sí lo hicieran, y como dependían de la ayuda de los nativos, la mención a la tablilla de arcilla fue eliminada de los registros escritos del descubrimiento de la tumba. Incluso la tablilla en sí misma desapareció de la colección de objetos, pero no de la memoria de aquellos que la leyeron. (La tablilla y la maldición que contenía se citan por todas partes, pero nunca fue fotografiada y se la considera perdida.)[11]

Una segunda maldición, ligeramente menos explícita, al parecer estaba inscrita en la espalda de «una estatua... esa figura mágica fue descubierta en la cámara principal de la tumba»:

> Soy yo quien expulso a los ladrones de la tumba con las llamas del desierto. Yo soy el protector de la tumba de Tutankamón.[12]

Existe una versión disparatada de la auténtica inscripción en una pequeña antorcha roja descubierta justo delante de la capilla de Anubis, en el Tesoro. La antorcha estaba cubierta de oro y montada en un pedestal de arcilla como un ladrillo, y ostentaba un hechizo sencillo, pero explícito: «para repeler al enemigo de Osiris [el difunto] en cualquier forma que pueda adoptar»:

> Soy yo quien impide a la arena que ocluya la cámara secreta, y quien repele a aquel que lo repelería con la llama del desierto. Yo he incendiado el desierto (?), yo he hecho que se equivocara el camino. Estoy aquí para la protección de Osiris [el difunto].[13]

Pronto se rumoreó que la última frase de esa inscripción «... llamaré a aquellos que crucen el umbral a los sagrados recintos del rey que vive para siempre», la había borrado Carter para evitar que cundiera el pánico entre sus trabajadores. Mientras tanto, un «nigromante» y autoproclamado arqueólogo anunciaba otra maldición descubierta en la tumba:

> ¡Que la mano que se alza contra mi forma se atrofie! Que queden destruidos aquellos que atacan mi nombre, mis cimientos, mis efigies, las imágenes que se me asemejan.[14]

Mientras los occidentales «científicos» y cristianos estaban ansiosos por creer en las maldiciones sobrenaturales, los egipcios antiguos y modernos no se veían perturbados indebidamente por ellas y, ciertamente, no eran nada reacios a violar la tumba y robar a los muertos. Quizá creyeran en fantasmas, pero no aceptaban el fenómeno occidental de las momias vengativas y resucitadas. El escrutinio de las fotografías de la excavación original, disponible para todo el mundo a través de la página web del Instituto Griffith, de Oxford, confirma que tenían toda la razón en mostrarse incrédulos. En realidad no hay nada escrito ni encima de la entrada de la tumba ni en la puerta de la Cámara de Enterramientos, y nunca lo hubo. Ni sería de esperar que lo hubiera, siendo una tumba real. Para comprender por qué Tutankamón no habría sentido necesidad alguna de proteger su tumba con maldiciones, debemos considerar el papel de la tumba en el Antiguo Egipto con más detalle.

La tumba servía para diversos objetivos. Era un lugar mágico, provisto de muchos objetos rituales, donde la momia latente podía transformarse en un ser viviente.[15] Al mismo tiempo era el hogar de los difuntos, amueblado con objetos funerarios adecuados a su estatus social. En el nivel más básico, sin embargo, era sencillamente una caja de almacenamiento muy sofisticada destinada a proteger al momificado propietario de la tumba hasta el final de los tiempos.

La vida más allá de la muerte significaba diversas cosas para las distintas clases de personas en momentos distintos, pero era fundamental para todas las creencias la idea de que el espíritu *ka* necesitaba vivir cerca del cadáver. Si la momia era destruida y el *ka* no podía encontrar un hogar alternativo (una estatua quizá, o una imagen, o incluso un recuerdo), el difunto moriría con una terrible Segunda Muerte, de la cual no podría volver. Por tanto, era vital que nadie tocase la tumba y su momia. Esto podría haberse conseguido con bastante facilidad si los egipcios hubiesen estado dispuestos a volver a la tradición predinástica del enterramiento en sencillos huecos excavados en la arena del desierto. No habría habido necesidad alguna de momificaciones artificiales, ya que la arena caliente y estéril habría creado unas momias desecadas de forma natural y, sin objetos valiosos en la tumba, nadie habría sentido deseo alguno de desenterrar a los muertos, ya empobrecidos. Pero eso no fue una opción en ningún momento. La élite no podía enfrentarse a la eternidad sin una enorme cantidad de bienes materiales, y su insistencia en ser enterrados en lo que sería esencialmente un almacén mal custodiado y lleno de objetos deseables, convertía a los vulnerables muertos en mucho más ricos que muchos de los vivos. Naturalmente, los ladrones se veían atraídos hacia los cementerios.

Muchos de los muertos sufrieron robos antes incluso de llegar a la tumba. No tenemos medios de saber cuántas familias pagaron por amuletos y joyas que los enterradores poco escrupulosos sencillamente no colocaban entre las vendas, pero con los beneficios de la ciencia moderna, podemos mirar entre las vendas y ver que algunas momias, perfectas en la superficie, sobre todo las que datan del período tardío y grecorromano, no son más que un montón de huesos y porquería. Los enterradores no eran los únicos en robar a los muertos. Los trabajadores que construyeron las tumbas de la élite, los que cavaban las tumbas de los cementerios públicos, e incluso los guardias del cementerio y sacerdotes, todos seguramente se vieron tentados de aprovecharse de su conocimiento especializado. Una vez los ladrones habían accedido a la cámara de enterramiento, la joyería y los amuletos dentro de las vendas hacían especialmente vulnerables a los ataques al cadáver vendado. Las momias eran troceadas, o quemadas, en la frenética búsqueda de metales, cristal y piedras semipreciosas.

Por tanto, era importante disuadir a los malhechores de entrar en la tumba. La forma más fácil de hacerlo era sellarla y luego esconderla. Pero los reyes constructores de pirámides de los Reinos Antiguo y Medio no tenían deseo alguno de ocultar sus tumbas; querían que sobresalieran orgullosas y altas, como monumento permanente a su propia grandeza. Los arquitectos reales experimentaron con diversas barreras físicas, incorporando entradas ocultas, falsas cámaras, rastrillos de piedra y corredores rellenados luego en sus diseños, pero todos esos sistemas fallaron. Con el desplazamiento al Valle de los Reyes y la separación del templo conmemorativo del entierro, los faraones de la 18.ª dinastía redujeron la probabilidad de los robos por parte de ladrones casuales, pero siguieron siendo vulnerables a aquellos que construían y custodiaban sus tumbas.

Los propietarios de tumbas no reales también tenían el mismo conflicto. Sus tumbas incluían una capilla accesible (el lugar sagrado donde las familias y los que venían a dar sus condolencias dejaban las ofrendas que nutrirían el *ka*) y una cámara de enterramiento oculta (el lugar sagrado donde descansaba la momia). Los propietarios de tumbas deseaban atraer a los miembros de la familia, amigos y transeúntes honrados a los que se podía persuadir de dejar ofrendas, y por tanto, las tumbas tenían que ser visibles. Al mismo tiempo, deseaban desanimar a aquellos que podían robar o saquear las tumbas. Y por eso, a partir de la 5.ª dinastía, encontramos mensajes escritos de los muertos no regios a los vivos, destinados a prevenir cualquier conducta impropia. Por ejemplo, un bloque de piedra suelto de una tumba privada, encontrado junto a la pirámide de Teti, en Saqqara, contiene una advertencia, a la que obviamente hicieron caso omiso, contra «cualquier hombre que tome una piedra de esta tumba o que no entre en estado de pureza».[16] La usurpación era una preocupación constante, ya que era mucho más fácil y rápido sacar a un propietario muerto hacía tiempo de una parte de una tumba no visitada, o bien de toda la tumba, o desmantelar ésta y reutilizar sus bloques ya cortados, que construir una tumba nueva partiendo de cero. La fachada de la tumba de Anji en Saqqara contiene una severa advertencia contra cualquiera que se sintiera tentado de hacer semejante cosa:

> Todo trabajador, o cantero, o todo hombre que haga cosas malas a mi tumba de eternidad, arrancando ladrillos o piedras de ella, se quedará sin que nadie le dé voz a la vista de ningún dios o ningún hombre.[17]

En una tierra en que quizá sólo el 5 por ciento de la población sabía leer, parece bastante improbable que aquéllos tentados por el robo hubieran sido capaces de leer y de comprender esa advertencia, pero claro, eso tampoco habría evitado que la advertencia fuese efectiva. Se aceptaba que los muertos tenían el poder de afectar a los vivos. Podían ayudar a los que lo necesitaban, y quizá incluso castigar a aquellos que habían obrado mal. Y de ese modo, en la tumba de Peteti en Giza leemos que

> Cualquier persona... que entre en esta (tumba) y haga algo dentro que esté mal... será el cocodrilo, el hipopótamo o el león quienes los consumirán.

Cualquier persona que haga algo malo a esta (tumba)... el cocodrilo estará contra ellos en el agua y la serpiente estará contra ellos en tierra, y el hipopótamo estará contra ellos en el agua y el escorpión estará contra ellos en la tierra.[18]

Las tumbas reales eran, sin embargo, un asunto totalmente distinto. No tenían capillas de ofrendas integrales, sino templos conmemorativos donde los difuntos podían recibir ofrendas sin necesidad de que los vivos se aproximasen al lugar de reposo de los muertos. Durante los Reinos Antiguo y Medio, esos templos estaban incluidos dentro del complejo de la pirámide; durante el Reino Nuevo se encontraban situados al borde del desierto, a una distancia considerable de las tumbas excavadas en la roca del Valle. Un sistema similar existía para los pocos personajes no reales enterrados en el Valle; Yuya y Tuya, por ejemplo, yacían en el Valle, pero habrían recibido sus ofrendas mortuorias en un lugar consagrado —una pequeña capilla, estela o estatua dentro de un templo de mayor tamaño, quizá— en otro lugar. Nadie esperaba visitar la propia tumba, y sin visitantes o transeúntes casuales, no había necesidad alguna de escribir mensajes de advertencia en las paredes de la tumba.

La ausencia de una maldición escrita (que algunos, naturalmente, creen que fue eliminada por «las autoridades») no ha hecho nada para evitar la idea de que Tutankamón primero mató a Carnarvon y luego siguió matando a otros. Por ejemplo:

> Tutankamón es la figura clave en la maldición que, hasta la fecha [1975], ha costado la vida de al menos tres docenas de científicos, arqueólogos y estudiosos... Tutankamón fue sólo el testaferro de una conspiración de sacerdotes. Su importancia real procede del descubrimiento relativamente tardío de su tumba, que, a diferencia de las de otros faraones, no había sido saqueada, y del hecho de que siguieran una serie de misteriosas muertes a la excavación de la tumba. La maldición de los faraones empezó a alterar entonces a los científicos por primera vez.[19]

El número de víctimas de la maldición varía dependiendo de los relatos, pero normalmente incluye a las siguientes:

- **George Edward Stanhope Molyneux Herbert, 5.º conde de Carnarvon:** ya se ha relatado su historia. Murió en 1923, a la edad de cincuenta y siete años.
- **Príncipe Ali Kemal Fahmy Bey:** visitante de la tumba. Le disparó su esposa, «La Princesa Trágica», en un pasillo del hotel Savoy de Londres. Murió en 1923 a los veintitrés años.
- **Aubrey Herbert:** medio hermano de lord Carnarvon. Se hizo extraer los dientes en un intento equivocado de curarse de su ceguera, y a continuación sufrió envenenamiento de la sangre. Murió en 1923 a los cuarenta y tres años.
- **Hugh Evelyn-White:** arqueólogo y profesor de clásicas en la Universidad de Leeds, que se suicidó dejando una nota en la cual culpaba de su muerte a una maldición sin especificar. Murió en 1924, a los cuarenta años.
- **Georges Bénédicte:** jefe del Departamento de Antigüedades del Museo del Louvre, en París. Se cayó después de ver la tumba (¿un ataque?). Murió en 1926, a los sesenta y nueve años.
- **Arthur Mace:** ayudante de conservador en el Departamento de Antigüedades Egipcias del Metropolitan Museum of Art, Nueva York, y colega y coautor de Carter. Retirado por enfermedad antes de que se pudiera vaciar del todo la tumba. Murió en 1928 a los cincuenta y tres años.
- **Richard Bethell:** miembro del comité de la Sociedad de Exploración de Egipto que actuó como secretario ayudante de Carter durante la temporada de excavación de 1923-1924. Murió por causas naturales en el Bath Club en 1929, a los cuarenta y seis años.
- **Mervyn Herbert:** medio hermano de lord Carnarvon. Contrajo una «neumonía malarial». Murió en 1929 con cuarenta y seis años.
- **Richard Bethell, lord Westbury:** padre de Richard Be-

thell. Se suicidó tirándose por una ventana después de la muerte de su hijo. De camino al cementerio, su coche fúnebre atropelló y mató a un niño de ocho años. Ni lord Westbury ni el desventurado niño habían entrado en la tumba de Tutankamón. Murió en 1930, a los setenta y ocho años.

- **Albert Lythgoe:** egiptólogo del Metropolitan Museum of Art, Nueva York. Murió en 1934, a los sesenta y seis años:

> En Boston, la semana pasada, unos vientos huracanados se arremolinaron en torno al Hospital General de Massachusetts, pero su lóbrego sonido no lo oyó un paciente alto y delgado que yacía a las puertas de la muerte. La enfermedad crítica de Albert Morton Lythgoe, 66 años, provocó titulares en los periódicos a todo lo largo y ancho del país, no porque fuese conservador de Egiptología en el Manhattan Metropolitan Museum of Art, sino porque hace diez años vio abrir el sarcófago de un hombrecito insignificante llamado Tutankamón que gobernó Egipto 13 siglos antes de Cristo. ¿Acaso no se había escrito: «Aquí yace el gran rey, y sobre aquel que altere su tumba, caiga la maldición del faraón»?
>
> La esposa del doctor Lythgoe ordenó al hospital que no revelase la naturaleza de su enfermedad. Pero cuando la prensa, ansiosa de incidir en la historia de la «maldición», etiquetó su enfermedad como «misteriosa», los amigos enseguida revelaron que el doctor Lythgoe padecía de arterioesclerosis cerebral, una enfermedad nada misteriosa que causa rigidez de las arterias cerebrales.

Al principio la maldición se limita a aquellos que realmente entraron en la tumba en el momento del descubrimiento o poco después, pero muy pronto cualquier incidente relacionado con Tutankamón empezó a atribuirse a su maldición. La tripulación del vuelo que llevó la exposición de Tutankamón de 1972 a Londres parece que fue especialmente vulnerable: dos fueron asesinados (uno murió en 1976, otro en 1978); otro se rompió la pierna con la que se había dado un golpe accidentalmente en la caja de madera que contenía la máscara funeraria; a otro se le quemó la casa, otro se divorció. Mientras tanto, eminentes egiptólogos pre-Tutankamón acababan añadidos también a la lista de víctimas de la maldición, entre ellos Champollion (1790-1832), que fue asesinado al parecer porque descodificó la escritura jeroglífica, Heinrich Brugsch (1827-1894), que no fue asesinado, pero desarrolló tendencias esquizofrénicas, y Flinders Petrie (1853-1942), que murió a causa del interés que sintió toda su vida por la Gran Pirámide.

Carter encontró necesario repetir, una y otra vez, que la tumba de Tutankamón no contenía ninguna trampa biológica, ni venenos ni maldición alguna. Su postura quedó muy clara:

> No tengo intención alguna de repetir las ridículas historias que se han ido inventando sobre los peligros que acechaban en la tumba para destruir a los intrusos. Cuentos similares han sido un rasgo común de la ficción durante muchos años, y son sobre todo variantes de la historia típica de fantasmas, y en ese sentido se pueden aceptar como una forma legítima de diversión literaria. Pero hay otro aspecto de la cuestión, éste muy serio, que requiere protestas. En diversos medios se ha afirmado que existe un peligro físico real oculto en la tumba de Tutankamón; fuerzas misteriosas que ha convocado un poder maléfico para vengarse de quienquiera que ose traspasar sus puertas. Probablemente no existe ningún lugar en el mundo más libre de riesgos que la tumba. La investigación científica ha demostrado que es estéril. Cualquier germen extraño que pueda haber en su interior hoy en día ha sido introducido desde fuera, y sin embargo, alguna gente maliciosa ha atribuido muchas muertes, enfermedades y desastres a supuestas influencias misteriosas y nocivas de la tumba. Se han publicado imperdonables y falaces afirmaciones de esta naturaleza, repetidas en diversas ocasiones con cierta satisfacción maliciosa. En realidad, resulta difícil hablar con calma de esa calumnia «fantasmal». Si no es una difamación como tal, apunta en ese sentido tan despreciable, y toda persona sensata debería desechar tales invenciones con desdén. Por lo que concierne a los vivos, las maldiciones de esa naturaleza no tienen lugar alguno en el Ritual Egipcio.[20]

Pero está claro que perdía el tiempo. Las especulaciones fueron en aumento, y muchos prefirieron creer que el mismo Carter estaba colaborando con «las autoridades» para ocultar las pruebas. En 1934, Herbert Winlock, frustrado por la disposición del público a aceptar como hechos las supersticiones, empezó a recopilar información sobre aquellos que consideraba más vulnerables a la maldición.[21] Su trabajo se puede resumir como sigue:

- De las veintiséis personas que estaban presentes al abrir la tumba, seis murieron antes de una década.
- De las veintidós personas que estaban presentes cuando se abrió el sarcófago, dos murieron antes de una década.
- De las diez personas presentes en la autopsia de Tutankamón, ninguna murió antes de una década.

De los primeros que habían entrado en la Cámara de Enterramiento, sólo lord Carnarvon (un hombre que ya tenía mala salud) murió prematuramente. Lady Evelyn, que acompañaba a su padre en la Cámara de Enterramiento, no murió hasta 1980. Ella no fue la única que disfrutó de una larga vida. Alan Gardiner, miembro del equipo original, murió en 1963 a la edad de ochenta y cuatro años; Douglas Derry, el hombre que hizo más daño físico a Tutankamón, murió a los ochenta y siete años, en 1969. Carter murió en 1939, con sesenta y cuatro años. Había sobrevivido dieciséis años a Carnarvon. Otros llevaron a cabo investigaciones similares y, cosa nada sorprendente, llegaron a conclusiones similares. Por ejemplo, en 2002, el científico australiano Mark R. Nelson concluyó que «no hubo asociación significativa alguna entre la exposición a la maldición de la momia y la supervivencia, y por tanto no existe prueba alguna que apoye la existencia de una maldición de la momia».[22] Esas estadísticas no sirvieron entonces (y siguen sin servir ahora) absolutamente para nada.

Inicialmente, la maldición se contempló como un fenómeno enteramente mágico o místico. Las muertes las causaron elementos indetectables o fuerzas invocadas hace 3.000 años por los sacerdotes de la necrópolis. Esta idea fue promovida con entusiasmo por Conan Doyle, que a pesar de sus conocimientos médicos, era un firme creyente en los fenómenos paranormales, que incluían fantasmas, hadas y fuerzas sobrenaturales.[23] En abril de 1923 estaba embarcado en una misión para promover el espiritualismo cristiano en Estados Unidos, y eso le dio acceso regular a la prensa norteamericana:

> Un mal primigenio pudo haber causado la enfermedad mortal de lord Carnarvon. Uno no sabe qué fuerzas existían en aquellos tiempos, ni cuál podría ser su forma. Los egipcios sabían mucho más que nosotros de esas cosas.

Al preguntarle por qué nadie más fue asesinado por la maldición, él replicó como si tal cosa:

> Es una tontería decir que porque las «fuerzas elementales» no han perjudicado a todo el mundo, no existen. También podríamos decir que como los bulldogs no muerden a todo el mundo, por tanto los bulldogs no existen.[24]

Hoy en día hay muchos que siguen pensando que los egipcios eran capaces utilizar las antiguas energías, por ejemplo en su empleo del poder de las pirámides, que según creen algunos, se puede usar para afilar cuchillas, secar pescado y restaurar la calma de aquellos que sufren el estrés de la vida moderna. Rider Haggard, sin embargo, difería, y sus opiniones fueron publicadas en el *Daily Mail* el 7 de abril de 1923:

> Todas estas tonterías de que lord Carnarvon llegó a su fin a causa de la magia no son más que bobadas peligrosas. Peligrosas porque contribuyen a aumentar la marea creciente de la superstición que parece inundar el mundo ahora mismo.

Más recientemente, la muerte remota a través de «espíritus elementales» se ha abandonado a favor de una explicación de la maldición mucho más «científica». La tumba, obviamente, contenía algo que mataba. Es posible que fuera una trampa deliberada, colocada por los antiguos sacerdotes, pero también pudo tratarse de una desafortunada combinación de circunstancias que implicaron a Tutankamón en la muerte accidental de Carnarvon y quizá también de Mace. La teoría más conocida y mejor argumentada de todas es la siguiente:

Picadura infectada: La sugerencia de que Carnarvon pudo haberse infectado por la picadura de un mosquito que a su vez se había contaminado bebiendo fluidos de embalsamamiento de Tutankamón fue expresada por primera vez en el *Daily Mail*. Ganó popularidad cuando la autopsia de la momia reveló la cicatriz en la cara de Tutankamón. Ésta se aceptó en general como picadura de mosquito, con lo que se unía a Tutankamón con Carnarvon. La teoría de la muerte por envenenamiento a través de un mosquito quedó rápidamente desechada ya que antes de que la presa de Asuán elevara el nivel de agua de Egipto en los años sesenta, no había mosquitos en el Valle de los Reyes, totalmente seco.

Veneno o infección: Conan Doyle fue el primero en sugerir que se podían haber colocado en la tumba unas esporas venenosas para castigar a aquellos que pudieran amenazar la momia del rey. Dejando a un lado los aspectos prácticos, como por ejemplo si los sacerdotes de la necrópolis habrían sido capaces de realizar esa operación tan compleja sin morir ellos mismos, es una situación extremadamente improbable. La medicina del Antiguo Egipto, aunque estaba bastante avanzada para su época, no comprendía las causas de las enfermedades y, como las bacterias y los gérmenes eran desconocidos, las enfermedades se atribuían a espíritus maléficos. En cualquier caso, la tumba tuvo que permanecer accesible para los funcionarios que tuvieran que restaurarla después de un robo o los daños causados por una inundación.

No existe señal alguna de ningún veneno en la tumba de Tutankamón. ¿Pudo haberse encontrado Carnarvon con algún asesino invisible y accidental, como un virus, bacteria u hongo? Ántrax, quizá, ya que se sabe que el ántrax puede sobrevivir muchos años, u hongos relacionados con la aspergilosis, una enfermedad mortal relacionada con las condiciones climáticas modernas en las antiguas tumbas y cuevas. Lucas, como químico práctico, se opuso con vehemencia a esa idea:

> Por lo que se puede dilucidar, en la tumba, cuando se encontró, no existía vida de ningún tipo, ni siquiera de las formas más sencillas. La mañana siguiente a la apertura de la Cámara de Enterramiento, cuya puerta estaba sellada, se llevaron unos algodones estériles al rincón más alejado de la cámara, junto a la parte de atrás de las capillas, a unas seis yardas más allá de donde nadie había pisado desde hacía más de 3.000 años, y se aplicaron a las paredes, a la parte inferior de la capilla exterior y bajo algunos juncos del suelo. Estas muestras, que suministró amablemente el doctor A.C. Thaysen del Laboratorio Bacteriológico de la Royal Naval Cordite Factory, junto a Wareham, fueron examinadas en ese laboratorio por el señor H. J. Bunker, y de las cinco muestras de las cuales se hicieron cultivos, cuatro eran estériles, y la quinta contenía unos pocos organismos que eran indudablemente contagios aéreos, introducidos durante la apertura de la puerta y la subsiguiente inspección de la cámara, y no pertenecían a la tumba, y se aceptó entonces que no había presente ningún tipo de vida bacteriana. Por lo tanto, el peligro para los que trabajaban en la tumba de gérmenes de cualquier enfermedad, contra el cual tan frecuentemente se había advertido, no existía.[25]

Insiste en que aunque había algunos rastros de hongos que crecían en las paredes y una pequeña colección de escarabajos y arañas, todo aquello llevaba muerto cientos de años. Incluso las carcomas que habían empezado a comerse los muebles estaban muertas después de tres mil años.

Excrementos de murciélago: ¿Pudo envenenarse Carnarvon inhalando los antiguos y tóxicos excrementos de murciélago que se habían amontonado en el suelo de la tumba? No, porque no había penetrado murciélago alguno en la tumba sellada. La sugerencia hecha por Geoffrey Dean, director emérito del Consejo de Investigación Médico-social de Irlanda, de que los murciélagos podían haber colonizado la tumba después de su apertura, durante el período anterior a la colocación de una puerta adecuada, y mientras la tumba estaba protegida sólo por una reja de metal, es más creíble. Se dice que había murciélagos volando por la tumba, de noche, y Carter ordenaba que los quitaran cada mañana.[26] El histoplasma medra en los excrementos de murciélago, y se puede inhalar y causar histoplasmosis: fiebre, glándulas hinchadas y neumonía.[27] Carter, que había trabajado en tumbas toda su vida adulta, pudo desarrollar inmunidad a la enfermedad, pero Mace y Carnarvon puede que no.

Radiación: La idea de que Carnarvon pudo morir por radiación en el interior de las tumbas se fue haciendo más popular a medida que nuestros propios temores hacia la radiación y la actividad nuclear fueron en aumento: «Es muy posible que los antiguos egipcios usasen radiación atómica para proteger sus lugares sagrados. Los suelos de las tumbas podían haber estado cubiertos de uranio. O las tumbas podían haberse rematado con rocas radiactivas. Las rocas contenían oro y uranio que se extraía en Egipto. Tales radiaciones podrían matar a un hombre hoy en día».[28] No existe prueba alguna que apoye esta teoría.

Si resulta imposible estudiar a Tutankamón sin referirse a Howard Carter, es igualmente imposible estudiar el desarrollo de la maldición de Tutankamón sin referirse a su antiguo colega Arthur Weigall.[29] Carter y Weigall tenían mucho en común: ambos cayeron en la egiptología casi por accidente (Carter como artista, Weigall como estudiante de historia familiar); ambos trabajaron como inspectores de Antigüedades en el Valle de los Reyes; ninguno de los dos era rico; ambos tenían fuertes principios que podían hacerles impopulares entre sus contemporáneos. Quizá no haga falta decir que no eran los mejores amigos del mundo, precisamente. A diferencia de Carter, sin embargo, Weigall era un autor fluido y de gran éxito. Sus escritos más populares, en una época en que había sido excluido de toda información oficial sobre la excavación de la tumba, contribuyeron a dar pábulo en todo el mundo a la creencia de que Carnarvon había sido asesinado por una antigua maldición.

Por tanto, era inevitable que cuando el propio Weigall murió, el 2 de enero de 1934, con sólo cincuenta y tres años, el *Daily Mail* no dudara en señalar al culpable: «Muerte del señor A. Weigall, regresa la maldición de Tutankamón».

Weigall nunca había sido miembro del equipo de excavación de Tutankamón y, por tanto, parece bastante injusto que Tutankamón le hubiera considerado un candidato adecuado para la muerte por la maldición. Pero Weigall fue inspector de Antigüedades para el sur de Egipto a principios de la década de 1900, fue corresponsal del *Mail* para Tutankamón, y dio conferencias y escribió sobre Tutankamón en Gran Bretaña, Europa y América. En realidad, en América se le anunció ocasionalmente (para gran irritación de Carter) como descubridor de la tumba; quizá Tutankamón también se hubiese confundido... Se dice que predijo la muerte de Carnarvon: viéndole entrar en la tumba de buen humor para la apertura de la Cámara de Enterramiento, Weigall observó, al parecer: «si baja con ese espíritu, le doy seis semanas de vida».[30]

En sus escritos, por el contrario, niega la existencia de maldición alguna en la tumba:

> Millones de personas en todo el mundo se preguntan si la muerte del excavador de esa tumba se debió a alguna influencia malévola que proviniese de ella, y ha corrido la voz de que existía una maldición concreta escrita en las paredes del sepulcro real. Pero no es así.[31]

Weigall había dejado Egipto en 1914, volvió a Inglaterra y allí se convirtió en escenógrafo y autor popular, periodista y novelista. Su libro, de gran éxito, *Life and Times of Akhenaten, Pharaoh of Egypt* (1910), había introducido al gran público en la época de Amarna, y contribuyó a reafirmar gran parte de los conocimientos populares sobre la familia de Tutankamón. Con el descubrimiento de la tumba, viajó a Luxor como corresponsal especial del *Daily Mail*, lleno de esperanzas de que sus conocimientos y sus contactos personales le permitieran realizar unos reportajes informativos que deleitarían a sus lectores y harían que ganase mucho dinero. En eso se vio decepcionado, sin embargo, porque el equipo de la excavación no estaba dispuesto a concederle privilegio alguno. Cosa comprensible, Weigall se tomó mal ese rechazo, y sus reportajes en el *Daily Mail* incluían siempre ácidas denuncias del trato prepotente de Carnarvon hacia la tumba y su suposición de que tenía el monopolio de uno de los bienes más importantes del mundo.

Weigall incluyó la historia ya conocida del desgraciado canario de Carter en «The Malevolence of Ancient Egyptian Spirits» [«La malevolencia de los espíritus egipcios antiguos»], un capítulo que se explica por sí mismo en *Tutankhamen and Other Essays* [Tutankamón y otros ensayos] (1923), un libro que escribió para aprovechar la insaciable demanda de información del público. En circunstancias normales, habría sido impensable que un reputado egiptólogo usurpase la investigación de un colega y la publicase. Pero aquéllas no eran circunstancias normales. La exclusividad del trato con *The Times* todavía dolía, y había además importantes consideraciones financieras. En Europa y Estados Unidos se estaba desarrollando una valiosa industria sobre Tutankamón, y como autor por cuenta propia, Weigall quería una parte. Y no era el único. Carter y Mace tuvieron que llevar a imprenta a toda prisa el primer volumen de *The Tomb of Tut.ankh.Amen* [La tumba de Tutankamón] para que se adelantara a todas las publicaciones de 1923 con el tema de Tutankamón que ofrecían diversos egiptólogos eminentes, incluidos Wallis Budge del British Museum (*Tutankhamen: Amenism, Atenism and Egyptian Monotheism* [Tutankamón: amonismo, atonismo y monoteísmo egipcio], un libro que, a pesar de su título, se centra en Ajenatón) y Grafton Elliot Smith, cuyo breve *Tutankhamen and the Discovery of His Tomb by the Late Earl of Carnarvon and Mr Howard Carter* [Tutankamón y el descubrimiento de su tumba por el difunto conde de Carnarvon y el señor Howard Carter] se basaba en una serie de artículos escritos para el *Daily Telegraph.* Como admite animadamente Smith:

> Como eran simples comentarios sobre las descripciones de la tumba y sus contenidos, que salieran separadamente estas notas tópicas y efímeras pareció al principio carecer de toda

justificación, pero recibí tantas peticiones de información y guía que pensé que podría resultar útil volver a redactar mis artículos y dar referencias bibliográficas que ayudaran al lector en general a comprender los resultados que hasta el momento se habían logrado, y apreciar el valor de los descubrimientos más importantes que el trabajo de la siguiente temporada revelaría sin duda.[32]

Mientras tanto, Tutankamón estaba entrando en el mundo de la ficción. En 1923, el americano Archie Bell publicó una obra con título larguísimo y curiosamente puntuado: *King Tut-Ankh-Amun: His Romantic History. Relating how, as Prince of Hermonthis, he won the love of Senpa, priestess of the temple of Karnak, and through her interest achieved THE THRONE OF THE PHARAOHS* [El rey Tutankamón: su romántica historia. Relatando que, como príncipe de Hermonthis, consiguió el amor de Senpa, sacerdotisa del templo de Karnak, y a través del interés de ella consiguió EL TRONO DE LOS FARAONES]. Esta historia, un relato emocionante de seducción y asesinato a orillas del Nilo, no fue más que la primera de una serie de imaginativas vidas de Tutankamón que continuó sin interrupción hasta el presente. Sólo había un paso de las páginas a la pantalla: la película breve *Tutankhamen*, y la más larga *Dancer on the Nile* [Bailarina del Nilo], donde aparecía el «príncipe Tut», salieron en 1923.

Weigall no pudo escribir un libro completo sobre Tutankamón; no tenía ni idea de lo que había detrás del muro de la Cámara de Enterramiento, si es que había algo. Necesitaba algo para rellenar su texto, y los pájaros muertos y las serpientes guardianas llenaban el hueco a la perfección. Comprendió la fascinación por lo paranormal egipcio, y fue uno de los primeros en señalar lo que resulta obvio para cualquiera que hubiera pasado algo de tiempo en Egipto: que los modernos egipcios creían muchísimo en lo sobrenatural.

La antigua magia de Egipto todavía se practica, y muchas de las fórmulas usadas en los tiempos modernos son familiares a los egiptólogos. Los egipcios, en realidad, viven en un mundo muy influido por la magia, y densamente poblado por espíritus, demonios y *djins* (genios). Los hombres educados que

> tienen cargos en el gobierno y visten a la manera europea con toda elegancia, describen sus milagrosas aventuras y sus reuniones con *djins*. Un caballero egipcio que ostenta un cargo administrativo importante me contó que su primo se transforma en gato por la noche y vagabundea por la ciudad. Cuando era pequeño, su padre observó esa peculiaridad, y en una ocasión persiguió y apaleó al gato, y de resultas de esto, al día siguiente el chico fue encontrado cubierto de verdugones y magulladuras. El tío de mi informante una vez pronunció unas palabras con tanta fuerza (mágica) sobre determinado libro maldito que empezó a temblar violentamente y al final acabó tirándose por la ventana.[33]

Todas esas creencias «primitivas» que recogían y transmitían turistas supuestamente cultos eran, para Weigall, tan inexplicables como poco adecuadas. Como inspector de Antigüedades, había opuesto siempre mucha resistencia contra la superstición, impidiendo que mujeres estériles desesperadas hicieran ofrendas ante estatuas de la antigua diosa de la curación, Sejmet. Su prohibición no tuvo ningún efecto en absoluto: hoy en día, los guías locales todavía conducen a las mujeres (locales y turistas por igual) en torno a las estatuas de Sejmet para mejorar su fertilidad. En *Tutankhamen and Other Essays*, Weigall se explaya sobre este asunto:

> El gran número de visitantes de Egipto y personas interesadas en las antigüedades egipcias que creen en la malevolencia de los espíritus de los faraones y sus súbditos muertos es siempre para mí motivo de asombro, teniendo en cuenta el hecho de que de todos los pueblos antiguos, los egipcios precisamente eran los más amables y, para mí, los más adorables... Dejaré, por tanto, a gusto del lector encontrar una explicación para los incidentes que ahora relataré.[34]

Entonces, como consumado escritor que es, procede a contar la historia de Carnarvon y el gato momificado. El año es 1909, y Carnarvon está excavando las tumbas de la élite tebana cuando descubre un ataúd de madera en forma de gato, cubierto de brea negra. Se lleva el ataúd a casa de Weigall y, como Weigall está ausente, deja el ataúd en su dormitorio. Al volver a casa ya de noche cerrada, Weigall tropieza con el ataúd. Toca la campanilla, pero no aparece nadie. De modo que va a la cocina, donde encuentra a los sirvientes agrupados en torno al mayordomo, al que ha mordido un escorpión. El mayordomo pasa a un estado de delirio, y se imagina que un gato grande y gris le persigue. Weigall vuelve a la cama y se acuesta mirando el ataúd del gato, entonces iluminado por un rayo de luna. Una rama de árbol que agita el viento arroja una sombra parpadeante que hace que los ojos del gato parezcan abrirse y cerrarse. A punto de dormirse, Weigall empieza a imaginarse que el gato se ha vuelto a mirarle. Al final se duerme, pero le despierta con un sobresalto un ruido que parece un disparo de pistola. Salta de la cama y, mientras lo hace, un gato grande y gris se lanza sobre la cama, le araña la mano y sale por la ventana. Weigall ve que el ataúd del gato se ha roto en dos mitades. Ahora la momia del gato está visible, con los vendajes desgarrados y abiertos por el cuello, como si algo hubiese salido de ellos.

Entonces Weigall, pasando rápidamente de narrador a científico, explica que un cambio de la humedad puede haber hecho que el ataúd se abriese por la mitad con un fuerte ruido. El misterioso gato gris en realidad es su mascota.

La siguiente historia es más siniestra. Cuenta que un día recibió por correo una pequeña lámpara de barro. No es una situación inusual: muchos turistas, después de comprar recuerdos egipcios, les temían inexplicablemente, y muchos museos se han beneficiado de esas donaciones inspiradas por el miedo. Weigall se enteró de que la lámpara la había enviado una señora que había tenido mala suerte desde que el objeto llegó a su posesión (el único ejemplo de mala suerte que él recordaba, sin embargo, es que a la señora le cayó tinta en el vestido). Weigall se olvidó de la lámpara hasta que un día, una dama con título le pidió un recuerdo. Él le entregó la lámpara y se olvidó otra vez. Más tarde, en una cena en Londres, se encontró con una dama que experimentó tan mala suerte después de adquirir una lámpara de terracota egipcia, que acabó por tirarla al Támesis. Weigall le preguntó y descubrió que su lámpara de terracota le había sido entregada a la señora de Londres por la otra dama titulada.

Esas dos historias personales vienen seguidas de un relato de la momia malvada del British Museum. Se suele decir que ese objeto inofensivo (un «tablero de momia» pintado, más que una momia de verdad)[35] ha causado interminables males a todo aquel que lo ha poseído. Y sigue así, seduciendo a sus lectores con historias de posibles hechos sobrenaturales que también se podrían explicar de una manera racional. Esa tendencia de no-creyentes declarados a sugerir pruebas de actividad de la maldición, y luego negar su existencia, sigue hoy en día. Christopher Frayling, por ejemplo, desgrana una preocupante serie de casi desastres mientras se filmaba una serie de la BBC en Egipto: éstos incluían fallos de luz y sonido cuando estaban cerca de Tutankamón o su máscara, un terrorífico desplome de un ascensor causado por un cable roto, un grave ataque respiratorio después de un día entero filmando en una tumba llena de excrementos de murciélago secos, un ataque de cálculos biliares y, reflejando una historia similar a la contada por Weigall, casi todo el equipo contrajo una conjuntivitis después de pasar una noche filmando en el Valle de los Reyes. Como yo no tengo historia de maldición alguna que ofrecer, me parece apropiado dejar a Frayling la última palabra sobre el asunto:

> Para los creyentes en «la maldición», esto sin duda contaría como pruebas irrevocables; yo prefiero creer que las causas tienen que ver más bien con el clima egipcio en abril, el microclima dentro de las tumbas, los fallos en la energía eléctrica (a veces nos conectábamos a un sistema de cableado instalado originalmente por Howard Carter, poco después de empezar el siglo XX), ideas excéntricas sobre el mantenimiento de la maquinaria, puras y simples coincidencias y (en lo que respecta a las manifestaciones más triviales de «la maldición») los proveedores del servicio de cátering, más que a la ira de Tutankamón. Pero alguna gente no se convence.[36]

9

Secretos y mentiras

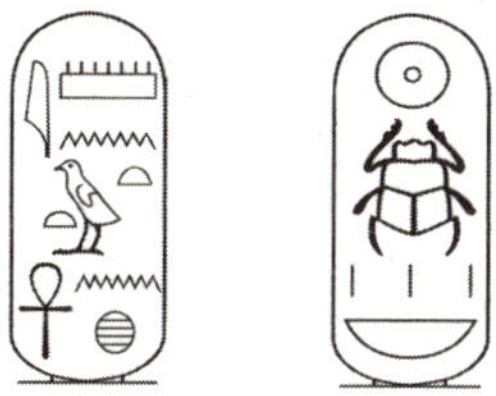

Creo... que debo afirmar solemnemente (no con arrogancia, ni con desafío) que la profanación es la última idea en la que piensa un arqueólogo. En su trabajo de investigación tiene en mente una única y sola idea, que es rescatar los restos del pasado de la destrucción, y que cuando en el curso de su trabajo pasa por umbrales no violados, siente no sólo sobrecogimiento y maravilla destilados por su tremendo pasado, sino la sensación de una obligación sagrada. Y me atrevería a añadir que todo prueba que si la investigación científica de este tipo acabase mañana, sería mucho mayor el número de personas no autorizadas que saquearían tumbas que contuvieran oro y objetos preciosos, que serían vendidos y «diseminados por todas partes», y a efectos prácticos, ése sería su fin.

HOWARD CARTER[1]

Como ya hemos visto, la tumba de Tutankamón no contenía escritos significativos. Tan curioso resulta esto para nuestros ojos altamente literarios, que ha llevado al egiptólogo Nick Reeves a hacer la intrigante sugerencia de que a lo mejor Carter simplemente miró en el lugar equivocado, y que quizá algunas de las figuras de madera reales y divinas recuperadas de la tumba pueden contener realmente papiros funerarios, sellados bajo sus capas de dorado y pintura.[2] Esto no carecería de precedentes; en los entierros reales del Reino Nuevo se incluían habitualmente estatuillas de madera, y una, recuperada del depósito de la tumba de Amenhotep II, incluía una cavidad aparentemente destinada a contener un papiro. Sin embargo, hasta el momento esto no se ha demostrado. Los depósitos más probables de cualquier documento semejante en la tumba de Tutankamón serían las dos estatuas guardianas que permanecían erguidas a cada lado de la entrada de la Cámara de Enterramiento. Esas imágenes de madera de tamaño natural muestran a Tutankamón con la piel de un negro reluciente, pintada de resina. Llevan tocados de oro (uno un tocado *khat*, el otro un paño *nemes*)[3] y joyas de oro, y cada uno de ellos lleva un bastón que refuerza su autoridad. Sus faldas doradas, que sobresalen orgullosamente de su cuerpo, proporcionando un posible escondite para los documentos, llevan inscrito el nombre y títulos de Tutankamón, y una (la figura con el tocado *khat*) asegura ser el *ka* o espíritu del rey, y quizá de su estatua hermana: «el buen dios, del cual uno está orgulloso, el soberano del cual se alardea, el *ka* real de Horajte, Osiris, el Señor Rey de las Tierras, Nebjeperura».[4] Por desgracia, el examen con rayos X confirma que sus faldas no ocultan nada.

La idea de que Carter, por algún motivo personal, eliminase los papiros de Tutankamón se ha convertido en una de las favoritas de las historias alternativas y la ficción popular. Casi invariablemente, esas «escrituras perdidas» se relacionan con el Éxodo bíblico y quieren ligar a Tutankamón con Moisés, o a Ajenatón con Moisés, o en algunos casos extremos, a Tutankamón con Jesús. Para los no creyentes es una idea curiosa (seguramente, si alguien hubo en la familia real de Amarna que no fuera monoteísta, ése era Tutankamón) y probablemente refleja la preocupación occidental en los años veinte por el establecimiento de un hogar nacional para el pueblo judío. La idea la lleva al límite Gerald O'Farrell en *The Tutankhamen Deception* [El engaño de Tutankamón], en el cual el autor sugiere que Carter y Carnarvon en realidad descubrieron a Tutankamón mucho antes de 1922. Entonces saquearon la tumba de cuatro quintas partes de su contenido, antes de volver a sellarla y «descubrirla». La maldición de la momia era en realidad una serie de crímenes necesarios para ocultar la verdad; los pergaminos de papiro, que sí estaban escondidos en las estatuas guardianas, demostraban un vínculo entre la corte de Amarna, Moisés y Jesús. Las consecuencias de ese engaño eran terribles:

> Ellos [Carter y Carnarvon] manipularon a los medios de comunicación y a los políticos de todo el mundo con una habilidad que sería la envidia de cualquier magnate de la prensa o asesor de imagen moderno, pero, en el curso de su robo, que les costó casi diez años concluir, descubrieron un secreto con unas implicaciones tan explosivas que ni siquiera se atrevieron a explotarlo. Suprimiendo la verdad, cambiaron el curso de la historia, quizá a costa de la vida de millones de personas, y al final casi con toda seguridad fueron asesinados por lo que sabían, junto con otros muchos.[5]

Sin referirse a innecesarias complicaciones de escritos religiosos perdidos y múltiples asesinatos, los trabajadores egipcios siempre supusieron que Carnarvon y Carter estaban buscando un tesoro (muy probablemente, oro) que venderían con gran provecho. ¿Por qué si no iban a mantenerlo todo oculto en la tumba? Los egipcios casi con toda seguridad conocían la primera visita nocturna «secreta» a la Cámara de Enterramiento, y tal como escribió Weigall a Carter en enero de 1923: «Los nativos dicen que, por tanto, ustedes tuvieron la oportunidad de robar algunos de los millones de libras en oro...».[6] Algunos de sus colegas también se preguntaban lo mismo. Es muy probable que el propio Carter sobreviviese tratando con antigüedades durante su precario período de empleado por cuenta propia, antes de formar equipo con Carnarvon. Ciertamente, comerció durante la Gran Guerra —una época en que el turismo y los precios cayeron en picado y se podían encontrar gangas— y entonces ayudó a su patrón a adquirir muchas piezas valiosas. A principios del siglo xx coleccionar y comerciar no eran un tabú absoluto para los arqueólogos como ocurre hoy en día, y Carter estaba lejos de ser el único egiptólogo en tener sus escarceos. Sin embargo, ya existía una creciente sensación de que la excavación ética y vender objetos al mejor postor no eran dos actividades que cuadrasen entre sí cómodamente. Como inspector para el sur de Egipto, Carter había adquirido unos conocimientos especiales de las tumbas y sus contenidos. Ahora, de repente, cambiaba de guardabosques a cazador furtivo, y ayudaba a vender unos objetos que muchos creían que no se habrían tenido que vender en absoluto.

No era ilegal comprar antigüedades legalmente adquiridas a un comerciante con licencia. Sin embargo, a pesar de un sistema de inspecciones y registros obligatorios, no era siempre posible determinar qué había sido adquirido legalmente y qué no. Demasiados comerciantes obtenían sus suministros de excavadores no oficiales, o trabajadores que robaban impunemente objetos en las propias narices de sus empleadores arqueólogos: ya hemos visto que esto ocurrió con los objetos de la KV 55. Esos objetos, despojados de su contexto arqueológico, eran hermosos, pero carecían de valor desde un punto de vista arqueológico. En cuanto a los excavadores oficiales, las normas del Servicio de Antigüedades generalmente permitían que los objetos encontrados por excavaciones legales se repartieran al 50 por ciento entre el excavador y las autoridades egipcias, y eran las autoridades las que decidían qué objetos se quedaban en el Museo de El Cairo. Sólo en el caso de artículos excepcionales o inusuales podía el Museo reclamarlo todo. Después de la «división» de los objetos, el excavador era libre de hacer lo que quisiera con su parte: normalmente, se distribuía entre sus financiadores como recompensa por su contribución a la excavación, pero algunas veces entraba a formar parte de una colección privada y se desvanecía a todos los efectos (quizá reapareciese años después, como regalo a algún museo local) o se vendía para recuperar los gastos de la excavación.

Acreditados museos occidentales, decididos a mejorar

sus colecciones egipcias, no siempre rehuían los tratos dudosos, y su ansiedad hacía subir más aún los precios, haciendo que las excavaciones ilegales compensaran más aún económicamente. Wallis Budge, conservador de Antigüedades egipcias y asirias en el British Museum (1893-1924), compraba antigüedades con frecuencia, tanto legítimamente como en el mercado negro, ahorrándole así al museo las preocupaciones y gastos de llevar a cabo sus propias excavaciones. Desde luego, no fue el único profesional de un museo que lo hizo, pero sí fue el único que publicó un muy exagerado relato de sus aventuras. La conmoción que experimentamos al leer su autobiografía, *By Nile and Tigris* [Por el Nilo y el Tigris] (1920), la causan no sólo los acontecimientos en sí, sino el hecho de que Budge estuviese dispuesto a alardear abiertamente de ellos. En un momento dado, por ejemplo, nos cuenta cómo burló tanto al Servicio de Antigüedades Egipcio como a la policía. Nos unimos a él el día después de que comprase el Papiro de Ani, una copia bellamente ilustrada de la 19.ª dinastía del *Libro de los Muertos:*

> El funcionario a cargo de la policía nos dijo que el jefe de la Policía de Luxor había recibido órdenes durante la noche del señor Grébaut, director del Servicio de Antigüedades, de que tomara posesión de todas las casas que contuviesen antigüedades de Luxor, y que arrestara a sus propietarios y a mí...
>
> Ahora, entre las casas que estaban selladas y custodiadas se encontraba una pequeña que daba al muro del jardín del antiguo hotel Luxor. Esa casa era fuente de considerable ansiedad para mí, porque en ella había almacenado las latas que contenían los papiros, varias cajas de *anticas*, algunas cajas de cráneos para el profesor Macalister, y un bonito sarcófago y momia de Ajmim... Esa casa tenía unos muros de adobe gruesos y una especie de *sardâb* o sótano en el cual estaban guardadas muchas *anticas*. Como su muro del fondo estaba construido contra el muro del jardín del hotel Luxor, que era al menos de dos pies de grueso, la casa se consideraba uno de los «almacenes» más seguros de Luxor. Cuando los comerciantes de Luxor y otros hombres que tenían posesiones en la casa la vieron sellada, y los guardias apostados junto a ella, y oyeron

que iba a ser una de las primeras casas que se abrieran y sus contenidos confiscados en cuanto llegase Grébaut, primero invitaron a beber coñac a los guardias con ellos, y luego intentaron sobornarlos para que se fueran durante una hora, pero los guardias se negaron tozudamente a beber y a abandonar sus puestos. Los marchantes alabaron la fidelidad de los guardias y les llenaron de cumplidos, y luego, haciendo de la necesidad virtud, se fueron y los dejaron. Pero no olvidaron que la casa daba al muro del jardín, y entonces tuvieron una entrevista con el director residente del hotel, y le hablaron de sus dificultades y de sus inminentes pérdidas. El resultado de su conversación fue que al anochecer, un cierto número de robustos jardineros y trabajadores aparecieron con sus herramientas de cavar y sus cestas, y que cavaron bajo aquella parte del muro del jardín que estaba contiguo a la casa, y accedieron directamente al *sardâb* de la casa... Mientras yo contemplaba las obras con el director del hotel, me pareció que los jardineros estaban muy duchos en el arte de entrar en una casa, y que debían de tener mucha práctica.

Me pareció poco sensato confiar demasiado en el silencio de nuestra operación, y por tanto pensamos en dar de comer a la policía y a los soldados, porque estaban hambrientos y sedientos. El señor Pagnon, el propietario del hotel, hizo que les preparasen una cena sustanciosa, que consistió en medio cordero hervido con varias libras de arroz, servido a trocitos con rodajas de limón y pasas en una enorme bandeja de latón. Todos estaban agachados en torno a la bandeja, en el suelo, se vertió un enorme cuenco de grasa de cordero hirviendo encima del arroz, y los hombres hambrientos fueron cogiendo aquel sabroso guiso con las manos. Mientras comían contentos y felices, fueron entrando un hombre tras otro en el *sardâb* de la casa y sacaron, pieza por pieza, caja por caja, todo lo que tenía el mínimo valor comercial... De esa manera salvamos el Papiro de Ani, y todo el resto de mis adquisiciones, de los funcionarios del Servicio de Antigüedades, y todo Luxor se alegró.[7]

Mientras Budge estaba atareado «salvando» objetos para su museo, en el extremo opuesto de la balanza, el conservador Émile Brugsch era sospechoso de vender objetos de la colección del Museo de El Cairo para su beneficio personal. De nuevo, esto hay que ponerlo en su contexto. Aunque ahora nos pueda parecer extraño, en aquella época los conservadores de los museos contemplaban sus colecciones como propiedades personales suyas, para usar y disponer de ellas a su antojo, y no era desconocido el hecho de que los visitantes del museo volviesen a casa con una cerámica «sin valor» o una sarta de cuentas, regalo de un amigo conservador. El Museo de El Cairo incluso vendía los objetos que no quería (ristras de cuentas de las momias) en su propia tienda del Museo.

En su defensa, Carter probablemente habría aducido que el comercio de antigüedades no es un asunto tajante y sin términos medios, y que como egiptólogo convertido posteriormente en comerciante, él realizaba una función que era muy necesaria. Si no identificaba las piezas más valiosas y las dirigía hacia coleccionistas adecuados, ya fueran privados o institucionales, nadie lo haría, y los objetos sencillamente desaparecerían, sin documentar, junto con los turistas ricos que compraban recuerdos (objetos auténticos recuperados de las tumbas tebanas, objetos auténticos «importados» de otras partes de Egipto, objetos auténticos embellecidos con escrituras modernas, o falsificaciones puras y duras) a voluntad. El descubrimiento de la tumba de tres reinas del harén de Tutmosis III, en agosto de 1916, en el remoto *Wadi* Gabbanar el-Qurud (Valle del Simio) en la orilla occidental tebana, le da la razón.

Esa tumba, prácticamente intacta, apareció ante unos saqueadores tebanos después de una intensa tormenta que había causado una grave inundación.[8] La tumba fue saqueada de inmediato, y no existe registro alguno de sus contenidos *in situ*, aunque relatos contemporáneos escritos por egiptólogos que vivían en Egipto en la época del descubrimiento están de acuerdo en que había tres enterramientos intactos y un enorme número de objetos funerarios, incluyendo muchas jarras de almacenamiento de alabastro. Las partes orgánicas del entierro (la madera y las propias momias) se habían podrido, pero la piedra y el oro seguían allí. Las inscripciones de los vasos canópicos nos dicen que las tres reinas eran Manuwai, Manhata y Maruta; esos nombres no egipcios sugieren que las tres procedían de la región de Siria/Palestina. Para cuando llegó la excavación oficial, en septiembre de 1916, sólo quedaban los objetos que habían desechado los ladrones. Muchos de los objetos funerarios cayeron en manos del marchante Mohammed Mohassib, que según se dice pagó nada menos que 1.100 libras por el botín. Como el Servicio de Antigüedades no mostró interés alguno por recuperar los bienes robados, Carter pudo reconstruir la historia del robo y comprar la mayoría de los objetos remanentes de Mohassib y otros traficantes, usando dinero que le proporcionó Carnarvon. Esos objetos fueron comprados posteriormente en siete lotes, a lo largo de cinco años, por el Metropolitan Museum of Art, por un precio de 53.397 libras. Todavía se exhiben en Nueva York hoy en día. Como Carter cobraba habitualmente un 15 por ciento de comisión, su beneficio personal en ese trato debió de ser importante. Nadie podría asegurar que ésta fuese una cadena de acontecimientos ideal, pero sin la intervención de Carnarvon y Carter, esa colección única se habría dispersado y perdido.

En la primavera de 1924, Carter y su equipo fueron apartados de la tumba de Tutankamón. Finalmente, Carter abandonó Egipto y se embarcó para dar un ciclo de conferencias en Estados Unidos que asegurarían su futuro financiero. Herbert Winlock, representante del Metropolitan Museum querido por todos y extraordinariamente diplomático, se quedó para negociar un acuerdo a su favor. Más tarde Carter decidió publicar su versión de los hechos que sucedieron a continuación y el papel que representó Winlock, una versión descarnada y sincera que incluía correspondencia privada con éste y que casi saca de quicio al representante del museo, normalmente tranquilo.

Como Carter estaba ausente y existían pocas probabilidades de que volviese, el Servicio de Antigüedades Egipcio aprovechó la oportunidad para nombrar un comité para que llevase a cabo un examen exhaustivo de la tumba de Tutankamón y de las tumbas asociadas usadas para el almacenamiento, conservación, fotografía y recreación. Cuando el comité se puso a trabajar, Winlock, a su vez, insistió en que el capataz de Carter, Reis Hussein, le hiciera un informe diario de los acontecimientos que ocurrieran en el valle. De ese modo, se informó a Winlock casi inmediatamente cuando el comité, investigando en la tumba del almuerzo (KV 4), descubrió una cabeza de madera casi de tamaño natural de Tutankamón pulcramente envuelta y colocada dentro de una caja de vino Fortnum & Mason. La cabeza, enyesada y pintada, mostraba a Tutankamón como el joven dios del sol Ra, emergiendo de la flor del loto al principio del mundo.

Como la cabeza carecía de notas y número de objeto que normalmente acompañaban el metódico trabajo de Carter, los miembros egipcios del comité pensaron que Carter había robado la cabeza de la tumba o pretendía robarla. Enviaron un telegrama al primer ministro Zaghlul, y se despachó la cabeza inmediatamente al Museo de El Cairo, donde la custodiaron como prueba. Lacau y el inspector general Rex Engelbach, que conocían a Carter, se sentían inclinados a creer que podía haber otra explicación: la cabeza podía no ser de la tumba de Tutankamón, e incluso puede que se la comprara a algún marchante; uno de los trabajadores sencillamente pudo haber colocado la cabeza incorrectamente en la tumba del almuerzo; la cabeza podía haberse recuperado de la escalera y pasadizo antes de que se estableciera el sistema formal de registro de Carter... Ciertamente, no tenía sentido que Carter abandonase un artículo robado donde cualquiera podría encontrarlo. Winlock envió un telegrama codificado a Carter:

> Envíe toda la información que pueda relativa al origen STOP Avísenos por carta si se ha hecho alguna investigación para que estemos preparados STOP Se ha causado una mala impresión en los miembros egipcios fue anunciado por telegrama a Zaghlool inmediatamente y enviada por correo exprés a Cairo STOP Lacau y Engelbach han sugerido que usted la compró por cuenta del conde el año pasado desde Amarna pero no sé si realmente creen eso.

La respuesta de Carter fue inmediata y precisa:

> La pieza mencionada pertenece como todas las demás piezas pertenecientes tumba en número cuatro al material encontrado en relleno de pasadizo STOP Se anotaron en números de grupo pero no plenamente registradas en índice STOP[9]

Seguía una carta explicativa. La cabeza se recuperó en medio de los desechos que bloqueaban el pasadizo, en un estado muy frágil. Se restauró y se dejó a un lado en un momento en que la KV 4 era la única disponible como almacén. Presumiblemente, pues, había sido olvidada, ya que la descripción de Carter del contenido del pasadizo en la publicación de 1923 omite toda mención a ella. Se incluyó e ilustró como Lámina I en la publicación de 1933. Carter acababa la carta exponiendo su irritación de que un artículo tan valioso se hubiese enviado a El Cairo sin preparación previa para el viaje.

Esta explicación (muy razonable, dada la enorme cantidad de material del que tenía que ocuparse Carter) fue aceptada sin más interrogantes, y oficialmente se cerró el asunto, dejando a Lacau y Carter como aliados mucho más estrechos que nunca. Parece probable que Lacau empezara a sentir algo de resentimiento por el grado de control que Morcos Bey Hanna estaba imponiendo sobre lo que consideraba de su dominio. Sin embargo, aquello dejó una duda persistente sobre la precisión de los registros de Carter e incluso, en la mente de algunos, sobre su honradez.[10]

Casi con toda seguridad fue a Carter a quien se le ocurrió la brillante idea de que los gastos de la excavación (incluyendo su propio salario) se pudieran sufragar mediante la compra barata de buenas antigüedades y su venta con un bonito beneficio. Aquello atraía al jugador que había en Carnarvon. Sin embargo, a pesar de los tratos con el British Museum y el Metropolitan Museum, entre otros, se recaudó relativamente poco

22. Tutankamón como Ra emergiendo de un loto, inicialmente descubierta «en el relleno del pasadizo» y posteriormente redescubierta en la KV 4.

dinero con este plan, ya que Carnarvon, que era coleccionista tanto como marchante, era incapaz de resistirse y se quedaba muchas de las compras para su propia colección. En el momento de su muerte, la colección de Carnarvon, alojada en Highclere, era una de las mejores colecciones privadas de antigüedades egipcias del mundo.

Carnarvon dejó sus antigüedades a su mujer, Almina. Como el dinero de la familia de lady Carnarvon había financiado la colección, parece bastante razonable, aunque el heredero de Carnarvon, lord Porchester, veía las cosas de un modo distinto. Lady Carnarvon tenía un estilo de vida muy caro y muy poco interés en el arte del Antiguo Egipto. Carnarvon se dio cuenta de que ella casi con toda seguridad vendería su colección, y por eso, en un codicilo de su testamento, aconsejaba:

> Si ella ve necesario vender la colección, sugiero que se dé a la nación (es decir, al British Museum) la primera opción de compra por 20.000 libras, muy por debajo de su valor, una suma que sin embargo sería absolutamente entera para ella, libre de toda deuda. De otro modo, sugiero que la colección se ofrezca al Metropolitan de Nueva York, y que el señor Carter se haga cargo de las negociaciones y fije el precio.
>
> Si mi esposa decide mantener la colección, dejo por entero a su voluntad la decisión de legársela a mi hijo o a la nación o a Evelyn Herbert. Sugiero, sin embargo, que consulte al doctor Gardiner y al señor Carter al respecto.[11]

El precio especificado de 20.000 libras estaba muy por debajo del valor del mercado de la colección, estimado por Carter en unas 35.000 libras, y lady Carnarvon se mostraba remisa a seguir el consejo de su marido. Inicialmente, planeó disponer de la colección poniéndola a subasta, pero Carter la convenció de que no era buena idea. No está claro si la colección fue ofrecida o no al British Museum: existen persistentes rumores de que se le dio una primera opción de compra por 20.000 libras si aceptaban a las cuatro de la tarde de aquel mismo día (cosa que, evidentemente, no pudieron hacer), pero no hay nada que respalde esa historia. La colección se acabó vendiendo al Metropolitan Museum por 145.000 dólares, por entonces poco más que las 20.000 libras sugeridas por Carnarvon.

En 1924, Carter se encargó de empaquetar la colección para depositarla en el Banco de Inglaterra. Hizo una lista de 1.218 objetos o grupos de objetos, y luego añadió el comentario: «Unas pocas antigüedades poco importantes no pertenecientes a las series mencionadas las dejé en Highclere».[12] El 6.º conde, un hombre con una fuerte aversión a la egiptología en general y a Tutankamón en particular, no tenía interés alguno por esas piezas. Unas pocas quedaron por la casa como adornos, pero la mayoría (más de 300 objetos) fueron almacenadas en dos armarios empotrados en las gruesas paredes entre el salón y la sala de fumadores.[13] Gradualmente, esas piezas se fueron olvidando hasta que sólo Robert Taylor, mayordomo del 6.º conde, sabía que estaban allí. Taylor había redescubierto la colección en 1972, mientras hacía planes para una fiesta, pero no volvió a pensar en ello. En 1987, a la muerte del 6.º conde, se hizo necesario realizar un inventario de Highclere. Taylor salió de su retiro para ayudar al 7.º conde, y entonces pudo enseñarle los armarios. Asombrado, el 7.º conde ordenó que se buscara por todo el castillo y salieron a la luz más objetos. En la habitación del ama de llaves, por ejemplo, se encontraba un fragmento de piedra que tenía grabados unos jeroglíficos. Esa colección olvidada incluye objetos que datan desde el Reino Medio hasta el período ptolemaico, y la parte obtenida legalmente por Carnarvon de sus anteriores trabajos en Tebas y el Delta, incluyendo piezas recuperadas de la tumba de Amenhotep III. Ninguna de esas piezas tiene relación alguna con Tutankamón. Las circunstancias de su redescubrimiento, sin embargo, condujeron a la especulación totalmente errónea de que podían ser objetos de Tutankamón escondidos.

Howard Carter también dejó una colección de antigüedades. Su testamento era sencillo. Harry Burton y Bruce Ingram, editores del *Illustrated London News* (la única publicación británica que seguía interesada por Tutankamón), fueron nombrados ejecutores. Su casa en Cisjordania y todo su contenido pasó al Metropolitan Museum, y después de diversos legados menores, incluyendo uno para su leal sirviente Abdel-Asl Ahmad Said, el resto de sus propiedades fue a parar a su sobrina, Phyllis Walker, hija de su hermana Amy. Aquí Carter, como Carnarvon antes que él, tenía un consejo que darle:

> ... recomiendo con insistencia que consulte a mi ejecutor sobre lo aconsejable de vender cualquier antigüedad egipcia o de otro tipo incluida en mi legado.[14]

La señorita Walker se tomó muy en serio el consejo y consultó a Burton, Newberry y Gardiner. Todos llegaron a la misma conclusión: que la colección privada de Carter incluía objetos de la tumba de Tutankamón. Los artículos, relacionados por Burton para Engelbach, nuevo jefe del Servicio de Antigüedades Egipcio, eran los siguientes:

1 reposacabezas de cristal verde azulado
1 *shawabti* grande [*shabti:* figura sirviente] de fayenza verde
1 par de *shawabti* de lapislázuli
1 pequeña copa de libaciones
1 copa de juguete sepulcral, fayenza
1 amuleto de tobillo
9 clavos con cabeza de oro
3 ornamentos de oro para un arnés
1 «espiga» de metal

Aunque algunos de estos objetos eran de una importancia comercial o histórica desdeñable, el reposacabezas de cristal con sus inscripciones era un objeto único y, por tanto, valioso. No está claro cómo o dónde fueron adquiridos esos objetos ni quién los sacó de la tumba, y es muy posible que algunos, o todos, fuesen extraídos por Carter de la colección privada de Carnarvon justo antes de su venta al Metropolitan Museum. Margaret Orr, hija del compañero de excavaciones de Carter y coautor suyo, Arthur Mace, afirmaba que su madre, Winifred, no aprobaba a Carter porque éste exhibía abiertamente antigüedades (presumiblemente tomadas de la tumba, aunque no se puede probar) en su casa de Londres.[15]

Burton e Ingram se encontraron entonces en una situación difícil y que podía resultar muy violenta. ¿Cómo se podían devolver aquellos objetos a Egipto con el mínimo escándalo? En principio se pensó que se podían devolver por «valija diplomática». Con Gran Bretaña a punto de entrar en la guerra, sin embargo, el Foreign Office se mostraba reacio a cooperar. En realidad, el subsecretario Laskey se vio impulsado a observar: «Supongo que se tienen que devolver los objetos... yo personalmente me inclino más por tirarlos al Támesis».[16] Al final se entregaron los objetos en el Consulado Egipcio, en Londres (donde permanecerían durante toda la guerra), y luego en 1946 volvieron por avión al rey Faruk, que los entregó personalmente al Museo de El Cairo.

Los objetos de la colección de Carter (menos los objetos de Tutankamón) se valoraron para la convalidación testamentaria en sólo 1.903 libras. Se vendieron a través de Spink, de Londres, o de Ingram y Burton, y al final fueron a parar a colecciones de museos incluyendo el Ashmolean Museum, Oxford, e, inevitablemente, el Metropolitan Museum de Nueva York.[17]

En 1978, Thomas Hoving publicó *Tutankamón: la historia jamás contada.* Hoving no era historiador alternativo ni escritor de ficción: era desde hacía muchos años director del Metropolitan Museum (1967-1977). Sus esquelas se referían a él como «un hombre carismático, buscador de tesoros... de esa raza de los líderes valientes y que crean una mitología propia», mientras que en su autobiografía, que para muchos recuerda la de Budge, mucho más antigua, describía su papel como «en parte pistolero, esbirro, consejero legal, contrabandista cómplice, anarquista y adulador».[18] A pesar de su título, lo que prometía revelar el libro no era la verdad jamás contada sobre Tutankamón, sino la verdad jamás contada de su descubrimiento. En todos los sentidos resulta un libro muy extraño para haberlo escrito el director de un museo:

> La historia completa no es en absoluto el relato noble, blanco, limpio y triunfante que tan familiar nos resulta. La verdad está llena de intrigas, tratos secretos y arreglos privados, actividades políticas encubiertas, tejemanejes, intereses egoístas, arrogancia, mentiras, esperanzas rotas, patetismo y sufrimiento... una serie de acontecimientos desfigurados por las fragilidades humanas que condujeron a un cambio fundamental y duradero en la conducta de la arqueología en Egipto.[19]

Hoving escribía desde la perspectiva norteamericana antes que de la británica o la egipcia, usando plenamente los archivos de Tutankamón del Metropolitan, nunca publicados antes. Hoy en día vemos a Tutankamón como un rey egipcio y un descubrimiento británico, pero en los años veinte muchos norteamericanos, creyendo erróneamente que Carter no sólo era norteamericano sino también miembro del personal del Metropolitan Museum, no pensaban lo mismo. Sólo cuando oyeron hablar a Carter en su ciclo de conferencias de 1924, que obtuvo un éxito enorme, se dieron cuenta de su error:

> El señor Carter habló ante el público por primera vez ayer en el Carnegie Hall del desierto del «Shahara», y les «asheguró» en nombre de «shus colegash» varias cosas tranquilizadoras sobre Tutankamón. Treinta y cuatro años de escarbar en busca de antiguas tumbas no habían hecho más que acentuar sus modismos vocales británicos, de modo que la persona que dijo por primera vez que Carter era norteamericano debería ser capturada, asfixiada e introducida en una vitrina de cristal y etiquetada como el observador humano más equivocado de toda la tierra.[20]

Nos sentimos tentados de preguntarnos qué le habría parecido al periodista el acento natural de Norfolk de Carter. Aunque Carter era indudablemente británico, su equipo era angloamericano. Sin embargo, la contribución del Metropolitan Museum raramente se reconocía fuera de Estados Unidos. La suya era una ayuda nada desinteresada, porque el Museo tenía ya esperanzas fundadas de recibir una importante cuota de los contenidos de la tumba como recompensa por su inversión, y Lythgoe ya había discutido esto en privado con Carnarvon, pero este trato todavía escocía. Aquí, por ejemplo, Lythgoe escribe en privado al director del Museo informándole del trato de Carnarvon con el *Times* (británico):[21]

> Aunque estamos haciendo la parte del león del trabajo, la tumba es de Carnarvon y Carter, y el derecho a hablar públicamente de ella de una forma concreta es única y exclusivamente suyo... al menos por ahora.[21]

A medida que la prensa norteamericana empezó a hacer preguntas, Mace, que era buen amigo de Carter, se vio obligado a publicar sus impresiones. En *The Times* del 14 de marzo de 1923 aparecía lo siguiente:

> El señor A. C. Mace, conservador asociado del Metropolitan Museum of Art de Nueva York, ahora en Luxor, pide que se

publique en *The Times* la siguiente carta, dirigida al editor del *Morning Post*, que ha decidido no publicarla:

Señor: en el *Morning Post* del 20 de febrero, su corresponsal en Luxor afirma que los miembros del personal del Metropolitan Museum de Nueva York se sienten muy molestos por no permitírseles enviar información a los periódicos norteamericanos. Como miembro superior del personal del Metropolitan Museum que está trabajando en la actualidad en la tumba de Tutankamón, debería señalar que no existe ni una sola palabra de verdad en semejante afirmación. Nuestras relaciones con lord Carnarvon y el señor Carter son extremadamente cordiales en todos los sentidos, y nunca hemos expresado el menor deseo, ni sentido la menor necesidad de comunicar detalles de nuestro trabajo a la prensa de ningún país. Nuestro interés por la tumba es puramente científico, y lamentamos profundamente vernos explotados de esta manera por alborotadores irresponsables.

Suyo afectísimo,

A. C. Mace

La revelación más importante de Hoving es la primera visita no autorizada a la Cámara de Enterramiento, un relato ya publicado por Lucas. El resto de su libro se centra en los acontecimientos políticos que rodearon la excavación en general y las interacciones de Carter con el Metropolitan Museum en particular. Concluye con la sorprendente insinuación de que algunos artículos de pequeño tamaño de la colección del Metropolitan podrían haber salido, ilegalmente, de la tumba de Tutankamón.[22] Esa afirmación supuso un exhaustivo estudio interno de la colección que terminó, en noviembre de 2010, cuando el Metropolitan Museum y el gobierno egipcio anunciaron conjuntamente que se devolverían a Egipto diecinueve objetos. Los diecinueve objetos incluían quince «fragmentos» o muestras de estudio enviadas al Museo para su análisis, un brazalete de esfinge con incrustaciones y un perrito de bronce adquiridos por Phyllis Walker de la propia colección de Carter, y un collar de fayenza y parte de una manija descubiertos en la casa egipcia de Carter y enviados a Nueva York cuando se cerró la casa, en 1948.

Epílogo

Tutankamón en el extranjero

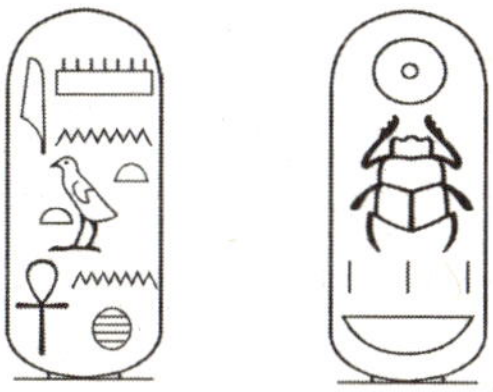

El descubrimiento de la tumba del rey Tutankamón fue un momento definitorio en la historia cultural de principios del siglo XX. Sobrepasó las fronteras de la arqueología y disparó la imaginación de la gente en todo el mundo, influyendo profundamente tanto en la alta cultura como en la popular, y dio a conocer a millones de personas la civilización del Antiguo Egipto.

JAROMIR MALEK[1]

El brote de egiptomanía que siguió en 1922 al descubrimiento de Tutankamón fue exacerbado, en 1923, por el desvelamiento de una bellísima y ahora mundialmente famosa cabeza de Nefertiti, en Berlín. La cabeza de piedra enyesada y pintada fue descubierta en Amarna por Ludwig Borchardt en diciembre de 1912, pero nunca se había exhibido públicamente. Quizá sería injustamente cínico suponer que el calendario fue deliberado, que Nefertiti era un *spoiler* alemán, dirigido a apartar la atención del Tutankamón británico. Si ésa era la intención, fracasó espectacularmente. Nefertiti, que hasta el momento se había contemplado como una figura menor y relativamente insignificante de Amarna, inmediatamente ocupó su lugar junto a Ajenatón y Tutankamón como celebridad del mundo antiguo; Tiya, que hasta aquel momento había sido la reina más importante, de alguna manera quedó injustamente relegada a un papel de segunda fila. El período de Amarna, un período cuyo arte, moda e incluso estilo de peinados se situaban tan claramente junto al estilo art déco contemporáneo, se volvió tan familiar como nunca había sido. Ese fenómeno no era nuevo; una oleada de egiptomanía comparable siguió a la campaña de Napoleón en Egipto y la publicación de la *Description.* Tampoco era un fenómeno puramente occidental, aunque fue en Occidente donde resultó más obvio.[2] Sin embargo, quizá fue la primera vez que el Antiguo Egipto penetró en las vidas de las personas corrientes a través de los medios de comunicación, la producción masiva y el comercio minorista, en el cual nuevas tiendas, como Woolworth, ofrecían un estilo adaptado y estandarizado para casi todos los hogares. Tan intensa fue la fascinación con la época dinástica que se sugirió incluso (bastante en serio) que una extensión del metro londinense, que pasaba por Tooting y Camden Town, llevara el nombre de Tootancamden.[3]

Aquellos que no podían viajar a Egipto podían visitar a Tutankamón sin salir de su casa. El 23 de abril de 1924 (Día de San Jorge), el rey Jorge y la reina María inauguraron la exposición del Imperio Británico en Wembley. Incluida en el Parque de Atracciones, junto con algunas electrizantes, como la gran montaña rusa, el trenecito panorámico y el «suelo movedizo», estaba una «Tumba de Tutankamón» muy convincente (para aquellos que no habían visto el original, claro). La entrada costaba 1 chelín y 3 peniques, u 8 peniques para los niños, y por ese precio, el visitante podía experimentar la excavación arqueológica más famosa del mundo, que había sido creada «por el ingenioso método de formar una entrada en el lugar que en la tumba real sería de roca sólida, y el reducido espacio se ha resuelto convenientemente y el visitante ve los objetos como si estuvieran enmarcados en un cuadro».[4] El resplandeciente despliegue de réplicas de los objetos de la tumba incluía el sarcófago pero no, por supuesto, los ataúdes ni la momia, ya que nadie los había visto aún.

Aquellos objetos se consideraron unas réplicas extremadamente buenas; los jeroglíficos eran una copia tan bien hecha que los lingüistas los podían leer y entender. Habían sido creados para la exposición por un equipo entusiasta de doce artesanos empleados por la firma de los señores William Aumonier e Hijos, y habían contratado a Weigall como consultor para proporcionar el requerido aire de autenticidad egiptológica y aprobación. El público estaba entusiasmado. Carter, que nunca fue hombre que se sometiera a los caprichos del gusto popular, mucho menos. Suponiendo que las réplicas se basaban en los planos y fotografías de la excavación, de los que tenía el derecho de autor, hizo un decidido intento de detener la exposición. El 22 de abril de 1924, el día antes de la inauguración oficial, la primera plana del *Daily Express* informaba: «El señor Carter intenta poner una bomba en Wembley... intento de cerrar la tumba del faraón... emitida una orden judicial... se dice que las réplicas son ilegales». La misma página anunciaba la muerte de Marie Corelli que, especial hasta el fin, expresó el deseo de que el momento de su muerte se consignase como las siete de la mañana, aunque en realidad muriera a las ocho, porque no aprobaba el cambio de hora veraniego en Gran Bretaña. Carter abandonó la denuncia cuando le aseguraron que Aumonier había obtenido su información de las muchas fotografías sin derechos de autor tomadas por Weigall, el *Daily Mail* y otros.

En 1992, el historiador cultural Christopher Frayling escribió *The Face of Tutankhamen*, una serie de televisión de cinco capítulos para la BBC, y un libro que la acompañaba, explorando la forma en que el descubrimiento de Tutankamón fue recibido e interpretado por el público occidental no especializado. Como de pasada, mencionaba que era imposible evaluar la precisión de las réplicas de Wembley ya que, junto con las demás atracciones del Parque de Atracciones, fueron vendidas al final a otras ferias: «Ocasionalmente se han dado avistamientos, pero hasta el momento todos han resultado proceder de otras atracciones "egipcias" extrañas y exóticas».[5] De hecho, las réplicas habían acabado en Hull, ciudad natal de William Aumonier, donde las compró el señor Albert Reckitt. Después de unos años en su colección privada, los objetos fueron donados al Museo de la ciudad de Hull, y se exhibieron en el Museo Mortimer en 1936. Se volvieron a exhibir en 1972 coincidiendo con la auténtica exposición de Londres *Tesoros de Tutankamón*, y de nuevo en 1993 cuando, con una agradable simetría, Frayling fue invitado a inaugurar la exposición. Hoy en día se exhiben en el Museo de Historia de Hull's Hands.[6]

La primera oleada de «tutmanía» fue disipándose gradualmente de modo que, en la época de la muerte de Carter, la egiptología había vuelto más o menos a su lugar «adecuado», como reducto de académicos secos y polvorientos. Sin embargo, desde los años sesenta en adelante, una serie de exposiciones itinerantes sobre Tutankamón han servido para reavivar el interés público con relativa frecuencia, recaudando una cantidad de dinero considerable para buenas causas egiptológicas. La gira más conocida, la exposición de 1972-1979 *Tesoros de Tutankamón*, visitó Gran Bretaña, la URSS, Estados Unidos, Canadá y Alemania Occidental. La etapa británica (albergada por el British Museum y patrocinada, convenientemente, por *The Times*) se convirtió en la primera exposición «superventas» de Inglaterra. I. E. S. Edwards, conservador de Egiptología del British Museum que tuvo un papel fundamental en la planificación y la realización de la exposición de 1972, reconoció que la exposición podía significar cosas diferentes para la gente:

> Yo creía en tiempos que quizá nosotros tuviésemos un derecho especial para reclamar la exposición, porque la tumba había sido descubierta por un arqueólogo británico, pero Magdi Wahba [director de Relaciones Internacionales del Ministerio de Cultura] me desengañó enseguida. Dijo que no era así como lo veía el egipcio medio. A los británicos se les había permitido excavar en lo que siempre había prometido ser uno de los yacimientos más ricos de Egipto. Ellos habían hecho ese maravilloso descubrimiento gracias a la generosidad de los egipcios, que les habían permitido excavar allí, una recompensa suficiente en sí misma.[7]

La exposición de Londres atrajo a 1.656.151 visitantes, encantados de pagar 50 peniques, que era el precio para los adultos. Esos visitantes compraron 458.000 ejemplares del catálogo de la exposición, y 306.000 ejemplares de la guía resumida, dando así un beneficio por las publicaciones solamente de 405.000 libras. El British Museum y *The Times* pudieron recuperar sus gastos y la UNESCO recibió 654.474 libras que se dedicaron a salvar los monumentos de Filae en Egipto. Mientras tanto, los beneficios indirectos dieron un empuje muy importante a la economía local. La gira actual, *Tutankamón y la edad de oro de los faraones* (Gran Bretaña, Estados Unidos, Australia), incluye menos objetos de Tutankamón y no lleva la icónica máscara funeraria, pero se ha convertido en la exposición itinerante con más éxito del mundo, atrayendo audiencias de 1.096.473 en la O2 de Londres, 1.270.000 en el Franklin Institute de Filadelfia y 1.044.743 en el Field Museum de Chicago.

Casi noventa años después del descubrimiento de su tumba, las exposiciones que muestran objetos reales o réplicas de Tutankamón son tan populares como siempre. Resulta difícil saber si su interés se extiende al propio Tutankamón o es sólo un reflejo de nuestra fascinación moderna por el consumismo. Ciertamente, suscita algunas preguntas interesantes. ¿Apreciamos a Tutankamón por lo que era, o por la mitología que le ha transformado en la celebridad antigua por excelencia en el ámbito mundial? ¿No será que nosotros, la generación del consumo exacerbado, nos vemos atraídos por la enorme cantidad de objetos de su tumba y su relumbrón, sencillamente, prefiriendo su máscara de oro a su rostro real?

Quién era quién en el Antiguo Egipto

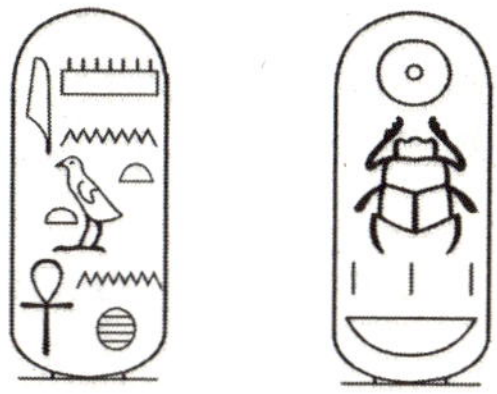

Ahmosis: reconocido como fundador del Reino Nuevo de Egipto y de la 18.ª dinastía (reinó c. 1550-1525 a. C.).

Ajenatón: rey de finales de la 18.ª dinastía (reinó c. 1352-1336 a. C.); hijo de Amenhotep III e inspiración del «período de Amarna»; originalmente conocido como Amenhotep IV.

Amenherjepshef: momia infantil que, a pesar de su nombre con aire ramésida, fue identificada como hijo del rey Senwosret III de la 12.ª dinastía.

Amenhotep I: rey de principios de la 18.ª dinastía (reinó c. 1525-1504 a. C.).

Amenhotep II: rey de la 18.ª dinastía (reinó c. 1427-1400 a. C.); su tumba (KV 35) fue usada más tarde como depósito de momias.

Amenhotep III: rey de finales de la 18.ª dinastía (reinó c. 1490-1352 a. C.); padre de Ajenatón y marido de Tiya.

Amenhotep IV: véase Ajenatón.

Anen: hijo de Yuya y Tuya, hermano de Ay.

Anjesenamón: tercera hija superviviente de Ajenatón y Nefertiti; consorte de Tutankamón; originalmente conocida como Anjesenpatón.

Anjesenpatón: véase Anjesenamón.

Anjetjeperura Neferneferuatón: véase Anjjeperura Neferneferuatón.

Anji: propietario de una tumba en Saqqara.

Anjjeperura Neferneferuatón (femenino Anjetjeperura Neferneferuatón): nombre descubierto en contextos arqueológicos serios en asociación con el nombre de Ajenatón; podría referirse a un individuo o dos.

Ani: propietario de un magnífico papiro funerario, de la 19.ª dinastía, que ahora forma parte de la colección del British Museum.

Ay: penúltimo rey de la 18.ª dinastía (reinó c. 1327-1323 a. C.); posible hijo de Yuya y Tuya y probable padre de Nefertiti.

Cleopatra VII: última reina de Egipto (reinó en 51-30 a. C.).

Dama Joven (KV 35 YL): cuerpo femenino de finales de la 18.ª dinastía descubierto en el depósito de la tumba de Amenhotep II.

Dama Mayor (KV 35 EL): cuerpo femenino de finales de la 18.ª dinastía descubierto en la tumba depósito de Amenhotep II.

Diodoro Sículo: historiador clásico que escribió sobre Egipto (c. 60-30 a. C.).

«Dos hermanos»: un par de momias del Reino Medio que se encuentran en el Museo de Manchester.

Hatsepsut: faraón mujer de la 18.ª dinastía (reinó c. 1473-1458 a. C.).

Hatusaziti: chambelán del rey hitita Supiluliumas.

Henut-Taneb: hermana de Ajenatón.

Herihor: general de extracción libia que tomó el control de Tebas durante el reinado de Ramsés XI.

Heródoto: historiador clásico que escribió sobre Egipto (c. 484-425 a. C.).

Horemheb: último rey de la 18.ª dinastía (reinó c. 1323-1295 a. C.).

Ineni: arquitecto de Tutmosis I.

Isis: hermana de Ajenatón.

Kadashman-Enlil I: rey de Babilonia (c. 1374-1360 a. C.).

Keops: versión griega del egipcio Khufu; constructor de la Gran Pirámide de Giza, estrella de ficción en *The Mummy!* de Jane Webb (1827).

Kiya: reina secundaria de Ajenatón; mujer con un papel importante pero mal comprendido en la corte de Amarna.

KV 55, momia: restos humanos masculinos recuperados de la tumba KV 55; fechado en el período de Amarna.

Maia (Mayet): nodriza de Tutankamón.

Manetho: historiador y sacerdote egipcio. Escribió la primera historia oficial de Egipto para Ptolomeo I y II.

Manhata: una de las tres esposas extranjeras de Tutmosis III.

Manuwai: una de las tres esposas extranjeras de Tutmosis III.

Maruta: una de las tres esposas extranjeras de Tutmosis III.

MAY: oficial del norte durante el reinado de Tutankamón.

MAYA: cortesano que sirvió tanto a Ajenatón como a Tutankamón; sus muchos títulos incluían el de «jefe del tesoro» y «capataz de las obras en el lugar de la eternidad».

MEKETATÓN: segunda hija superviviente de Ajenatón y Nefertiti; quizá muriese de parto.

MERENPTAH: rey de la 19.ª dinastía (reinó c. 1213-1203 a. C.).

MERITATÓN: la hija mayor superviviente de Ajenatón y Nefertiti; probablemente consorte de Semenejkara.

MERYRE II: cortesano de Amarna.

MUTEMWIA: madre de Amenhotep III y, quizá, pariente de Yuya de Ajmin.

MUTNODJMET: hermana de Nefertiti; quizá fuese la consorte de Horemheb, con idéntico nombre.

NAJTMIN: cortesano, hijo o nieto de Ay.

NARMER: primer rey del Egipto unificado (reinó c. 3100 a. C.).

NEBETAH: hermana de Ajenatón.

NEBHEPETRE MONTUHOTEP II: rey de la 11.ª dinastía y unificador de Egipto (reinó c. 2055-2004 a. C.).

NEFERNEFERUATÓN (princesa): cuarta hija superviviente de Ajenatón y Nefertiti.

NEFERNEFERUATÓN NEFERTITI: véase Nefertiti.

NEFERNEFERUATÓN: un personaje enigmático de Amarna; véase Anjjeperura Neferneferuatón.

NEFERNEFERURA: quinta hija superviviente de Ajenatón y Nefertiti.

NEFERTITI: consorte de Ajenatón, madre de al menos seis hijos reales; probablemente hija de Ay; también conocida como Neferneferuatón Nefertiti.

PAWAH: dibujante que hizo un grafito en una tumba tebana (TT 139).

PETETI: propietario de una tumba en Giza.

PINODJEM II: sumo sacerdote de la 21.ª dinastía; propietario de una tumba familiar en Deir el-Bahri (DB 320), que se usó como depósito real.

PSEUSENNES II: rey de la 21.ª dinastía (reinó c. 959-945 a. C.).

RAMSÉS I: fundador de la 19.ª dinastía (reinó c. 1295-1294 a. C.).

RAMSÉS II EL GRANDE: rey de la 19.ª dinastía (reinó c. 1279-1213 a. C.).

RAMSÉS III: rey de la 20.ª dinastía (reinó c. 1184-1153 a. C.).

RAMSÉS VI: rey de la 20.ª dinastía (reinó c. 1143-1136 a. C.).

RAMSÉS XI: rey de la 20.ª dinastía (reinó c. 1099-1069 a. C.).

SENWOSRET III: rey de la 12.ª dinastía (reinó c. 1870-1831 a. C.).

SETEPENRE: sexta y última hija superviviente de Ajenatón y Nefertiti.

SETI I: rey de la 19.ª dinastía (reinó c. 1294-1279 a. C.).

SITAMEN: hermana de Ajenatón.

SMENDES: fundador de la 21.ª dinastía (reinó c. 1069-1043 a. C.).

SEMENEJKARA: corregente de Ajenatón y probable marido de Meritatón (reinó c. 1338-1336 a. C.).

SUPILULIUMAS: rey de los hititas durante el reinado de Tutankamón.

TADUJEPA: hija de Tushrata de Mitani; destinada a esposa de Amenhotep III; en realidad se casó con Ajenatón.

TERA: reina de ficción en la obra de Bram Stoker *La joya de las siete estrellas* (1903).

TETI: propietario de la pirámide de Saqqara de la 6.ª dinastía.

TIYA: hija de Yuya y Tuya; consorte de Amenhotep III y madre de Ajenatón.

TIYE: esposa y última consorte de Ay; nodriza de Nefertiti.

TUTANKAMÓN: rey de Egipto (reinó c. 1336-1327 a. C.); originalmente conocido como Tutankatón.

TUTANKATÓN: véase Tutankamón.

TUTMOSIS (príncipe): hermano mayor de Ajenatón, muerto prematuramente.

TUTMOSIS I: rey de principios de la 18.ª dinastía (reinó c. 1504-1492 a. C.).

TUTMOSIS II: rey de principios de la 18.ª dinastía (reinó c. 1492-1479 a. C.).

TUTMOSIS III: rey de la 18.ª dinastía (reinó c. 1479-1425 a. C.).

TUTMOSIS IV: rey de la 18.ª dinastía (reinó c. 1400-1390 a. C.).

TUYA: mujer de Yuya y madre de la reina Tiya.

YUYA: marido de Tuya y padre de la reina Tiya.

ZANANZA: príncipe hitita enviado a Egipto con una malhadada misión para casarse con la reina.

Egiptólogos y «expertos» en la época del descubrimiento

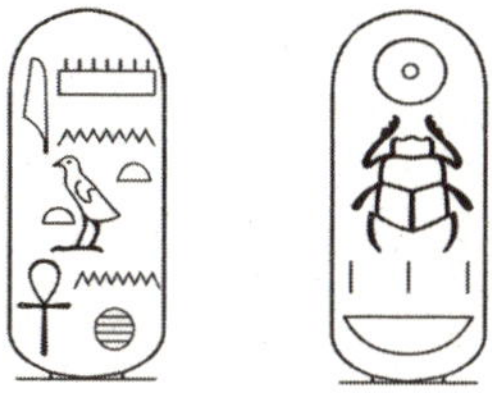

Ayrton, Edward Russell (1882-1914): egiptólogo británico; empleado de Theodore Davis y excavador de la tumba KV 55.

Baikie, reverendo James (1866-1931): historiador escocés muy leído sobre el Antiguo Egipto.

Breasted, James Henry (1865-1935): egiptólogo norteamericano que posteriormente fundó el Oriental Institute en Chicago.

Budge, sir Ernest Alfred Thompson Wallis (1857-1934): conservador de Antigüedades Egipcias del British Museum.

Burton, Harry (1879-1940): arqueólogo y fotógrafo norteamericano empleado por el Metroplitan Museum of Art de Nueva York; se lo prestaron a Howard Carter para que fotografiara la tumba de Tutankamón.

Callender, Arthur R. (?-1931): ingeniero y arquitecto retirado, amigo y colega de Howard Carter.

Carnarvon, lady, nacida Almina Victoria Maria Alexandra Wombwell (1876-1969): mantuvo la concesión de la tumba de Tutankamón después de la muerte de su marido, lord Carnarvon.

Carter, Howard (1874-1939): excavador de la tumba de Tutankamón.

Corelli, Marie (1855-1924): influyente novelista con firmes creencias en lo oculto.

Davis, Theodore Monroe (1837-1915): abogado norteamericano, hombre de negocios y egiptólogo aficionado; mantuvo la concesión para excavar el Valle de los Reyes en 1902-1914.

Derry, Douglas (1882-1969): profesor de Anatomía de la Facultad de Medicina de la Universidad Egipcia; fue el primero en examinar el cadáver de Tutankamón.

Doyle, sir Arthur Ignatius Conan (1859-1930): novelista británico y firme creyente en la «maldición de Tutankamón».

Engelbach, Reginald (1888-1946): inspector general del Servicio de Antigüedades y, posteriormente, conservador en jefe del Museo de El Cairo.

Gardiner, sir Alan Henderson (1879-1963): egiptólogo y filólogo británico.

Haggard, sir Henry Rider (1856-1925): novelista británico y firme no creyente en la «maldición de Tutankamón».

Hall, Lindsley Foote (1883-1969): dibujante prestado a Howard Carter por el Metropolitan Museum of Art de Nueva York.

Hauser, Walter (1893-1960): arquitecto prestado a Howard Carter por el Metropolitan Museum of Art de Nueva York.

Herbert, George Edward Stanhope Molyneux, 5.º conde de Carnarvon (1866-1923): socio arqueológico de Howard Carter.

Lacau, Pierre (1873-1963): egiptólogo y filólogo francés; jefe del Servicio de Antigüedades Egipcio (1914-1936).

Lucas, Alfred (1867-1945): químico y conservador que trabajó en los objetos de la tumba de Tutankamón.

Lythgoe, Albert Morton (1868-1934): arqueólogo norteamericano; jefe del Departamento de Arte Egipcio del Metropolitan Museum of Art de Nueva York (1906-1929) y luego Curator Emeritus (1929-1933).

Mace, Arthur Cruttenden (1874-1928): egiptólogo inglés y miembro del personal del Metropolitan Museum of Art; trabajó con Howard Carter (1922-1924) y fue coautor del primer volumen de Carter sobre Tutankamón (1923).

Maspero, sir Gaston Camille Charles (1846-1916); egiptólogo francés; jefe del Servicio de Antigüedades Egipcio (1881-1886) y de nuevo entre 1899 y 1914.

Newberry, Percy Edward (1869-1949): egiptólogo británico; mentor de Howard Carter.

Petrie, sir William Matthew Flinders (1853-1942): egiptólogo británico, reconocido universalmente por ser el primero en aplicar las técnicas de la excavación científica a los yacimientos del Antiguo Egipto.

Quibell, James Edward (1867-1935): egiptólogo británico e inspector del Servicio de Antigüedades Egipcio.

Smith, sir Grafton Elliot (1871-1937): anatomista australiano y antropólogo físico.

Weigall, Arthur Edward Pearse Broome (1880-1934): egiptólogo británico y escritor, corresponsal ocasional del *Daily Mail*.

Winlock, Herbert Eustis (1884-1950): egiptólogo norteamericano, director del Metropolitan Museum of Art (1932-1939).

Agradecimientos

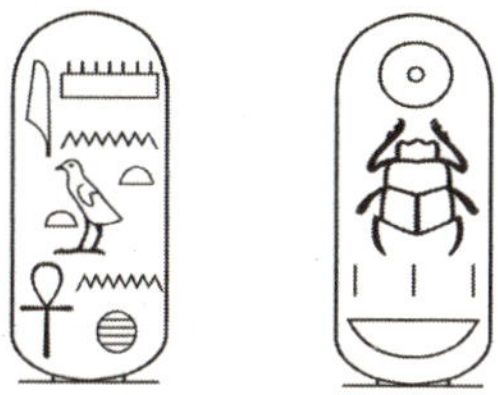

Muchas personas han contribuido a la realización de este libro. Me gustaría reconocer en especial la ayuda de Paul Bahn, Dylan Bickerstaffe, Victor Blunden, Audrey Carter, Robert Connolly, Steve Cross, Rosalie David, J. Fox-Davies, Robert Loynes, Jaromir Malek y el Instituto Griffith, el difunto Bob Partridge, Bryan Sitch, Steven Snape y Angela Thomas. También me gustaría expresar mi gratitud hacia los estudiantes de egiptología online de la Universidad de Manchester, por sus animadas discusiones, siempre fuente de reflexión.

En Profile Books quiero dar las gracias a mi paciente editor, Peter Carson, a Penny Daniel y a Annie Lee.

Notas

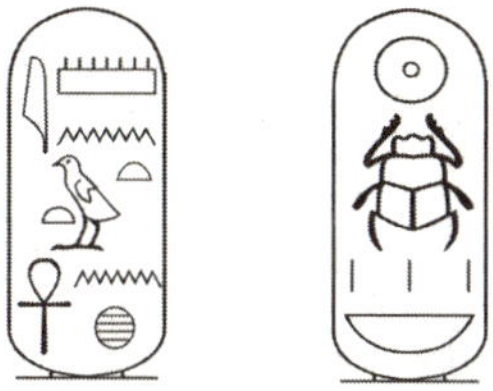

INTRODUCCIÓN: LAS NUMEROSAS MALDICIONES DE TUTANKAMÓN

1. Carter describe el momento casi indescriptible en que se da cuenta de que ha descubierto una tumba real. Carter y Mace (1923: 89).

2. Desde luego, la familia Carnarvon adopta un punto de vista ligeramente distinto. Por ejemplo, Fiona, 8.ª condesa de Carnarvon, cuenta «cómo un aristócrata e intelectual inglés y un dibujante y arqueólogo inglés llegaron a conocerse y realizaron su sueño de hacer descubrimientos sobre la civilización del Antiguo Egipto». Carnarvon (2007: 2).

3. La estadística la da la BBC Radio 4, programa *Today*, 1 de febrero de 2011. Estas cifras no tienen en cuenta la abrupta bajada de visitantes después de la caída del gobierno de Mubarak, una bajada que está creando grandes sufrimientos a los que viven del turismo en Egipto. Mientras escribo esto, en julio de 2011, el número de visitantes va aumentando poco a poco.

4. Romer y Romer (1993: 10) identifican un segundo problema que describen, quizá más una percepción visual que algo preciso, como *La violación de Tutankamón*. Es decir: «la explotación de un pequeño valle en un país extranjero por un grupo de diversos especialistas que, a su vez, hacen más bien poco por conservar sus antiguos monumentos y a veces, peor aún, parecen incluso amenazarlos».

5. J. H. Breasted escribiendo a la esposa de John D. Rockefeller Jr. el 23 de febrero de 1926, citado en James (1992: 352); Smith (1923: 11).

6. Mientras la religión de la época de Amarna se describe como «monoteísmo» (adoración de un solo dios), se clasifica mejor como «henoteís-

mo» (la adoración de un solo dios aun admitiendo la existencia o posible existencia de otros dioses).

7. Tanto Ajenatón como Nefertiti han desarrollado una vida cultural similar después de la muerte. Véase Montserrat (2000).

Parte I
TUTANKAMÓN: VIDA Y MUERTE

1. Pérdida

1. Carter y Mace (1923: 76).
2. Davis (1912).
3. Johnson (2009).
4. Porter y Moss (1972: 454-459).
5. Todas las medidas se han tomado de Reeves (1990: 70-71).
6. Carter (1933: 154).
7. James (1992: 202).
8. Estadísticas aportadas por Romer y Romer (1993: 10).
9. Cross (2008) y una comunicación personal de 2011. Cross cree que la inundación ocurrió durante los primeros años del reinado de Ay. Bickerstaffe (2009) está de acuerdo en la importancia de la inundación, pero la fecha «no mucho después del año 8 de Horemheb».

2. Descubrimiento

1. El historiador clásico Diodoro Sículo, en el siglo I a.C., tienta a los historiadores con un atisbo del pasado perdido del Valle. *Library of History* I: 46.
2. Citado en Romer (1981: 32).
3. Pococke (1743), citado en Pinkerton (1814: 246).
4. Newberry (1928: 7). La estela que describe está en el Museo de Berlín, n.º inv. 17813.
5. Baikie (1917: 191-193).
6. *The Times*, 1 de diciembre de 1922.
7. Originalmente, la estela mostraba a Tutankamón de pie con su consorte, Anjesenamón. Pero durante el reinado de Horemheb, la reina fue borrada y los nombres de Tutankamón fueron reemplazados por los de Horemheb. Para una traducción completa del texto, véase Bennet (1939). En el templo de Montu en Karnak se descubrió un pequeño fragmento de un texto duplicado. Ambos se hallan ahora en el Museo de El Cairo (41504 y 41565).
8. Davis (1907: xxvii-xxviii).
9. Weigall (1912: 175).
10. Borchardt (1905: 254).

11. Davis (1910). La publicación de Davis debe leerse en conjunto con Bell (1990) y Reeves (1981). Gran parte del análisis de la tumba y sus contenidos que se ofrece aquí está basado en la obra de Bell.

12. Los objetos perdidos de la KV 55 y su recuperación se tratan con detalle en The Theban Royal Mummy Project, website presentada por W. M. Miller.

13. Weigall (1922: 193).

14. Gardiner (1957: 10).

15. Tyndale (1907: 185-186).

16. Cross (2008: 305) y comunicación personal de 2011.

17. Weigall (1922: 197).

18. Gardiner (1957: 25).

19. Krauss (1986).

20. Martin (1985: 112).

21. Lucas (1931).

22. Engelbach (1931: 98 y ss.).

23. Davis (1910: 9 y 2).

24. Weigall (1922: 196).

25. Smith (1912: 51).

26. Allen (1988).

27. Gardiner (1957: 19-20).

28. Davis (1910: 2).

29. Tyndale (1907: 193-194).

30. Hankey (2001: 93).

31. Winlock (1941: 21-23).

32. Reeves (1983).

33. Tratado por Arnold en Winlock (1941: 16-17).

34. Davis (1912: 3).

35. Contribución de Maspero, «Note on the Life and Reign of Touatânkhamanou» («Nota sobre la vida y reinado de Touatânkhamanou»), a la publicación de Davis (1912: III-23), se centra con mucho tacto en los monumentos tebanos de Tutankamón, ignorando más o menos el descubrimiento de su «tumba».

36. Hankey (2001: 51).

37. Carter y Mace (1923: 76).

38. James (1992: 413-15).

39. Carter (1923: 82).

40. Carnarvon (2007: 14).

41. Frayling (1992: 193).

42. Weigall (1922: 193).

43. Carter y Mace (1923: 86).

44. Ibíd. (87); diario de Carter, 1 de noviembre de 1922; Cross (2008: 308, fig. 4).

45. Carter y Mace (1923: 89).

3. Recuperación

1. Ibíd. (95).

2. La sugerencia de que un pequeño grupo de gente entró en la Cámara de Enterramiento antes de que se llevara a cabo la apertura oficial de la puerta interior parte, entre otros, de Hoving (1978: 97).

3. Mervyn Herbert Journal, Middle East Centre, St. Antony's College Oxford: fol. 369 y ss.

4. Lucas (1942: 136).

5. Ibíd. (137).

6. El acuerdo está reproducido por entero en James (1992: 418-422). Carnarvon puede que se viese influido en su decisión por el hecho de que la Real Sociedad Geográfica había llegado a un acuerdo innovador para la cobertura de la expedición de 1921 al Everest, y que había funcionado muy bien para todos los implicados.

7. Ambos telegramas citados en Allen (2006: 10).

8 Los argumentos a favor y en contra del relato de Adamson están resumidos en Zwar (2007).

9. Carter y Mace (1923: 134).

10. Ibíd. (170).

11. Carter da la fecha de apertura de la Cámara de Enterramiento del 17 de febrero, pero relatos independientes de Mace, Hall y la señora Burton confirman que en realidad era 16 de febrero de 1912 (James 1992: 246).

12. Diario de Mervyn Herbert, Museo de El Cairo. Citado en Reeves (1992: 82).

13. Carter y Mace (1923: 182).

14. Ibíd. (143-144).

15. Winstone citando a Breasted (2008: 198).

16. Carter (1927: xiii).

17. Ibíd. (41).

18. Ibíd. (45).

19. Ibíd. (51-52).

20. Ibíd. (79).

21. Ibíd. (82-83).

22. Ibíd. (87-88).

23. Carter y Mace (1923: 184).

24. Carter (1933: 98).

25. Carter creía que había nacido en 1873; sus documentos oficiales, incluyendo sus anotaciones en el *Quién es quién* e incluso su obituario, llevan esa fecha. Sin embargo, su certificado de nacimiento deja bien claro que nació un año más tarde.

26. Bahn (1992).

1. *The Times*, 30 de noviembre de 1922.
2. Ibíd., 4 de diciembre de 1922.
3. Ibíd., 14 de febrero de 1923.
4. Lucas (1927: 185).
5. Carter (1933: 163-164).
6. Scott (1927: 197-199). Existe alguna confusión entre el relato de Scott y el de Carter (1927: 43) en cuanto al agente fortalecedor que se aplicó a la tela.
7. Carter y Mace (1923: 114). Las «camisas» probablemente sean túnicas.
8. Como observa Vogelsang-Eastwood, «hay... algunos prejuicios entre los egiptólogos (casi todos varones) en cuanto a la cuestión de si las telas y los trajes constituyen un campo de estudio académico "serio"». (1999: 4).
9. Ibíd. (1923: 120); *New York Times,* 7 de febrero de 1923.
10. Pfister (1937); Crowfoot y Davies (1941).
11. Vogelsang-Eastwood (1999).
12. Las medidas calculadas por el Proyecto Textil Tutankamón, Vogelsang-Eastwood (1999: 17-19).
13. Carter (1927: 12-13).
14. Peter Green citado por Frayling (1992: 265); Reeves (1990: 208).
15. Carter cita a sir Gardner Wilkinson (1927: 139-140). El subtítulo de este apartado está tomado de una publicación titulada de forma idéntica por Daniel Miller; una exploración de la importancia de las posesiones personales escrita desde el punto de vista del antropólogo social. Miller (2008).
16. Carter (1933: 32, 35).
17. No era el único rey confundido por este asunto; una escena en el templo mortuorio de Ramsés III de la 19.ª dinastía muestra al Ramsés muerto realizando trabajos agrícolas de baja categoría ante Osiris.
18. Newberry (1927).
19. Las orejas del ataúd más interior de Tutankamón, así como de su máscara dorada, estaban perforadas también para llevar pendientes, pero los agujeros fueron cubiertos posteriormente con pequeños discos de oro.
20. Carter y Mace (1923: 172).
21. Smith (1912: 38-39).
22. Bickerstaffe (2009: 105-112).
23. Hawass *et al.* (2010).
24. Eaton-Krauss (1993); Robins (1984).
25. Carter y Mace (1923: 117).
26. Eaton Krass (2008: 26).
27. Aldred (1978: 57); Arnold (1996: 107).
28. Carter y Mace (1923: 119). Tutankamón fue enterrado con cuatro tronos, cuatro sillas, once taburetes y doce reposapiés: Eaton-Krauss (2008: 21).
29. Las escenas de la capilla de Tutankamón se comentan en Troy (1986: 100 y ss.). Véase también Bosse-Griffiths (1973).

1. Carter se prepara para la autopsia de Tutankamón. Carter (1927: 106).

2. Carta de Carter a Derry, 11 de julio de 1926. Citado en Leek (1972: 1).

3. *The Histories* 2: 86. Traducción de A. de Sélincourt (1954: 115). No es seguro que Heródoto visitase Egipto.

4. Los expertos normalmente están de acuerdo en que se usaría sal de natrón seca, aunque algunos han afirmado que la solución de natrón habría sido más efectiva.

5. Después de discutir con Robert Loynes y Rosalie David, me he dado cuenta de lo difíciles de conseguir que debieron de ser algunos de los aspectos de la momificación y vendaje tradicionales (comentario personal, julio de 2011). Loynes actualmente se está enfrentando a algunas de esas dificultades al preparar su tesis doctoral en la Universidad de Manchester.

6. Derry (1927: 145).

7. *The Times*, 3 de febrero de 1923.

8. Ibíd., 13 de febrero de 1923.

9. Ibíd., 20 de marzo de 1923.

10. Para el temor a ser enterrados vivos y los extremos a los que estaban dispuestos a llegar algunos para evitar ese truculento destino, véase Bondeson (2001).

11. Para el temor a la autopsia y la disección, véase MacDonald (2005).

12. Véase, por ejemplo, Dannenfeldt (1985).

13. Brandon (1991: 231).

14. Wolfe (2009: 227). El doctor Douglas, en aquella etapa de su vida respetable cirujano, había tenido que huir de Nueva York muchos años antes por el delito de robar cuerpos.

15. Edwards (1888: 450-451).

16. «Mummies as Bric-a-Brac» («Momias como baratijas»): en el *Congregationalist* de Boston, 16 de agosto de 1882, publicado originalmente en *Harper's Magazine*. Citado en Wolfe (2009: 201).

17. Day (2006: 36); Wolfe (2009: 227-229).

18. David (2007: 99-113) discute la importancia de la autopsia original de los «dos hermanos». Murray había trabajado como enfermera en Calcuta antes de darse cuenta de que era demasiado baja para la profesión que había elegido.

19. Murray (1910: 7).

20. Transcripción/ficha de los objetos de Carter n.º 256b-05.

21. Carter (1927: 108).

22. Ibíd. (86).

23. Citado en Marchant (2011: 45).

24. Véase, por ejemplo, Bucaille (1990).

25. Véase, por ejemplo, Forbes (1992).

26. *Chronicle: Tutankhamen post mortem*, 25 de octubre de 1969; Harrison (1971), Harrison y Abdalla (1972). Estoy muy agradecida a Robert Connolly

de la Universidad de Liverpool por su permiso para publicar algunas de esas imágenes en este libro.

27. Harris y Wente (1980).
28. Hawass *et al.* (2010).
29. Diario de Carter, 11 y 12 de noviembre de 1925.
30. Ibíd., 16 de noviembre de 1925.
31. Derry (1972: 14).
32. Ibíd. (15).
33. Leek (1972: 17-18).
34. Connolly, Harrison y Ahmed (1976).
35. Citado en Marchant (2011: 45).
36. *The Times*, 5 de mayo de 2006.
37. Véase, por ejemplo, David (2007: 119-120).
38. Mace (1923: 6).
39. Harrison (1971).
40. Boyer, Rodin, Grey y Connolly (2003: 1145-1146).
41. Brier (1998: 173).
42. Boyer, Rodin, Grey y Connolly (2003: 1146-1147).
43. Harer (2007).

6. Familia

1. Maspero (1912: 111).
2. Wente (1995).
3. Bickerstaffe (2009: 97) se pregunta si esta momia será Nebmaatre Amenhotep III o alguien de nombre similar, Nebmaatre Ramsés VI, de la 20.ª dinastía.
4. Hay que felicitar al Consejo Supremo de Antigüedades por su labor pionera en este campo.
5. Allen (2009).
6. Ray (1975).
7. Véase, por ejemplo, Van Dijk (2000: 275): «Algunos estudiosos han optado por un período de gobierno conjunto que durase unos doce años, otros han admitido como máximo la posibilidad de un solapamiento breve de un año o dos, mientras que la mayoría de los estudiosos lo han rechazado por completo».
8. Hawass *et al.* (2010: 639).
9. Reeves (1981: 53) ha sugerido que «no se puede descartar la posibilidad de alguna pérdida o confusión del material original esquelético entre el tiempo del descubrimiento a principios de 1907 y el examen posterior de Elliot Smith aquel mismo año». Es igualmente probable que el material pueda haber sido identificado erróneamente desde el examen preliminar de Smith.
10. Smith (1910: xxiv).

11. Smith (1912: 53-54).

12. Derry (1931: 116).

13. Harrison (1966: 111).

14. Citado en Tyldesley (2000: 132).

15. Wente y Harris (1992).

16. «El doctor Selim [el radiólogo Ashraf Selim] observó que la columna vertebral mostraba, además de una ligera escoliosis, unos cambios degenerativos significativos asociados con la edad. Dijo que aunque resulta difícil determinar la edad de un individuo sólo con los huesos, él situaba la edad de la momia como de más de 60 años.» Citado en el Misterio de la Momia de la KV 55, en la website de Zahi Hawass. http://www.guardians.net/hawass/articles/Mystery%20of%20the%20Mummy%20from%20KV55.htm.

17. Para una consideración de las pruebas de la vida de Nefertiti, incluyendo un comentario de las pruebas de Nefertiti como rey, véase Tyldesley (2005).

18. La dama Tiye tenía exactamente el mismo nombre que la reina Tiya; para evitar confusión se ha dado una versión moderna distinta de ambos nombres.

19. Loeben (1986). Los dos *shabti* están ahora en el Museo de Brooklyn y el Louvre de París.

20. Aldred (1988: 229).

21. Según unas teorías alternativas, se ha sugerido que pudo haberse reencarnado como Cleopatra, María Antonieta, Isadora Duncan, Marilyn Monroe y la princesa Diana, entre otras.

22. Gabolde (1998: 153-157); Dodson (2009: 36-38).

23. Tratado en Allen (2009).

24. Harris (1973a); (1973b); (1974).

25. Gardiner (1928).

26. Tyldesley (2006: 121-122).

27. El *sistrum* era un sonajero sagrado que agitaban las mujeres como alabanza a Hathor, ya que su sonido ligeramente metálico recordaba el roce del matorral de papiros del cual surgió Hathor, la vaca divina. Un sonido igualmente agradable se podía producir también agitando un collar de cuentas *menyt*.

28. Tyldesley (2006: 113-114).

29. Ibíd. (113-114).

30. Ibíd. (135-137).

31. Un relieve recuperado de Hermópolis Magna, que ahora se guarda en la Ny Carlsberg Glyptotek de Copenhague, parece mostrarla realizando esta función.

32. Hanke (1978: 190-191); véase también Harris (1974b).

33. *The Times*, 19 de diciembre de 1922.

34. Martin (1989: 37-41).

35. Gabolde (1998: 107-110).

36. Green (1996: 15 y nota final 56).

37. Pendlebury (1935); Davies (1923: 133). Para otras referencias a la «desgracia» de Nefertiti, véase Seele (1955).

38. Para conocer todos los detalles de la muerte de Meketatón, consúltese Martin (198: 42-48); El-Khouly y Martin (1984: 8, 16); Arnold (1996: 115).

39. Post (1971).

40. Zivie (2009).

41. Davies (1905: 36-45).

42. Allen (2009: 9).

43. Darnell y Manassa (2007: 44-47).

44. Luban (1999).

45. Fletcher (2004).

46. Hawass *et al.* (2010).

47. Derry, citado en Leek (1972: 21-23).

48. Reeves (1990: 123).

49. Harrison *et al.* (1979).

50. Chamberlain (2001); Hellier y Connolly (2009).

51. Hawass *et al.* (2010).

52. Phizackerley (2010).

53. Ambas pruebas circunstanciales las sugiere Booth (2007: 80).

54. Darnell y Manassa (2007: 178-184).

55. Güterbock (1959: 94-95).

56. Schulman (1978: 43).

57. Güterbock.

58. Ahora en las colecciones del Museo de Berlín.

7. Restauración

1. Carter (1927: 20).

2. Algunos son autores con muchísimo éxito en este género, entre los más conocidos, quizá, la egiptóloga Barbara Mertz, que escribe la serie de Amelia Peabody bajo el seudónimo de Elizabeth Peters. Amelia, una intrépida dama egiptóloga de finales del período victoriano, principios del eduardiano, está presente en el Valle de los Reyes mientras se desarrollan gran parte de los acontecimientos de este libro.

Parte II
TUTANKAMÓN: VIDA DESPUÉS DE LA MUERTE

1. Goldacre (2008: 243).

2. Aaronovitch (2009: 5).

3. Desarrollada, medio en broma, después de consultar con unos colegas. La Ley de Tyldesley se puede aplicar a las «grandes teorías» (aliens, poderes sobrenaturales, etc.) y a las «pequeñas teorías» (el uso de cosméticos,

la homeopatía, etc.). Una vez consciente de la ley, es imposible evitar observar lo muy a menudo que cualquier invención o innovación al azar se atribuye a los antiguos egipcios.

8. La maldición de Tutankamón

1. Carter y White (1923). La historia se relata aquí de nuevo de forma abreviada.
2. Carta escrita por Winlock a Edward Robinson, director del Metropolitan Museum, Nueva York, 28 de marzo de 1923. Citado extensamente en Hoving (1978: 82).
3. James (1992: 94).
4. El desarrollo de nuestra fascinación con «la momia» como personaje se discute en Day (2006).
5. Coates y Bell (1903: 21).
6. Cifras tomadas de estadísticas del gobierno de Gran Bretaña.
7. Winifred Burghclere en Carter y Mace (1923: 27).
8. Winifred Burghclere, ibíd. (39).
9. Hoving (1978: 229-230).
10. Lord Carnarvon citado en Vandenberg (1975: 27).
11. Vandenberg (1975: 20).
12. Ibíd. (20).
13. Carter (1933: 33, 40-41).
14. Hoving (1978: 227).
15. «... La principal función de una tumba en el Antiguo Egipto es actuar como vehículo para la salvación en la otra vida, sea cual sea la naturaleza o naturalezas específicas de esa otra vida», Snape (2011: 212).
16. Ibíd. (80).
17. Strudwick (2005: 217-218).
18. Ibíd. (437).
19. Vandenberg (1975: 12).
20. Artículo sin publicar citado en James (1992: 371).
21. Winlock, *New York Times*, 26 de enero de 1934, 19-20.
22. Nelson (2002).
23. Conan Doyle estaba firmemente convencido de la verdad de las «Hadas Cottingley», fotografiadas en 1917 por las colegialas Elsie Wright y Frances Griffiths. En los ochenta se reveló que todo fue un engaño.
24. *New York Morning Post*, abril de 1923.
25. Lucas (1927: 165-166).
26. Dean (2002: 95-96).
27. Dean (1975).
28. Comentario atribuido a Luis Bulgarini (1949): «el poder de la radiación» como defensa de la tumba se comenta con más detalle en Vandenberg (1975: 190-194).

29. La biografía de Weigall, escrita por su nieta Julie Hankey, recalca esa conexión en su título: *A Passion for Egypt: Arthur Weigall, Tutankhamun and the 'Curse of the Pharaohs' (Una pasión por Egipto: Arthur Weigall, Tutankamón y la «Maldición de los Faraones»)* (2001).

30. Una afirmación que se cita a menudo. Véase por ejemplo Hoving (1978: 194).

31. Weigall (1923: 136).

32. Smith (1923: 10).

33. Weigall (1923: 316-317).

34. Ibíd. (138).

35. Un tablero de momia es una máscara decorada y una caja abierta que forman parte del ajuar funerario de una momia.

36. Frayling (1992: xiii).

9. Secretos y mentiras

1. Howard Carter reflexiona sobre el papel del egiptólogo: relato no publicado del robo de la tumba de Amenhotep II, Archivos del Instituto Griffith, Oxford. Citado en James (1992: 387).

2. Reeves (1985).

3. El tocado *nemes*, el tocado de tela que se ve en la máscara funeraria de Tutankamón, cubre la corona, la parte trasera de la cabeza y la nuca, y tiene un faldón de tela largo que baja detrás de cada oreja hasta el hombro. El tocado *khat* es una versión simplificada del *nemes*, y carece de los faldones delanteros.

4. Carter (1927: 41).

5. G. O'Farrell (2001), *The Tutankhamen Deception: The Story of the Mummy's Curse*. Pan Books: 2.

6. Citado en Hankey (2001: 265).

7. Budge (1920: 143-144).

8. Lilyquist (2003).

9. James (1992: 315).

10. Véase, por ejemplo, Hoving (1978: 323-325).

11. Citado en James (1992: 353).

12. Ibíd. (326).

13. Reeves (1988).

14. Winstone (2008: 328).

15. Véase, por ejemplo, ibíd. (330).

16. Diario del Foreign Office, 7 de diciembre de 1939. Citado en Winstone (2008: 330).

17. Reeves (1997).

18. Obituario de Randy Kennedy: *New York Times*, 10 de diciembre de 2009; Hoving (1993: 15).

19. Hoving (1978: 16).

20. *New York Tribune*, citado en Hoving (1978: 327-328).

21. Citado en Winstone (2008: 184).

22. Hoving (1978: 350-357: 350): «... a pesar de la ley nacionalista, un cierto número de tesoros de la tumba abandonaron Egipto... a través de Carter y lord Carnarvon. Sus actos fueron, durante más de cincuenta años, uno de los secretos mejor guardados de la historia de la egiptología».

Epílogo: Tutankamón en el extranjero

1. Malek (2007: 3).

2. Para la «egiptización» post-Tutankamón, véase Curl (1994: 211-20); para el fenómeno paralelo egipcio, más apagado, véase Colla (2007: 13).

3. Graves y Hodge (1940: 126).

4. Frayling (1992: 33).

5. Ibíd. (36).

6. Se mantienen otras exposiciones permanentes británicas con réplicas de Tutankamón en Dorchester y Highclere. Quizá no sea culpa del organizador si algunos de los visitantes a estas atracciones creen que han visto los objetos reales de la tumba. Una reproducción menos fiel se encuentra en la instalación «King Tat» de 2005-2006 de los artistas Shaun Doyle y Mally Malison, una obra de arte inspirada por la tumba de la exposición del Imperio Británico.

7. Edwards (2000: 271-272). Los hechos y cifras que aparecen aquí están tomados de su autobiografía (2000: 296).

Bibliografía

Aaronovitch, D., *Voodoo Histories: The Role of the Conspiracy Theory in Shaping Modern History,* Jonathan Cape, Londres, 2009.

Alcott, L. M., «Lost in a Pyramid, or The Mummy's Curse», *The New World* 1:1, 1869.

Aldred, C., *Akhenaten, King of Egypt,* Thames & Hudson, Londres, 1988 [*Akhenatón: faraón de Egipto,* Edaf, Madrid, 1989, trad. Paloma González Rubio].

—, «Tradition and Revolution in the Art of the XVIIIth Dynasty», en D. Schmandt-Besserat, ed., *Immortal Egypt: Invited Lectures on the Middle East at the University of Texas at Austin,* Undena, 1978, pp. 51-72.

Allen, J. P., «The Amarna Succession», en P. J. Brand y L. Cooper, eds., *Causing His Name to Live: Studies in Egyptian Epigraphy and History in Memory of William J. Murnane,* Brill, Leiden, 2009, pp. 9-20.

—, «Two Altered Inscriptions of the Late Amarna Period», *Journal of the American Research Center in Egypt* n.º 25 (1988), pp. 117-126.

Allen, S. J., *Tutankhamun's Tomb: the Thrill of Discovery. Photographs by Harry Burton,* Yale University Press y el Metropolitan Museum of Art de Nueva York, New Haven y Londres, 2006.

Arnold, D., *The Royal Women of Amarna: Images of Beauty from Ancient Egypt,* Metropolitan Museum of Art, Nueva York, 1996.

BAIKIE, J., *The Story of the Pharaohs*, A. & C. Black, Ltd., Londres, 1917.

BAHN, P. G., «Honouring Howard Carter», *Archaeology* 45 (1992), pp. 6, 77.

BELL, M. A., «An Armchair Excavation of KV 55», *Journal of the American Research Center* 27 (1990), pp. 97-137.

BENNET, J., «The Restoration Inscription of Tut'ankhamūn», *Journal of Egyptian Archaeology* 25 (1939), pp. 8-25.

BICKERSTAFFE, D., *Identifying the Royal Mummies: The Royal Mummies of Thebes*, Canopus Press, Chippenham, 2009.

BONDESON, J., *Buried Alive: The Terrifying History of Our Most Primal Fear*, W. W. Norton & Company, Nueva York, 2001 [*Enterrado vivo*, Ediciones B, Barcelona, 2002, trad. Carlos Abreu].

BOOTH, C., *The Boy behind the Mask: Meeting the Real Tutankhamen*, Oneworld, Oxford, 2007.

BORCHARDT, L., *Der Agyptische Titel 'Vater des Gottes' als Bezeichnung für 'Vater oder Schwiegervater des Königs'*, Berichte über die Verhandlungen der Sächsischen Akademie der Wissenschaffen, Teubner, Leipzig, 1905

BOSSE-GRIFFITHS, K., «The Little Golden Shrine of Tutankhamen», *Journal of Egyptian Archaeology* 59 (1973), pp. 100-108.

BOYER, R. S., E. A. RODIN, T. C. GREY y R. C. CONNOLLY, «The Skull andCervical Spine Radiographs of Tutankhamen: A Critical Appraisal», *American Journal of Neuroradiology* 24 (2003), pp. 1142-1147.

BRANDON, P., *Thomas Cook: 150 Years of Popular Tourism*, Martin Secker & Warburg Ltd., Londres, 1991.

BRIER, B., *The Murder of Tutankhamen: A 3000 Year Old Murder Mystery*, Phoenix, Nueva York, 1998.

BUCAILLE, M., *Mummies of the Pharaohs: Modern Medical Investigations*, St. Martin's Press, Nueva York, 1990.

BUDGE, E. A. W., *Tutankhamen: Amenism, Atenism and Egyptian Monotheism*, Martin Hopkinson & Co. Ltd., Londres, 1923.

—, *By Nile and Tigris: A Narrative of Journeys in Egypt and Mesopotamia on Behalf of the British Museum Between the Years 1886 and 1913*, John Murray, Londres, 1920.

CARNARVON, F., *Carnarvon and Carter: The Story of the Two Englishmen who Discovered the Tomb of Tutankhamun*, Highclere Enterprises, Berkshire, 2007.

CARTER, H., *The Tomb of Tut.ankh.Amen: The Annex and Treasury*, Cassell & Company Limited, Londres, 1933. Reimpreso en 2000 con un prólogo de Nicholas Reeves, Gerald Duckworth & Co. Ltd., Londres.

—, *The Tomb of Tut.ankh.Amen: The Burial Chamber,* Cassell & Company Limited, Londres, 1927. Reimpreso en 2001 con un prólogo de Nicholas Reeves, Gerald Duckworth & Co. Ltd., Londres.

— y A. C. Mace, *The Tomb of Tut.ankh.Amen: Search, Discovery and Clearance of the Antechamber,* Cassell & Company Limited, Londres, 1923. Reimpreso en 2003 con un prólogo de Nicholas Reeves, Gerald Duckworth & Co. Ltd., Londres.

— y P. White, «The Tomb of the Bird», *Pearson's Magazine* 56, noviembre de 1923, pp. 433-437.

Chamberlain, G., «Two Babies That Could Have Changed World History», *The Historian* 72 (2001), pp. 6-10.

Coates, T. F. G. y R. S. W. Bell, *Marie Corelli: The Writer and the Woman,* George W. Jacobs & Co., Filadelfia, 1903.

Colla, E., *Conflicted Antiquities: Egyptology, Egyptomania, Egyptian Modernity,* Duke University Press, Durham y Londres, 2007.

Connolly, R. C., R. G. Harrison y S. Ahmed, «Serological evidence for the parentage of Tutankhamun and Smenkhkare», *Journal of Egyptian Archaeology* 62 (1976), pp. 184-186.

Cross, S. W., «The Hydrology of the Valley of the Kings», *Journal of Egyptian Archaeology* 94 (2008), pp. 303-310.

Crowfoot, G. M. y N. de G. Davies, «The Tunic of Tut'ankhamūn», *Journal of Egyptian Archaeology* 27 (1941), pp. 113-130.

Curl, J. S., *Egyptomania: the Egyptian revival: a Recurring Theme in the History of Time,* Manchester University Press, Manchester, 1994.

Dannenfeldt, K. H., «Egyptian mumia: The Sixteenth Century Experience and Debate», *The Sixteenth Century Journal,* 16:2 (1985), pp. 163-180.

Darnell, J. C. y C. Manassa, *Tutankhamun's Armies: Battle and Conquest During Egypt's Late 18th Dynasty,* John Wiley & Son, Hoboken, 2007.

David, R., *The Two Brothers: Death and the Afterlife in Middle Kingdom Egypt,* Rutherford Press Limited, Bolton, 2007.

Davies, N. de G., «Akhenaten at Thebes», *Journal of Egyptian Archaeology* 9 (1923), pp. 132-152.

—, *The Rock Tombs of el-Amarna 2,* Egypt Exploration Society, Londres, 1905.

Davis, T. M., *The Tombs of Harmhabi and Touatânkhamanou,* Archibald Constable & Co. Ltd., Londres, 1912. Reimpreso en 2001 con un prólogo de Nicholas Reeves, Gerald Duckworth & Co. Ltd., Londres.

—, *The Tomb of Queen Tiyi,* Archibald Constable & Co. Ltd., Londres, 1910. Reimpreso en 2001 con un prólogo de Nicholas Reeves, Gerald Duckworth & Co. Ltd., Londres.

—, *The Tomb of Iouiya and Touiyou,* Archibald Constable & Co. Ltd., Londres, 1907. Reimpreso en 2000 con un prólogo de Nicholas Reeves, Gerald Duckworth & Co. Ltd., Londres.

DAY, J., *The Mummy's Curse: Mummy Mania in the English-Speaking World,* Routledge, Londres y Nueva York, 2006.

DEAN, G., *The Turnstone: A Doctor's Story,* Liverpool University Press, Liverpool, 2002.

—, «The Curse of the Pharaohs», *World Medicine,* junio de 1975, pp. 17-21.

DERRY, D. E., «The Anatomical Report on the Royal Mummy», en F. F. Leek, *The Human Remains from the Tomb of Tut'ankhamūn,* Griffith Institute, Oxford, 1972, pp. 11-20.

—, en R. Engelbach, «The So-called Coffin of Akhenaten», *Annales du Service des Antiquités* 31 (1931), pp. 98-114.

—, Appendix I: «Report upon the Examination of Tut-Ank-Amen's Mummy», en H. Carter, *The Tomb of Tut.ankh.Amen: The Burial Chamber,* Cassell & Company Limited, Londres, 1927. Reimpreso en 2001 con un prólogo de Nicholas Reeves, Gerald Duckworth & Co. Ltd, Londres, pp. 143-161.

DIODORO SÍCULO, *Library of History,* libro I. Traducido por C. H. Oldfather, Vol. I, Loeb Classical Library, Harvard University Press, Cambridge, Mass., y Heinemann, Londres, 1933. [En Alianza Editorial y Gredos.]

DODSON, A., *Amarna Sunset: Nefertiti, Tutankhamun, Ay, Horemheb and the Egyptian Counter-Reformation,* American University in Cairo Press, El Cairo, 2009.

EATON-KRAUSS, M., *The Sarcophagus in the Tomb of Tutankhamen,* Griffith Institute, Oxford, 1993.

EATON-KRAUSS, M., *The Thrones, Chairs, Stools and Footstools from the Tomb of Tutankhamun,* Griffith Institute, Oxford, 2008.

EDWARDS, A. B., *A Thousand Miles up the Nile,* Routledge & Sons Ltd., Londres (edición revisada de 1888).

EDWARDS, I. E. S., *From the Pyramids to Tutankhamen: Memoirs of an Egyptologist,* Oxbow Books, Oxford, 2000. [*Las pirámides de Egipto,* Crítica, Barcelona, 2003, trad. Lara Vilà.]

EL-KHOULY, A. y G. T. MARTIN, «Excavations in the Royal Necropolis at El-Amarna», *Supplement aux Annales du Service des Antiquitiés de l'Egypte,* Cahier 33, El Cairo, 1984.

ENGELBACH, R., «The So-called Coffin of Akhenaten», *Annales du Service des Antiquités* 31 (1931), pp. 98-114.

FLETCHER, J., *The Search for Nefertiti; The True Story of a Remarkable Discovery*, Hodder & Stoughton, Londres, 2004. [*El enigma de Nefertiti*, Crítica, Barcelona, 2005, trad. Joan Rabasseda.]

FORBES, D., «Abusing Pharaoh», en C. Frayling, *The Face of Tutankhamen*, Londres, 1992, pp. 285-292. Artículo publicado originalmente en *KMT*.

FRAYLING, C., *The Face of Tutankhamen*, Faber and Faber, Londres, 1992.

GABOLDE, M., *D'Akhenaton à Toutânkhamon*, Université Lumière-Lyon 2, Lyon, 1998.

GARDINER, A. H., «The So-called Tomb of Queen Tiye», *Journal of Egyptian Archaeology* 43 (1957), pp. 10-25.

—, «The Graffito from the Tomb of Pere», *Journal of Egyptian Archaeology* 14 (1928), pp. 10-11.

GAUTIER, T., *The Romance of a Mummy. The Works of Théophile Gautier Volume 5*, traducido y editado por F. C. de Sumichrast (1901), USA: University Press, Cambridge, 1858. [Ediciones de Cátedra, Planeta, Edaf, Espasa, etc.]

GOLDACRE, B., *Bad Science*, Fourth Estate, Londres, 2008. [*Mala ciencia*, Paidós, Barcelona, 2011, trad. Albino Santos.]

GRAVES, R. y A. HODGE, *The Long Weekend: A Social History of Great Britain*, Cardinal, Londres, 1940.

GREEN, L., «The Royal Women of Amarna: Who Was Who», en D. Arnold, *The Royal Women of Amarna: Images of Beauty from Ancient Egypt*, Metropolitan Museum of Art, Nueva York, 1996, pp. 7-15.

GÜTERBOCK, H. G., «The Deeds of Suppiluliumas as Told by his Son, Mursili II», *Journal of Cuneiform Studies* 10 (1959) pp. 41-78, 75-98, 107-130.

HANKEY, J., *A Passion for Egypt: Arthur Weigall, Tutankhamun and the 'Curse of the Pharaohs'*, I. B. Tauris, Londres y Nueva York, 2001.

HARER, W. B., «Chariots, Horses or Hippos: What killed Tutankhamun?», *Minerva* 18 (2007), p. 5.

HARRIS, J., «Nefernefruaten Regnans», *Acta Orientalia* 36 (1974), pp. 11-21.

—, «Nefertiti Rediviva», *Acta Orientalia* 35 (1973a), pp. 5-13.

—, «Nefernefruaten», *Göttinger Miszellen* 4 (1973b), pp. 15-17.

HARRIS, J. E. y E. F. WENTE, *An X-Ray Atlas of the Royal Mummies*, University of Chicago Press, Chicago, 1980.

Harrison, R. G., «Post Mortem on Two Pharaohs: Was Tutankhamen's Skull Fractured?», *Buried History* 4 (1971), pp. 114-129.

HARRISON, R. G. «An Anatomical Examination of the Pharaonic Remains Purported to be Akhenaten», *Journal of Egyptian Archaeology* 52 (1966), pp. 95-119.

— y A. B. ABDALLA, «The Remains of Tutankhamen», *Antiquity* 48 (1972), pp. 8-14.

—, R. C. CONNOLLY, A. SOHEIR, A. B. ABDALLA, y M. EL GHAWABY, «A Mummified Foetus from the Tomb of Tutankhamen», *Antiquity* 53 (1979), pp. 19-21.

HAWASS, Z. *et al.*, «Ancestry and Pathology in King Tutankhamun's Family», *Journal of the American Medical Association* 303,7 (2010), pp. 638-747.

HELLIER, C. A. y R. C. CONNOLLY, «A Re-assessment of the Larger Fetus Found in Tutankhamen's Tomb», *Antiquity* 83 (2009), pp. 165-173.

HERÓDOTO, *The Histories,* traducido por A. de Sélincourt en 1954, revisado con introducción y notas por J. Marincola en 1996, Penguin Books, Londres. [En Alianza, Akal, Cátedra, CESIC, Gredos, etc.]

HOVING, T., *Making the Mummies Dance: Inside the Metropolitan Museum of Art,* Touchstone, Nueva York, 1993.

—, *Tutankhamun: The Untold Story,* Simon & Schuster, Nueva York, 1978. [*Tutankamón: la historia jamás contada,* Planeta, Barcelona, 2007, trad. Miguel Hernández.]

JAMES, T. G. H., *Howard Carter: The Path to Tutankhamen,* Kegan Paul International, Londres, 1992.

JOHNSON, W. R., «Tutankhamen-Period Battle Narratives at Luxor», *KMT* 20, 4 (2009) pp. 20-33.

KRAUSS, R., «Kija–ursprungliche Besitzerin der Kanopen aus KV 55», *Mitteilungen des Deutschen Archäologischen Instituts Abteilung Kairo* 42 (1986), pp. 67-80.

LEEK, F. F., *The Human Remains from the Tomb of Tut'ankhamūn,* Griffith Institute, Oxford, 1972.

LILYQUIST, C., *The Tomb of Three Foreign Wives of Tuthmosis III,* Metropolitan Museum of Art, Nueva York, 2003.

LOEBEN, C. E., «Eine Bestrattung der grossen Königlichen Gemahlin Nofretete in Amarna», *Mitteilungen des Deutschen Archäologischen Instituts Abteilung Kairo* 42 (1986), pp. 99-107.

LUBAN, M., «Do We Have the Mummy of Nefertiti?», www.geocities.com, 1999.

LUCAS, A., «Notes on some objects from the tomb of Tut-Ankhamun», *Annales du Service des Antiquités* 41 (1942), pp. 135-147.

LUCAS, A., «The Canopic Vases from the 'Tomb of Queen Tiyi'», *Annales du Service des Antiquités* 31 (1931), pp. 120-122.

—, «Appendix II: The Chemistry of the Tomb», en H. Carter, *The Tomb of Tut.ankh.Amen: The Burial Chamber,* Cassell & Company Limited, Londres, 1927. Reimpreso en 2001 con un prólogo de Nicholas Reeves, Gerald Duckworth & Co. Ltd., Londres, pp. 162-188.

MACDONALD, H., *Human Remains: Dissection and its Histories,* Melbourne University Press, Melbourne, 2005.

MACE, A. C., «The Egyptian Expedition 1922-23», *Bulletin of the Metropolitan Museum of Art* 18, 2, 5 (1923), p. 11.

MALEK, J., *Tutankhamun: The Secrets of the Tomb and the Life of the Pharaohs,* Carlton, Londres, 2007.

MARCHANT, J., «Death on the Nile», *New Scientist,* 2795 (2011), pp. 42-44.

—, *The Royal Tomb at el-Amarna 2,* Egypt Exploration Society, Londres, 1989.

—, «Notes on a Canopic Jar from Kings' Valley Tomb 22», en P. Posener-Kriéger, ed., *Mélanges Gamal-Eddin Mokhtar II,* Institut Français d'Archéologie Orientale, El Cairo, 1985, pp. 111-124.

MASPERO, G., «Note on the Life and Reign of Touatânkhamanou», en T. Davis, *The Tombs of Harmhabi and Touatânkhamanou,* Archibald Constable & Co. Ltd., Londres, 1912. Reimpreso en 2001 con un prólogo de Nicholas Reeves, Gerald Duckworth & Co. Ltd., Londres, pp. 111-123.

MILLER, D., *The Comfort of Things,* Polity Press, Cambridge, 2008.

MONTSERRAT, D., *Akhenaten: History, Fantasy and Ancient Egypt,* Routledge, Londres y Nueva York, 2000.

MURRAY, M. A., *The Tomb of Two Brothers,* Sherratt & Hughes, Manchester, 1910.

NELSON, M. R., «The Mummy's Curse: Historical Cohort Study», *British Medical Journal* 325 (2002), pp. 1482-1484.

NEWBERRY, P. E., «Akhenaten's Eldest Son-in-Law Ankhkheperure», *Journal of Egyptian Archaeology* 14 (1928), pp. 3-9.

—, «Appendix III: Report on the Floral Wreaths Found in the Coffins of Tut-ank-Amen», en H. Carter, *The Tomb of Tut.ankh.Amen: The Burial Chamber,* Cassell & Company Limited, Londres, 1927. Reimpreso en 2001 con un prólogo de Nicholas Reeves, Gerald Duckworth & Co. Ltd., Londres, pp. 189-196.

PENDLEBURY, J., *Tell el-Amarna,* Egypt Exploration Society, Londres, 1935.

PFISTER, R., «Les textiles du Tombeau de Toutankhamon», *Revue des Artes Asiatiques* 11, 4 (1937), pp. 207-218.

Phizackerley, K., «DNA Shows the KV 55 Mummy Probably Not Akhenaten», <http://www.kv64.info/2010/03/dna-shows-that- kv55- mummy-probably-not. html (2 de marzo de 2010)>.

Pococke, R., *A Description of the East and Some Other Countries* Volume I, Londres, 1743. Texto completo reproducido en J. Pinkerton, ed., 1814, *A General Collection of the Best and Most Interesting Voyages and Travels in All Parts of the World,* Longman, Londres, pp. 163-402.

Poe, E. A., «Some Words with a Mummy», *American Review,* abril de 1845. [*Aventuras de Arturo Gordon Pym. Conversación con una momia,* Losada, Madrid, 2004.]

Porter, B. y R. L. B. Moss, *Topographical Bibliography of Ancient Egyptian Hieroglyphic Texts, Reliefs, and Paintings II: Theban Temples,* 2.ª edición, revisada y aumentada, Clarendon Press, Oxford, 1972.

Post, J. B., «Ages at Menarche and Menopause: Some Mediaeval Authorities», *Population Studies* 25, 1 (1971), pp. 83-87.

Ray, J., «The Parentage of Tutankhamun», *Antiquity* 49 (1975), pp. 45-47.

Reeves, N., «Howard Carter's Collection of Egyptian and Classical Antiquities», en E. Goring, N. Reeves y J. Ruffle, eds., *Chief of Seers: Egyptian Studies in Memory of Cyril Aldred,* Kegan Paul and National Museums of Scotland, 1997, pp. 242-250.

—, *The Complete Tutankhamun: The King, The Tomb, the RoyalTreasure,* Thames & Hudson, Londres, 1990.

—, «The Search of Tutankhamen: the Final Chapter», *Aramco World* 39, 6 (1988) pp. 6-13.

—, «Tutankhamen and his Papyri», *Göttinger Miszellen* 88 (1985), pp. 39-45.

—, «On the Miniature Mask from the Tut'ankhamun Embalming Cache», *Bulletin de la Societé d'Égyptologie Genève* 8 (1983), pp. 81-83.

—, «A Re-Appraisal of Tomb 55 in the Valley of the Kings», *Journal of Egyptian Archaeology* 67 (1981), pp. 48-55.

Robins, G., «Isis, Nephthys, Selket and Neith Represented on the Sarcophagus of Tutankhamun and in Four Free-Standing Statues found in KV 62», *Göttinger Miszellen* 72 (1984), pp. 21-25.

Romer, J., *Valley of the Kings,* Michael O'Mara Books, Londres, 1981. [*Los últimos secretos del Valle de los Reyes: una singular aventura arqueológica,* Planeta, Barcelona, 1989, trad. María Soledad Silió.]

— y E. Romer, *The Rape of Tutankhamun,* Michael O'Mara Books, Londres, 1993. [*La violación de Tutankamón,* Planeta, Barcelona, 1994, trad. Carlos Lagarriga.]

SCOTT, A., «Appendix IV: Notes on Objects from the Tomb of Tut-ank-Amen», en *H. Carter, The Tomb of Tut.ankh.Amen: The Burial Chamber,* Cassell & Company Limited, Londres, 1927. Reimpreso en 2001 con un prólogo de Nicholas Reeves, Gerald Duckworth & Co. Ltd., Londres, pp. 197-213.

SCHULMAN, A. R., «Ankhesenamen, Nofretity and the Amka Affair», *Journal of the American Research Center in Egypt* 15 (1978), pp. 43-48.

SEELE, K. C., «King Ay and the close of the Amarna Age», *Journal of Near Eastern Studies* 14 (1955), pp. 168-180.

SHAW, I., «The Oxford History of Ancient Egypt», Oxford University Press, Oxford, 2000. [*Historia del Antiguo Egipto,* La Esfera de los Libros, Madrid, 2007.]

SMITH, G. E., *Tutankhamen and the Discovery of His Tomb by the Late Earl of Carnarvon and Mr Howard Carter,* Routledge & Sons Ltd., Londres, 1923.

—, *The Royal Mummies,* El Cairo: Service des Antiquitiés de L'Égypte, 1912.

—, «A Note on the Estimate of the Age Attained by the Person whose Skeleton was Found in the Tomb», en T. M. Davis, *The Tomb of Queen Tiyi,* Archibald Constable & Co. Ltd., Londres, 1910. Reimpreso en 2001 con un prólogo de Nicholas Reeves, Gerald Duckworth & Co. Ltd, Londres, XXIII-XXIV.

SNAPE, S., *Ancient Egyptian Tombs: the Culture of Life and Death,* Wiley-Blackwell, Oxford, 2011.

STOKER, B., *The Jewel of Seven Stars,* Heinemann, Londres, 1903. [*La joya de las siete estrellas,* Siruela, Madrid, 2006, trad. Javier Martín.]

STRUDWICK, N., *Texts from the Pyramid Age,* Society of Biblical Literature, Atlanta, 2005.

TROY, L., *Patterns of Queenship in Ancient Egyptian Myth and History,* Acta Universitatis Upsaliensis, Uppsala, 1986.

TYLDESLEY, J. A., *Chronicle of the Queens of Egypt,* Thames & Hudson, Londres, 2006.

—, *Nefertiti,* edición revisada, Penguin, Londres, 2005.

—, *Private Lives of the Pharaohs,* Channel 4 Books, Londres, 2000.

TYNDALE, W., *Below the Cataracts,* Heinemann, Londres, 1907.

VANDENBERG, P., *The Curse of the Pharaohs,* trad. T. Weyr, Book Club Associates, Londres, 1975. [*La maldición de los faraones,* Robinbook, Barcelona, 2004, trad. Ana María de la Fuente.]

VAN DIJK, J., «The Amarna Period and the Later New Kingdom», en I. Shaw, ed., *The Oxford History of Ancient Egypt,* Oxford University Press, Oxford, 2000, pp. 272-313.

VOGELSANG-EASTWOOD, G. M., *Tutankhamun's Wardrobe: Garments from the Tomb of Tutankhamun,* Van Doorn & Co., Leiden, 1999.

WEBB, J., *The Mummy! Or a Tale of the Twenty-Second Century,* Henry Colburn, Londres, 1827.

WEIGALL, A. E. P. B., *Tutankhamen and Other Essays,* Thornton Butterworth Ltd., Londres, 1923.

—, «The Mummy of Akhenaten», *Journal of Egyptian Archaeology* 8 (1922), pp. 193-200.

—, *The Treasury of Ancient Egypt: Miscellaneous Chapters on Ancient Egyptian History and Archaeology,* Rand McNally & Co., Chicago y Nueva York, 1912.

—, *The Life and Times of Akhenaten, Pharaoh of Egypt,* Thornton Butterworth Ltd., Londres, 1910.

WENTE, E. F., «Who Was Who Among the Royal Mummies?», *Oriental Institute News and Notes* 144 (1995).

— y J. E. HARRIS, «Royal Mummies of the Eighteenth Dynasty», en N. Reeves, ed., *After Tutankhamun: Research and Excavation in the Royal Necropolis at Thebes,* Routledge, Londres y Nueva York, 1992.

WINLOCK, H. E., *Materials Used at the Embalming of King Tutankhamun,* The Metropolitan Museum of Art, Nueva York, Papers 10, 1941. Reimpreso en 2010 con un prólogo de D. Arnold, como *Tutankhamen's Funeral,* Metropolitan Museum of Art, Nueva York.

WINSTONE, H. V. F. (revisado y actualizado), *Howard Carter and the Discovery of Tutankhamen,* Barzan, Manchester y Beirut, 2008.

WOLFE, S. J. con R. SINGERMAN, *Mummies in Nineteenth Century America: Ancient Egyptians as Artefacts,* McFarland & Company, Jefferson, Carolina del Norte y Londres, 2009.

WYNNE, B., *Behind the Mask of Tutankhamen,* Souvenir Press, Londres, 1972.

ZIVIE, A., *La Tombe de Maïa, mère nourricière du roi Toutânkhamon et grande du harem,* Éditions Carâcara, Toulouse, 2009.

ZWAR, D., «Tutankhamun's Last Guardian», *History Today* 57 (2007), p. 11.

RECURSOS DE INTERNET

Proyecto de mapas tebanos: <http://www.thebanmappingproject.com/>.

Tutankamón: anatomía de una excavación: <www.griffith.ox.ac.uk/gri/4tut.html>.

Lista de ilustraciones

LÁMINAS EN COLOR

13. Cabeza de caliza sin etiquetar encontrada en Amarna (Museo de Berlín: © S. Snape).

14. Las diosas Isis (izquierda: occidente) y Serket (sur) están de pie con los brazos extendidos para proteger el baúl canópico dorado que contiene los órganos internos de Tutankamón conservados (Museo de El Cairo: © Griffith Institute, Universidad de Oxford).

15. Tutankamón llevando la Corona Blanca del sur de Egipto, y con el cayado y el mayal que denotan su autoridad real, de pie en el lomo de un leopardo (Museo de El Cairo: © Griffith Institute, Universidad de Oxford).

16. El rostro dorado de Tutankamón (Museo de El Cairo: © Griffith Institute, Universidad de Oxford).

Ilustraciones en blanco y negro

Aunque hemos hecho todo lo posible para contactar con los titulares de los derechos de autor de las ilustraciones, la autora y los editores estarían muy agradecidos por cualquier información sobre las ilustraciones en las que no han sido capaces de encontrarlos, y estarían dispuestos a hacer las correcciones necesarias en posteriores ediciones.

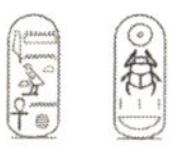
Cartuchos: nombres oficiales del rey conocido hoy en día como Tutankamón: Tutankamón Nebjeperura.

Índice temático

Las cifras en *cursiva* indican las ilustraciones

W

Y

Z